# UMA VIDA COM PROPÓSITOS

RICK WARREN

# UMA VIDA COM PROPÓSITOS

PARA QUE ESTOU NA TERRA?

Editora Vida
Rua Conde de Sarzedas, 246 – Liberdade
CEP 01512-070 – São Paulo, SP
Tel.: 0 xx 11 2618 7000
atendimento@editoravida.com.br
www.editoravida.com.br



■

Todos os grifos são do autor.


Todos os grifos são do autor.

■

Editor responsável: Sarah Lucchini
Tradução: James Monteiro e Juliana Kummel
Revisão de tradução: Lílian Palhares
e Sônia Freire Lula Almeida
Preparação do Guia de estudos: Magno Paganelli
Revisão do Acordo Ortográfico: Polyana Lima
Padronização: Mara Eduarda Garro
Revisão de provas: Eliane V. B. Barreto,
Paulo Oliveira e Rosalice Gualberto
Projeto gráfico: Claudia Fatel Lino
Diagramação: Patrícia Lino
Capa: Vinicius Lira



Todas as citações bíblicas e de terceiros foram
adaptadas segundo o Acordo Ortográfico da
Língua Portuguesa, assinado em 1990,
em vigor desde janeiro de 2009.

**Edição Luxo:** set. 2023

**Dados Internacionais de Catalogação na Publicação (CIP)**
**(Câmara Brasileira do Livro, SP, Brasil)**

Warren, Rick
Uma vida com propósitos / Rick Warren ; tradução James Monteiro. -- Edição Luxo -- São Paulo : Editora Vida, 2023. "Edição com Guia de estudos."

Título original: *The Purpose-driven Life*
Edição Luxo: 978-65-5584-441-2
e-ISBN: 978-65-5584-284-5
Audiolivro: 978-65-5584-285-2

1. Vida cristã II. Título.

22-106499 CDD-248.4

**Índices para catálogo sistemático:**
1. Vida Cristã : Cristianismo 248.4
Cibele Maria Dias - Bibliotecária - CRB-8/9427

Esta obra foi composta em *Adobe Garamond Pro*
e impressa por Ipsis Gráfica sobre papel
*Offset* 75 g/m² para Editora Vida.

**ESTE LIVRO É DEDICADO A VOCÊ.**

Antes que você nascesse, Deus planejou
*este exato momento* em sua vida.
Não é por acaso que você está
segurando este livro.
Deus *anseia* que você descubra a vida que
ele criou para você — aqui neste mundo,
e para sempre, na eternidade.

Foi em Cristo que descobrimos quem somos e por que vivemos.
Muito antes de ouvirmos falar de Cristo e de depositarmos a
esperança nele, ele já pensava em nós e tinha planos de nos dar
uma vida gloriosa, que é parte do propósito geral que ele está
executando em tudo e em todos.
(Efésios 1.11, *AM*)

Sou grato às centenas de escritores e professores,
clássicos e contemporâneos, que moldaram
minha vida e me ajudaram a aprender
essas verdades. Agradeço a Deus e a você o
privilégio de compartilhá-las.

# SUMÁRIO

## Propósito nº 5
### Você foi feito para uma missão

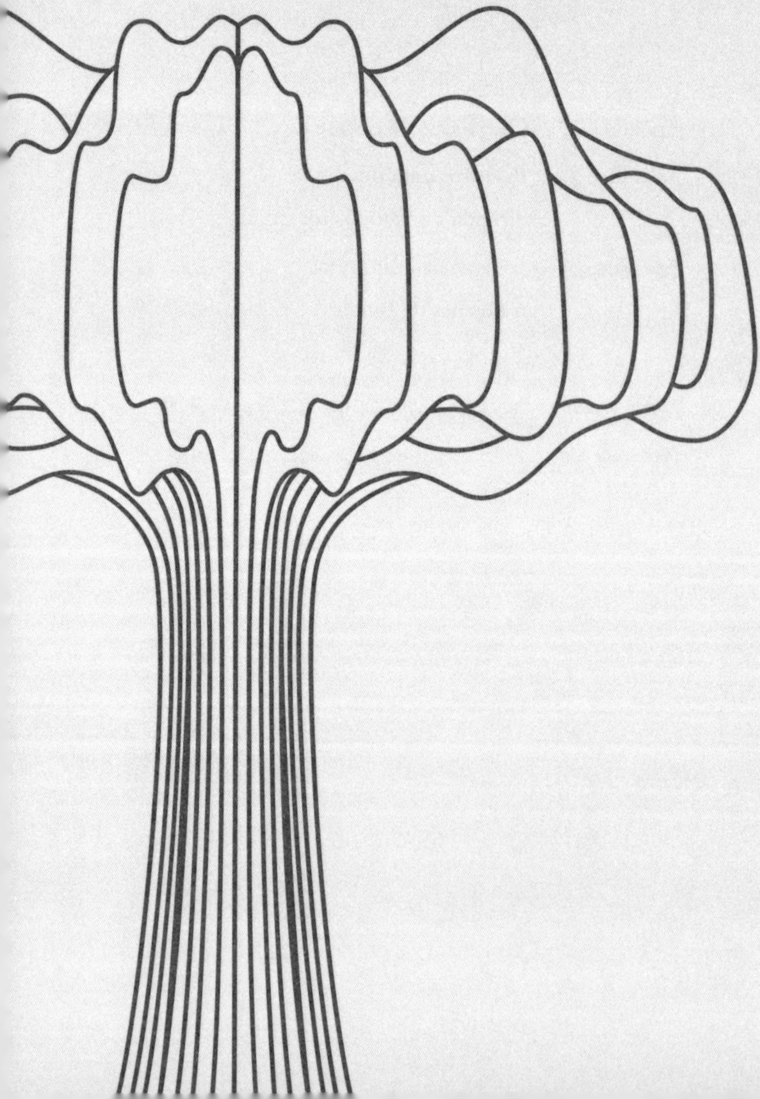

# UMA JORNADA COM PROPÓSITOS

## *Compreendendo profundamente este livro*

**ESTA OBRA** é mais que um livro: trata-se de um guia para uma *jornada espiritual de 40 dias*,[1] que o capacitará a descobrir a resposta à mais importante indagação da vida: "Afinal de contas, por que estou aqui?". Ao concluir esta jornada, você conhecerá o propósito de Deus para sua vida e terá uma compreensão mais ampla de como se encaixam todas as peças da existência. Assimilar essa perspectiva reduzirá seu estresse, simplificará suas decisões, aumentará sua realização pessoal e, o mais importante, irá preparar você para a eternidade.

## Seus próximos 40 dias

A expectativa média de vida nos dias de hoje é de aproximadamente 28 mil dias.[2] Essa deverá ser a duração de sua vida, em condições normais. Você não concorda que seria sábio dedicar 40 desses dias para saber o que Deus quer que você faça com o restante deles?

A Bíblia deixa claro que Deus considera espiritualmente relevante o período de 40 dias. Sempre que desejou preparar alguém para seus propósitos, Deus usou 40 dias:

- A vida de Noé foi transformada por 40 dias de chuva.
- A vida de Moisés foi transformada nos 40 dias que ele passou no monte Sinai.
- Os espiões foram transformados após 40 dias na Terra Prometida.
- Davi foi transformado pelo desafio de Golias, proferido por 40 dias.
- Elias foi transformado quando Deus o sustentou durante 40 dias com uma única refeição.
- Toda a cidade de Nínive foi transformada quando Deus concedeu 40 dias para que o povo se convertesse.
- Jesus foi fortalecido durante 40 dias no deserto.
- Os discípulos foram transformados nos 40 dias em que estiveram com Jesus, após a ressurreição.

Os próximos 40 dias vão transformar *sua* vida.

Este livro é dividido em 40 breves capítulos (e mais o bônus de dois capítulos). Recomendo enfaticamente que você leia apenas um capítulo por dia, para que possa meditar sobre as implicações de cada um deles em sua vida. A Bíblia diz: "Permita que Deus o transforme em uma nova pessoa, mudando a maneira de você pensar. Assim, você saberá o que fazer conforme a vontade de Deus".[3]

Uma razão pela qual a maioria dos livros não traz mudança alguma para nossa vida é o fato de nós, ansiosos por ler o capítulo seguinte, não pararmos um pouco para refletir sobre o que acabamos de ler.

Não se contente em ler este livro. Interaja com ele. Sublinhe-o. Anote seus pensamentos nas margens. Torne-o seu. Personalize-o! Os livros que mais me ajudaram foram aqueles aos quais reagi, não me limitando a lê-los.

**Quatro recursos que vão ajudar você**

No final de cada capítulo, há uma seção intitulada "Pensando sobre meu propósito de vida". Lá você encontrará:

- **Tema para reflexão.** Trata-se de uma verdade simples que resume um princípio para a vida guiada por propósitos, sobre a qual você poderá refletir ao longo do dia. Paulo disse a Timóteo: "Reflita no que estou dizendo, pois o Senhor dará a você entendimento em tudo".[4]

- **Versículo para memorizar.** Trata-se de um versículo bíblico que ensina uma verdade contida no capítulo. Se você realmente deseja aperfeiçoar sua vida, comece adquirindo o importante hábito de memorizar trechos das Escrituras. Você pode até mesmo copiar os versículos em pequenos cartões para levá-los com você.

- **Pergunta para meditar.** A pergunta vai ajudar você a ponderar a respeito das implicações do que leu e de como isso se aplica a você. Incentivo você a escrever suas respostas nas margens deste livro ou em um caderno, ou a adquirir um exemplar do *Diário — uma vida com propósitos*, livro que o deverá acompanhar, pois foi elaborado para esse fim. Anotar seus pensamentos é a melhor forma de esclarecê-los.

No Apêndice 1, você encontra:

- **Questões para debate.** Recomendo que convide um ou mais amigos para juntar-se a você na leitura deste livro durante os próximos 40 dias. A jornada é sempre mais suave quando a *compartilhamos*. Com um parceiro ou em um pequeno grupo de leitura, você terá com quem discutir o que leu e trocar ideias. Isso vai ajudá-lo a se aperfeiçoar e a se fortalecer espiritualmente. O verdadeiro crescimento espiritual *jamais* será uma busca individual, solitária. A maturidade é alcançada por meio dos relacionamentos e da vida em comunidade.

A melhor maneira de explicar o propósito de Deus para a vida é permitindo que a Bíblia fale por si mesma. Por isso, a Bíblia é citada exaustivamente neste livro, sendo empregados mais de mil versículos diferentes, extraídos de seis traduções ou paráfrases publicadas em português ou traduzidas de outras nove versões em língua inglesa. As razões que me levaram a usar diversas traduções estão no Apêndice 1.

**Já orei por você**

Enquanto escrevia este livro, orava frequentemente para que você experimentasse o indescritível sentimento de esperança, vigor e alegria que se sente ao descobrir o motivo que levou Deus a pôr você neste planeta. É algo incomparável, e fico entusiasmado com isso, pois sei que coisas maravilhosas acontecerão em sua vida. Aconteceram comigo, e, desde que descobri o propósito de minha vida, não fui mais o mesmo.

Por conhecer os benefícios que virão, quero desafiar você a permanecer nesta jornada espiritual pelos próximos 40 dias, sem perder uma leitura diária sequer. Sua vida vale o tempo dedicado para pensar no assunto. Faça disso um hábito diário, um item de sua agenda. Se você deseja assumir o compromisso, vamos juntos firmar um acordo: sua assinatura vai torná-lo relevante. Se alguém quiser acompanhar você na leitura desta obra até o final, leve-o a comprometer-se também. Vamos começar juntos!

# UMA NOVA EDIÇÃO PARA UMA NOVA GERAÇÃO

## *Palavra do autor*

*Não vamos guardar isso para nós:*
*vamos passá-lo para a próxima geração!*

SALMOS 78.4, *AM*

**RECENTEMENTE,** um rapaz de 22 anos chamado Mark entrou em contato comigo por meio de uma rede social e me perguntou: "Como posso saber qual é meu propósito na vida?". Enquanto conversávamos no *chat*, fiquei sabendo que seus pais haviam lido este livro, embora ele não, já que tinha somente 12 anos quando foi publicado.

Cada nova geração deve redescobrir os propósitos de Deus para ela mesma. Mas Deus também acrescenta que a geração mais velha é responsável por passar adiante o que aprendeu "para que cada geração renove sua esperança em Deus".[1]

Desde que *Uma vida com propósitos* foi publicado, o mundo mudou drasticamente. Os propósitos eternos de Deus permanecem inalterados, mas temos novas ferramentas e meios para ajudar as pessoas a compreenderem tais propósitos.

Esta edição expandida possui duas novidades:

- Cada um dos 42 capítulos é introduzido por um vídeo (os *links* são acessíveis por leitor de QR-Code).
- Dois capítulos de bônus sobre as barreiras mais comuns para ter uma vida com sentido.

Dedico esta nova edição a todos que, como Mark, são a nova geração, mas que estão fazendo a mesma pergunta que as gerações passadas fizeram: "Para que estou neste mundo?". É uma honra poder servir vocês.

*O Senhor é bom* [...]. *Sua fidelidade continua a cada geração.*
— Salmos 100.5, *NLT*

RICK WARREN

# MEU COMPROMISSO

Com a ajuda de Deus, comprometo-me a empenhar os próximos 42 dias para descobrir o propósito de Deus para minha vida.

__________________________________

Seu nome

__________________________________

O nome de seu companheiro

__________________________________

Rick Warren

*É melhor haver dois do que um, porque duas*
*pessoas trabalhando juntas podem ganhar muito mais.*
*Se uma delas cai, a outra a ajuda a se levantar* [...].
*Dois homens podem resistir a um ataque que derrotaria*
*um deles se estivesse sozinho. Uma corda de*
*três cordões é difícil de arrebentar.*

Eclesiastes 4.9,10,12, *NTLH*

# Afinal de contas, por que estou aqui?

*Quem confia em bens materiais cairá do cavalo,*
*mas quem é moldado por Deus florescerá*
*e dará bons frutos.*

PROVÉRBIOS 11.28, *AM*

*Felizes os que confiam no Senhor* [...]. *São como árvores plantadas*
*às margens de um rio, cujas raízes alcançam águas profundas.*
*Tais árvores não são afetadas pelo calor nem se preocupam*
*com longos meses de seca. Suas folhas permanecem verdes*
*e produzem um fruto delicioso.*

JEREMIAS 17.7,8, *NLT*

Dia 1

# TUDO COMEÇA COM DEUS

*Pois tudo, absolutamente tudo, acima e abaixo, visível e invisível* [...] *— tudo começou nele e nele encontra propósito.*

COLOSSENSES 1.16, *AM*

*A menos que se admita a existência de Deus, a questão sobre propósito de vida não tem sentido.*

BERTRAND RUSSELL, ATEU

**VOCÊ NÃO É O FOCO.**

O propósito de sua vida é muito maior que a realização pessoal, a paz de espírito ou mesmo a felicidade. É muito maior que a família, a carreira ou mesmo os mais ousados sonhos e ambições. Se você quiser saber por que foi colocado neste planeta, deverá começar por Deus. Você nasceu *por* um propósito dele e *para* cumprir o propósito dele.

A procura pelo propósito da vida tem intrigado o ser humano há milhares de anos. Isso porque normalmente erramos já no ponto de partida — nós mesmos. Fazemos perguntas egocêntricas como: "O que *quero* ser? O que *devo* fazer com *minha* vida? Quais são *meus* objetivos, *minhas* ambições e *meus* sonhos para *meu* futuro?". Concentrar tudo em nós mesmos, porém, jamais desvendará o propósito de nossa vida. A Bíblia diz: "A vida de todas as criaturas está na mão de Deus; é ele quem mantém todas as pessoas com vida".[1]

Ao contrário do que afirmam livros conceituados, filmes e seminários, você não descobrirá o sentido da vida olhando dentro de você mesmo. É provável que já tenha tentado isso, mas você não criou você mesmo, logo não pode dizer para que foi criado! Se eu lhe entregar uma invenção totalmente desconhecida, você não saberá para que serve nem a própria invenção terá a capacidade de lhe dizer. Somente o inventor ou o manual do fabricante poderiam atestar sua utilidade.

Certa vez, fiquei perdido nas montanhas. Quando parei para perguntar como chegar ao acampamento, disseram-me: "*Não existe acesso por aqui*. Você precisa ir pelo outro lado da montanha!". Da mesma forma, você não pode chegar ao propósito de sua vida concentrando-se em você mesmo. Deve começar com Deus, seu Criador. Você só existe porque o Senhor deseja que você exista. Você foi feito *por* Deus e *para* ele, e até que compreenda isso, a vida jamais fará sentido. Somente em Deus descobriremos nossa origem, nossa identidade, nosso significado, nosso propósito, nossa importância e nosso destino. Todos os outros caminhos levam a um beco sem saída.

Muitos tentam usar Deus para a autorrealização, mas isso é contrário à natureza e resultará em fracasso. Você foi feito por Deus, não o contrário. Viver quer dizer deixar Deus usá-lo para os propósitos *dele*; não é você quem usa Deus para seus propósitos particulares. A Bíblia diz: "Ficar obcecado consigo mesmo nessa questão é entrar num beco sem saída. Quem olha para Deus é levado para um campo aberto, a uma vida livre, espaçosa".[2]

**Concentrar tudo em nós mesmos jamais desvendará o propósito de nossa vida.**

Já li muitos livros que sugerem maneiras de descobrir o propósito de vida. Todos poderiam ser classificados como livros de "autoajuda", pois abordam o assunto de uma perspectiva egocêntrica. Livros de autoajuda, até mesmo os cristãos, normalmente propõem os mesmos passos previsíveis para encontrar o propósito para a vida: Dê importância a seus sonhos. Defina claramente seus valores. Estabeleça metas. Descubra suas habilidades. Almeje grandes realizações. Vá à luta! Seja disciplinado. Acredite em você mesmo. Envolva outras pessoas. Não desista jamais.

É lógico que essas recomendações frequentemente levam a grandes êxitos. Pode-se em geral ser bem-sucedido ao alcançar um alvo, se houver concentração para o fim proposto. Mas ser bem-sucedido e cumprir o propósito de vida *são coisas absolutamente distintas*! Você pode alcançar seus objetivos pessoais, tornando-se um sucesso pelos padrões do mundo, e *ainda* assim estar distante dos propósitos para os quais Deus o criou. Você precisa de algo mais que conselhos de autoajuda. A Bíblia diz: "Autoajuda não é ajuda, de jeito nenhum. O autossacrifício é o caminho — o meu caminho — para que vocês descubram sua verdadeira identidade".[3]

Este não é um livro de autoajuda. Não ensina a achar a carreira correta, a realizar sonhos ou a planejar a vida. Não ensina a encaixar mais atividades em uma agenda lotada. Na verdade, ensina a fazer *menos* na vida — concentrando-se no que mais importa. Ele vai ajudá-lo a se tornar o que *Deus* pretendia fazer de você ao criá-lo.

Então, como descobrir o propósito para o qual você foi criado? Você só tem duas opções. A primeira é a *especulação* — a preferida pela maioria das pessoas. Elas conjecturam, supõem, teorizam. Quando dizem: "Sempre pensei que a vida fosse...", querem dizer: "Este é o melhor palpite que posso dar".

**Você foi feito por Deus e para Deus, e até que compreenda isso, a vida jamais fará sentido.**

Há milhares de anos, filósofos brilhantes discutem e ponderam sobre o significado da vida. A filosofia é uma área importante do conhecimento e tem sua utilidade, mas, quando tenta determinar o propósito da vida, mesmo o mais sábio dos filósofos está apenas fazendo suposições.

O dr. Hugh Moorhead, professor de filosofia na Northeastern Illinois University, escreveu certa vez para 250 dos mais conhecidos filósofos, cientistas, escritores e intelectuais do mundo, perguntando: "Qual é o sentido da vida?". Tempos depois, publicou as respostas em um livro. Alguns deram seus melhores palpites, outros admitiram ter apenas inventado um propósito para a vida, outros ainda foram honestos o bastante para dizer que não tinham a menor ideia. Na verdade, vários intelectuais de renome pediram ao professor Moorhead que lhes respondesse, caso descobrisse o propósito da vida![4]

Felizmente, há uma alternativa à especulação sobre o significado e o propósito da vida. Trata-se da *revelação*. Podemos recorrer ao que Deus revelou sobre a vida em sua Palavra. O modo mais fácil de descobrir o propósito de uma invenção é perguntando ao inventor. Descobrir o propósito de sua vida funciona da mesma maneira: pergunte a Deus.

O Senhor não nos deixou às cegas para ficarmos nos questionando e conjecturando. Ele claramente revela, nas páginas da Bíblia, os cinco propósitos que tem para nossa vida. É o nosso "Manual do proprietário", que explica por que estamos vivos, como a vida funciona, o que evitar e o que esperar do futuro. Ele explica o que nenhum livro de autoajuda ou de filosofia pode saber. A Bíblia diz: "A sabedoria de Deus é algo misterioso que encerra a profundidade de seus propósitos. Nada tem de vaga e superficial. Ela não é uma nova mensagem: é a mais antiga — o que Deus determinou como forma de produzir o melhor dele em nós, muito antes que entrássemos em cena".

Deus não é apenas o ponto de partida de nossa vida: é a *fonte* dela. Para descobrir seu propósito de vida, você deve recorrer à Palavra de Deus; não à sabedoria do mundo. Edifique a vida sobre verdades eternas; não sobre psicologia popular, histórias inspiradoras e estímulos para alcançar o sucesso.

A Bíblia diz: "Muito antes que ele estabelecesse os fundamentos da terra, ele já pensava em nós e nos escolheu como alvo do seu amor, para nos fazer completos e santos por meio desse amor. Há muito tempo ele decidiu nos adotar em sua família, por meio de Jesus Cristo. (E que prazer ele teve em planejar tudo isso!). Foi por sua vontade que agora participamos da celebração desse presente dado por seu Filho amado, totalmente de graça".[5] Esse texto apresenta três critérios para nosso propósito:

- Você descobre sua identidade e propósito no relacionamento com Jesus Cristo. Se você ainda não vive esse relacionamento, explicarei mais adiante como iniciá-lo.
- Deus já pensava em você muito antes de você pensar a respeito dele. O propósito determinado por ele para sua vida é anterior à sua concepção. Ele planejou isso antes que você existisse e *sem sua contribuição*! Você pode escolher carreira, cônjuge, passatempos e muitas coisas na vida, mas não pode escolher seu propósito.
- Seu propósito de vida encaixa-se em outro propósito muito maior e cósmico, que Deus planejou para a eternidade. É disso que trata este livro.

Andrei Bitov, romancista russo, cresceu em um regime ateísta e comunista. Mas Deus atraiu sua atenção num dia terrível. Ele recorda:

> Aos 27 anos de idade, enquanto estava no metrô de Leningrado (agora São Petersburgo), fui dominado por um desespero tão intenso que a vida pareceu parar de vez, apropriando-se completamente do futuro e não deixando nenhum significado. De repente, uma frase apareceu por si só: "Sem Deus, a vida não faz sentido". Martelando-a, assombrado, na minha cabeça, saí do metrô e caminhei em direção à luz de Deus.[6]

Você deve ter se sentido perdido a respeito de *seu* propósito na vida. Parabéns! Você está prestes a caminhar para a luz.

## Dia 1 — Pensando sobre meu propósito de vida

**Tema para reflexão:**
Eu não sou o foco.

**Versículo para memorizar:**
"Pois tudo, absolutamente tudo, acima e abaixo, visível e invisível [...] — tudo começou nele e nele encontra propósito". (Colossenses 1.16, *AM*)

**Pergunta para meditar:**
Apesar de todos os argumentos ao meu redor, como posso me lembrar de que a vida é, na verdade, viver para Deus, e não para mim mesmo?

Dia 2

# VOCÊ NÃO É UM ACIDENTE

*Eu sou seu Criador.*
*Você estava sob meus cuidados*
*mesmo antes de nascer.*

ISAÍAS 44.2A, *CEV*

*Deus não joga dados.*

ALBERT EINSTEIN

**VOCÊ NÃO É UM ACIDENTE.**

Seu nascimento não foi um erro ou um infortúnio, e sua vida não é um acidente da natureza. Seus pais podem não tê-lo planejado, mas Deus certamente o fez. Ele não ficou nem um pouco surpreso com seu nascimento. Aliás, ele o aguardava.

Muito antes de ser concebido por seus pais, você foi concebido na mente de Deus. Ele foi o primeiro a pensar em você. Você não está respirando neste exato momento por acaso, sorte, destino ou coincidência. Está vivo porque Deus quis criá-lo! A Bíblia diz: "O SENHOR cumprirá o seu propósito para comigo!".[1]

Ele determinou cada pequeno detalhe de nosso corpo. Ele deliberadamente escolheu seu biotipo: a cor da pele, o cabelo e todas as outras características. Ele fez seu corpo sob medida, exatamente do jeito que queria. Também determinou os talentos naturais que você possuiria e deu-lhe uma personalidade singular. A Bíblia diz: "Tu me conheces por dentro e por fora, conheces cada osso do meu corpo. Sabes exatamente como fui feito: aos poucos; como fui esculpido: do nada até ser alguma coisa. Como um livro aberto, tu me viste crescer desde a concepção até o nascimento; todos os estágios da minha vida foram exibidos diante de ti".[2]

Deus fez você por um motivo, isso significa que também decidiu a *hora* de seu nascimento e seu *tempo* de vida. Ele planejou seus dias de vida antecipadamente, escolhendo o momento exato de seu nascimento e de sua morte. A Bíblia diz: "Antes mesmo de o meu corpo tomar forma humana, o Senhor já havia planejado todos os dias da minha vida; cada um deles estava registrado no seu livro, antes de qualquer um deles existir!".[3]

Deus também planejou *o lugar* em que você nasceria e onde viveria para o propósito dele. Sua etnia e sua nacionalidade não são mera casualidade: Deus não deixou nenhum detalhe ao acaso. Planejou tudo conforme o propósito *dele*. A Bíblia diz: "De um só fez ele todos os povos, para que povoassem toda a terra, tendo determinado os tempos anteriormente estabelecidos e os lugares exatos em que deveriam habitar".[4] Nada em sua vida é arbitrário — tudo tem um propósito.

Ainda mais surpreendente: Deus decidiu *como* você nasceria. Independentemente das circunstâncias de seu nascimento e de quem fossem seus pais, Deus tinha um plano ao criá-lo. E não importa como sejam seus pais: bons, ruins ou indiferentes. Ele sabia que esses dois indivíduos possuíam *exatamente* a constituição genética específica para criar *você* de acordo com o que ele tinha em mente. Eles tinham o DNA que Deus precisava para formá-lo.

Embora existam pais ilegítimos, não existem filhos ilegítimos. Mesmo que muitos filhos não tenham sido planejados pelos pais, não foram um imprevisto para Deus. O propósito dele levou em conta o erro humano e até mesmo o pecado.

Deus nunca faz nada acidentalmente e jamais comete erros. Ele tem um motivo para tudo que concebe. Todas as plantas e todos os animais foram planejados por Deus, e cada pessoa foi idealizada com um propósito definido. O motivo de Deus tê-lo criado foi o amor que ele tem. A Bíblia diz: "Muito antes que ele estabelecesse os fundamentos da terra, ele já pensava em nós e nos escolheu como alvo do seu amor, para nos fazer completos e santos por meio desse amor".[5]

O Senhor já pensava em você *antes* de criar o mundo. Na verdade, você foi o motivo de Deus tê-lo criado! Ele projetou o meio ambiente deste planeta para que pudéssemos viver nele. Somos a razão de seu amor e o que há de mais precioso em toda a criação. A Bíblia diz: "Deus decidiu nos dar a vida pela palavra da verdade, a fim de que fôssemos como primícias de suas criaturas [...]".[6] Isso demonstra quanto Deus o ama e o aprecia!

O Senhor não age de forma aleatória: ele planeja tudo com extrema precisão. Quanto mais os físicos, biólogos e outros cientistas aprendem sobre o Universo, mais percebemos quanto ele é singularmente adequado à nossa existência — feito sob medida com as *exatas* especificações que tornam possível a vida humana.

O dr. Michael Denton, especialista em genética molecular humana da Universidade de Otago, Nova Zelândia, conclui:

> Todas as evidências disponíveis nas ciências biológicas sustentam a teoria básica [...] de que o Universo foi especialmente criado em sua totalidade tendo a vida e a humanidade como principal objetivo e propósito; um todo no qual todas as partes da realidade têm seu significado e explicação nesse fato fundamental.7

A Bíblia fez a mesma constatação milhares de anos antes: "Deus formou a Terra [...]. Ele não a criou para ser vazia, mas a formou para ser habitada".[8]

Por que Deus fez tudo isso? Por que o incômodo de criar o Universo para nós? Porque ele é um Deus de amor. Esse tipo de amor é difícil de compreender em sua profundidade, mas é essencialmente confiável. Você foi criado para ser um alvo especial do amor de Deus! Ele o fez para poder amá-lo. É sobre essa verdade que você precisa edificar sua vida.

A Bíblia diz que "Deus é amor".[9] Ela não diz que Deus *tem* amor. Ele *é* amor! Amor é a essência do caráter do Pai. Há perfeito amor na interação da Trindade, então Deus não *precisava* criar você. Ele não estava só, mas desejou criá-lo para expressar seu amor. Deus diz: "Eu os tenho sustentado desde que foram concebidos e carregado desde o nascimento. Mesmo na velhice, quando seus cabelos se tornarem grisalhos, estarei cuidando de vocês. Eu os fiz e cuidarei de vocês".[10]

Se não houvesse Deus, seríamos todos "acidentes", causados por algum evento cósmico aleatório. Você poderia parar de ler este livro, pois a vida não teria nenhum propósito, significado ou importância. Não haveria certo nem errado, e nenhuma esperança seria alimentada para além de nossos breves anos neste mundo.

Mas *há* um Deus que o fez e por uma razão. Assim, sua vida tem significado profundo! Descobrimos esse significado e o propósito divino *somente* quando tomamos Deus como ponto de referência de nossa vida. Uma paráfrase de Romanos 12.3b diz: "O único modo de nos entendermos é pelo que Deus é e pelo que ele faz por nós, não pelo que somos e fazemos por ele".[11] Vemos essa verdade expressa neste poema de Russell Kelfer:

> Você é quem é por uma razão.
> Parte de um plano inescrutável.
> Preciosa, original e perfeita criação,
> denominada homem ou mulher de Deus, notável.
>
> Sua aparência tem uma razão.
> Nosso Deus não se enganou.
> Ele o teceu ainda no ventre em perfeita composição,
> é o fruto exato do que determinou.
>
> Seus pais foram por ele escolhidos,
> e, a despeito de como se sinta,
> eles cumprem os planos para os quais foram criados
> e recebem do Senhor aprovação.
>
> O trauma que você enfrentou não foi fácil, não.
> E Deus lamentou sua dor.
> Mas isso foi permitido para dar forma ao seu coração,
> para que semelhante ao dele se tornasse.
>
> Você é quem é por uma razão.
> E pelo cajado do Mestre vem sendo formado.
> Você é quem é, amado,
> porque há um Deus — eis a razão![12]

Dia 2

# Pensando sobre meu propósito de vida

**Tema para reflexão:**
Não sou um acidente.

**Versículo para memorizar:**
"Eu sou seu Criador. Você estava sob meus cuidados mesmo antes de nascer". (Isaías 44.2, *CEV*)

**Pergunta para meditar:**
Sei que Deus me criou de forma singular.
Que áreas de minha personalidade, formação e aparência física tenho tido dificuldade em aceitar?

Dia 3

# O QUE DIRIGE SUA VIDA?

*Percebi que o que faz os homens correrem*
*atrás do sucesso é a inveja!*

ECLESIASTES 4.4, *NBV-P*

*O homem sem propósitos é como*
*um barco sem leme —*
*um vira-lata, um nada, um ninguém.*

THOMAS CARLYLE

**A VIDA DE TODO INDIVÍDUO É DIRIGIDA POR ALGO.**

A maioria dos dicionários define o verbo "dirigir" como "guiar, controlar, direcionar". Se você está dirigindo um carro, batendo um prego ou chutando uma bola, estará naquele momento guiando, controlando e direcionando. Que força motriz dirige sua vida?

Neste exato momento, é possível que um problema, uma urgência ou o fim de um prazo determinado estejam direcionando você. É possível que uma lembrança dolorosa, um temor ou uma crença inconsciente também o estejam dirigindo. Centenas de circunstâncias, valores e emoções podem dirigir sua vida. Eis aqui cinco dos mais comuns.

**Muitos são dirigidos pela culpa.** Algumas pessoas passam a vida inteira fugindo do remorso e ocultando a vergonha. Dirigidas pela culpa, são manipuladas pelas lembranças. Permitem que o passado controle o futuro e frequentemente punem a si mesmas, sabotando o próprio sucesso. Quando Caim pecou, sua culpa afastou-o da presença de Deus, que disse: "'Você será um fugitivo errante pelo mundo'".[1] Esse quadro descreve a maioria das pessoas hoje em dia: andar pela vida, sem propósito.

Somos produto de nosso passado, mas não precisamos ser prisioneiros dele. O propósito de Deus não é restringido por nosso passado. Ele tornou um assassino chamado Moisés num líder, e um covarde chamado Gideão num corajoso herói. Também pode fazer coisas maravilhosas com o restante de sua vida. Deus é especialista em dar às pessoas um novo começo. A Bíblia diz: "Como é feliz o homem que tem suas desobediências perdoadas e seus pecados cobertos!".[2]

**Muitos são dirigidos pelo ressentimento e pela raiva.** Algumas pessoas apegam-se a mágoas sem jamais superá-las. Em vez de aliviar a dor por meio do perdão, revivem-na continuamente em pensamento. Quando dirigidas pelo ressentimento, "calam-se" e interiorizam a raiva, enquanto outras "se irritam" e agridem outros. Ambas as reações são nocivas e inúteis.

O ressentimento sempre machuca mais o ofendido que a pessoa que o ofendeu. Enquanto o ofensor provavelmente já se esqueceu do insulto e seguiu em frente, você continua angustiado em sua dor, perpetuando o que aconteceu.

Ouça: aqueles que o magoaram no passado não poderão continuar a feri-lo, *a menos que* você se agarre à dor por meio do ressentimento. O que passou passou! Nada pode mudar o passado. Você apenas se machuca com a amargura. Para seu próprio bem, aprenda com o passado e mande-o para bem longe. A Bíblia diz: "Ficar desgostoso e amargurado é loucura, é falta de juízo, que leva à morte".[3]

**Muitos são dirigidos pelo medo.** Seus temores provavelmente resultam de experiências traumáticas e de expectativas fantasiosas, do crescimento num lar extremamente severo ou mesmo de predisposição genética. Independentemente do que tenha causado tal situação, pessoas dirigidas pelo medo com frequência perdem grandes oportunidades por terem medo de correr riscos. Em vez disso, comportam-se de maneira cautelosa, evitando arriscar-se e tentando manter o *status quo*.

O medo é o encarceramento voluntário, que o impedirá de se tornar o que Deus pretende que você seja. Você deve agir contra isso, com as armas da fé e do amor. A Bíblia diz: "No amor, não há espaço para o medo. O amor amadurecido expulsa o medo. Considerando que o medo causa uma vida vacilante e cheia de temores — medo da morte, medo do julgamento —, podemos dizer que quem tem medo não está completamente aperfeiçoado no amor".[4]

**Muitos são dirigidos pelo materialismo.** O desejo de adquirir é o único objetivo na vida de algumas pessoas. O impulso de sempre querer mais se baseia na concepção equivocada de que possuir mais me tornará mais feliz, mais importante e mais protegido; contudo, são três expectativas errôneas. Os bens materiais trazem felicidade apenas *temporária*. A situação de constante tranquilidade acaba gerando o tédio, e então passamos a desejar novidades, coisas maiores e melhores.

**Nada é mais importante que conhecer os propósitos de Deus para sua vida, e nada pode compensar o prejuízo de não conhecê-los.**

Também é um mito a concepção de que, quanto mais bens adquirir, mais importante serei. Autoestima e riquezas materiais não são sinônimos. Nosso valor não é determinado por nossas posses, e Deus deixa claro que as *coisas* mais valiosas da vida não são os bens materiais!

O mito mais comum a respeito do dinheiro é o de que, quanto mais dinheiro se tem, mais protegido se está. Isso não é verdade. As riquezas podem ser perdidas num piscar de olhos, por uma quantidade considerável de fatores que fogem do nosso controle. A verdadeira segurança só pode ser encontrada naquilo que jamais poderá ser tomado de você — seu relacionamento com Deus.

**Muitos são dirigidos pela necessidade de aprovação.** Algumas pessoas permitem que expectativas alheias — de pais, cônjuge, filhos, professores ou amigos — controlem sua vida. Muitos adultos ainda tentam ganhar a aprovação de pais que nunca estão satisfeitos. Outros são dirigidos pela pressão social do grupo a que pertencem, sempre preocupados com o que os outros podem pensar. Infelizmente, os que seguem a multidão quase sempre acabam perdidos nela.

Não conheço todas as chaves do sucesso, mas uma chave para o fracasso é tentar satisfazer a todos. Ser controlado pela opinião dos outros é uma forma segura de jamais atingir os propósitos de Deus para sua vida. Jesus disse: "'Ninguém pode servir a dois senhores'".[5]

Outras influências ainda podem dirigir sua vida, mas todas levam ao mesmo impasse: potencial não aproveitado, estresse desnecessário e uma vida não realizada.

Esta jornada de 40 dias mostrará como ter uma vida *dirigida por propósitos* — uma vida guiada, controlada e direcionada pelos propósitos de Deus. Nada é mais importante que conhecer os propósitos de Deus para sua vida, e nada pode compensar o prejuízo de não os conhecer: nem o sucesso, nem as riquezas, nem a fama, nem os prazeres. Sem um propósito, a vida não passa de movimento sem sentido, uma atividade sem direção ou uma série de acontecimentos sem motivo. Sem um propósito, a vida é banal, mesquinha e inútil.

### As vantagens de uma vida dirigida por propósitos

Há cinco grandes vantagens em se viver uma vida com propósitos:

**Conhecer o propósito de sua vida faz que ela tenha sentido.** Fomos feitos para alcançar algum significado na vida, por isso tantas pessoas recorrem a métodos questionáveis, como a astrologia e a psicologia, para descobri-lo. Quando a vida faz sentido, você pode suportar quase tudo; do contrário, ela se tornará insuportável.

Um jovem na casa dos 20 anos escreveu: "Sinto-me um fracassado, pois luto para me tornar algo que nem ao menos sei o que é. Tudo que sei fazer é sobreviver. Se um dia eu descobrir meu propósito, aí, sim, começarei a viver".

Sem Deus, a vida não tem propósito; sem um propósito, a vida não faz sentido. Sem um sentido, a vida não tem relevância nem esperança. Na Bíblia, diversas pessoas expressaram sua falta de esperança. Isaías queixou-se: "Trabalhei por nada. Não tenho nada a apresentar depois de uma vida inteira de trabalho duro".[6] Jó disse: "Meus dias são vazios e sem esperança";[7] e: "Detesto a vida; não quero mais viver. Deixa-me em paz, pois a minha vida não vale nada".[8] A maior de todas as tragédias não é a morte, mas a falta de propósitos na vida.

A esperança é tão essencial para a vida quanto são o ar e a água. É preciso ter esperança para lutar. O dr. Bernie Siegel descobriu que podia prever qual dos pacientes com câncer apresentaria melhoras, ao perguntar: "Você quer viver até os cem anos de idade?". Os que tinham profunda noção de propósito de vida respondiam que sim, e eram aqueles com maiores probabilidades de sobrevivência. A esperança é resultado de se ter um propósito.

Se você tem se sentido sem esperança, não desista! Mudanças maravilhosas acontecerão em sua vida quando você começar a viver com propósitos. Deus diz: "'Sei os planos que tenho para vocês [...] planos para o bem; não para lhes causar aflição; eu lhes darei esperança e um futuro promissor'".[9] Talvez você esteja com a sensação de estar enfrentando um problema insolúvel, mas a Bíblia diz: "Deus [...] é capaz de fazer muito mais do que nós jamais ousaríamos pedir ou mesmo imaginar, infinitamente além de nossas mais sublimes orações, anseios, pensamentos ou esperanças".[10]

**Conhecer seu propósito simplifica a vida.** Ele define o que você faz e o que não faz. O propósito é o padrão pelo qual você avalia suas ações, para saber as que são essenciais e as que não são. Basta perguntar: "Essa ação me ajudará a cumprir o propósito de Deus para minha vida?".

Sem um propósito claro, ficamos sem alicerce para fundamentar as decisões, dividir o tempo e empregar os recursos. A tendência será tomar decisões com base nas circunstâncias, nas pressões do momento ou nas variações de humor. Quem não conhece seu propósito exagera nas atividades, e *isso* causa estresse, fadiga e conflitos.

É impossível fazer tudo o que as pessoas querem que você faça. Seu tempo é suficiente apenas para fazer a vontade de Deus. Se não consegue realizá-la por completo, significa que está tentando fazer mais do que Deus pretendia que fizesse (ou possivelmente está assistindo muito a programas de televisão). Uma vida dirigida por propósitos conduz-nos a um estilo de vida mais simples e a uma agenda mais saudável. A Bíblia diz: "A vida presunçosa e cheia de pompa é uma vida vazia, mas a vida simples e sincera é uma vida plena".[11] Isto também leva à paz de espírito: "Tu, ó Senhor, dás paz e prosperidade às pessoas que têm uma fé firme, às pessoas que confiam em ti".[12]

**Conhecer seu propósito ajuda a estabelecer prioridades.** Isso faz que esforços e energias se concentrem no que é importante. Você se torna eficiente ao ser seletivo.

Faz parte da natureza humana distrair-se com assuntos de menor importância. Fazemos de nossa vida um jogo. Henry David Thoreau observou que as pessoas vivem num "desespero silencioso", mas hoje uma melhor descrição seria "distração sem objetivos".

Muitas pessoas são como giroscópios, rodopiando num ritmo frenético sem jamais chegar a lugar nenhum.

Sem um propósito definido, você ficará mudando de rumo, de emprego, de relacionamentos e de igreja, na esperança de que cada mudança seja definitiva ou preencha o vazio em seu coração. Você pensa: "Talvez seja diferente desta vez", mas isso não resolve o verdadeiro problema, que é falta de foco e de propósito.

A Bíblia diz: "Não se descuidem. Tentem entender o que o Senhor quer de vocês".[13]

A capacidade de concentração pode ser verificada na luz. A luz difusa tem impacto e energia reduzidos, mas você pode concentrar seu foco. Com uma lente de aumento, os raios do sol podem ser concentrados a ponto de atear fogo à grama ou a um pedaço de papel. Quando a convergência da luz é maior, como o raio laser, ela pode até cortar o aço.

Não há nada tão poderoso quanto uma vida direcionada, isto é, vivida com um propósito. Os homens e as mulheres que mais influenciaram a história estavam concentrados numa direção. O apóstolo Paulo, por exemplo, difundiu o cristianismo no Império Romano praticamente sozinho. Seu segredo era uma vida direcionada. Ele disse: "Estou concentrando minhas energias unicamente nisto: esquecer o que já passou e avançar para o que está à minha frente".[14]

Se você quer que sua vida cause impacto, dê-lhe uma *direção*! Pare de andar em círculos! Pare de tentar fazer de tudo! Faça menos. Elimine até mesmo as boas atividades, concentrando-se apenas no que for mais importante. Jamais confunda atividade com produtividade. Você pode estar ocupado sem ter um propósito, mas para quê? Paulo disse: "Assim, os interessados em tudo que Deus tem para nós devem se manter focados no alvo".[15]

**Conhecer seu propósito traz motivação.** O propósito sempre produz entusiasmo. Nada mais estimulante que um propósito claro. No entanto, a paixão se esvai quando falta propósito. Até mesmo levantar-se da cama se torna um fardo. Normalmente, é o trabalho sem sentido que nos esgota, consome nossa força e nos rouba o prazer; não o excesso de trabalho.

**Se você quer que sua vida cause impacto, dê-lhe uma direção!**

George Bernard Shaw escreveu:

> Esta é a verdadeira alegria da vida: ser usado para um propósito reconhecido por você mesmo como grandioso. Ser uma força da natureza, em vez de um amontoado inconstante e egoísta de ressentimentos e lamentações, sempre reclamando que o mundo não se esforça para torná-lo feliz.

**Conhecer seu propósito irá prepará-lo para a eternidade.** Muita gente passa a vida tentando criar um legado. Tais pessoas querem ser lembradas depois que partirem. Entretanto, o que mais importa, em última análise, não é o que os outros dizem sobre sua vida, mas o que *Deus* diz. O que as pessoas não percebem é que todas as realizações acabam sendo superadas, recordes são quebrados, reputações não subsistem e homenagens são esquecidas. Na faculdade, a meta de James Dobson era ser o campeão de tênis da instituição. Ele se sentiu orgulhoso quando viu sua taça exposta num local de destaque na sala de troféus da faculdade. Anos mais tarde, alguém lhe enviou o troféu pelo correio. Eles o haviam achado numa lata de lixo durante uma reforma na escola. James disse: "Um dia, todos os seus troféus serão jogados no lixo por alguém!".

Viver para criar um legado é um objetivo sem perspectiva. Uma utilização mais sábia do tempo é construir um legado *eterno*. Você não foi posto neste mundo para ser lembrado. Você foi colocado aqui a fim de se preparar para a eternidade.

Chegará o dia em que você estará diante de Deus, e ele fará uma auditoria em sua vida — um exame final, antes que você ingresse na eternidade. A Bíblia diz: "Lembrem-se: cada um de nós comparecerá diante do tribunal de Deus [...]. Sim, cada um de nós terá de prestar contas de si mesmo a Deus".[16] Felizmente, ele quer que passemos no teste, por isso nos deu as perguntas antecipadamente. Pela Bíblia, entendemos que Deus nos fará duas perguntas fundamentais:

Primeira: "O que você fez com meu Filho, Jesus Cristo?". Deus não irá perguntar sobre sua formação religiosa ou visão doutrinária. O único ponto importante será: "Você aceitou o que Jesus fez por você, aprendeu a amá-lo e a confiar nele?". Jesus disse: "'Eu sou o caminho, a verdade e a vida. Ninguém vem ao Pai, a não ser por mim'".[17]

Segunda: "O que você fez com o que eu lhe dei?". Isto é, o que você fez com sua vida — dádivas, talentos, oportunidades, energia, relacionamentos e recursos —; enfim, tudo o que Deus deu a você? Gastou-os com você mesmo ou fez uso deles para os propósitos que Deus tinha para você?

Prepará-lo para essas duas perguntas é o objetivo deste livro. A primeira irá determinar *onde* você passará a eternidade. A segunda determinará *o que você fará* na eternidade. Ao terminar este livro, você estará pronto para responder a essas duas perguntas.

## Dia 3 — Pensando sobre meu propósito de vida

**Tema para reflexão:**
Viver com um propósito é o caminho para a paz.

**Versículo para memorizar:**
"Tu, ó Senhor, dás paz e prosperidade às pessoas que têm uma fé firme, às pessoas que confiam em ti". (Isaías 26.3, *NTLH*)

**Pergunta para meditar:**
Na opinião de minha família e de meus amigos, o que dirige a minha vida? O que eu desejo que a dirija?

Dia 4

# CRIADO PARA SER ETERNO

*Deus tem [...] cultivado a eternidade no coração humano.*

ECLESIASTES 3.11, *NLT*

*Deus certamente não teria criado um ser como o homem para que este existisse somente por um dia! Não, não! O homem foi feito para a imortalidade.*

ABRAHAM LINCOLN

**ESTA VIDA NÃO É TUDO O QUE TEMOS.**

A vida é apenas um ensaio geral, antes da verdadeira produção. Você passará muito mais tempo do outro lado — *na eternidade*. Este mundo é um lugar de preparação, a pré-escola, um exame prático para a vida na eternidade. É o treinamento coletivo que ocorre antes do jogo, a volta de aquecimento antes do início da corrida. Esta vida é uma preparação para a próxima.

Você viverá no máximo cem anos, mas existirá para sempre na eternidade. Seu tempo aqui é, como disse Thomas Browne, "apenas um parêntese na eternidade".[1] Você foi feito para ser eterno.

A Bíblia diz: "Deus tem [...] cultivado a eternidade no coração humano".[2] Você tem um instinto inato que anseia pela imortalidade. Isso ocorre porque Deus o destinou, segundo sua imagem, para viver eternamente. Embora saibamos que com o tempo todos morreremos, a morte parece sempre anormal e injusta. A razão de sentirmos que deveríamos viver para sempre é que Deus condicionou nossa mente com esse desejo!

Um dia, nosso coração irá parar de bater. Então será o fim do nosso corpo e do nosso tempo no mundo, mas não será o fim. O corpo terreno é apenas uma residência temporária do espírito. A Bíblia chama o corpo terreno de "temporária habitação", mas refere-se a nosso futuro corpo como "casa". A Bíblia diz: "De fato, nós sabemos que, quando for destruída esta barraca em que vivemos, que é o nosso corpo aqui na terra, Deus nos dará, para morarmos nela, uma casa no céu. Essa casa não foi feita por mãos humanas; foi Deus quem a fez, e ela durará para sempre".[3]

Se a vida aqui oferece muitas opções, a eternidade nos concede apenas duas: céu ou inferno. Seu relacionamento com Deus aqui determinará seu relacionamento com ele na eternidade. Se aprender a amar a Jesus, o Filho de Deus, e a confiar nele, você será convidado a passar a eternidade com ele. Entretanto, se desprezar o amor, o perdão e a salvação que ele oferece, você passará a eternidade separado de Deus.

C. S. Lewis disse: "Existem apenas dois tipos de pessoas: as que dizem a Deus 'Seja feita a Tua vontade'; e aquelas a quem Deus diz: 'Seja feita a *sua* vontade'".[4] Tragicamente, muitos terão de suportar a eternidade sem Deus, pois escolheram viver sem ele neste mundo.

**Esta vida é uma preparação para a próxima.**

Quando você compreender plenamente que na vida há muito mais que apenas o aqui e agora e perceber que a vida é somente uma preparação para a eternidade, começará a viver de forma diferente — passará a *viver à luz da eternidade* e a lidar com cada relacionamento, tarefa ou circunstância a partir de uma perspectiva nova. Subitamente, muitas atividades, metas e até mesmo problemas que pareciam importantes vão se tornar banais, insignificantes, indignos de sua atenção. Quanto mais próximo você viver de Deus, mais as outras coisas vão lhe parecer insignificantes.

À luz da eternidade, os valores mudam. Você utiliza mais sabiamente o dinheiro e o tempo e passa a dar maior valor à sua personalidade e aos seus relacionamentos, em vez de valorizar fama, riqueza, realizações ou mesmo prazeres. As prioridades são reordenadas. Manter-se em dia com as tendências, com os modismos e valores populares já não é tão importante. Paulo disse: "Antigamente eu pensava que todas essas coisas eram muito importantes, mas agora as considero sem valor algum, por causa do que Cristo fez".[5]

Se todo o seu tempo aqui fosse para ser dedicado unicamente a esta vida, eu sugeriria que começasse a viver agora mesmo. Você poderia deixar de ser bom ou ético e não teria de se preocupar com as consequências de suas ações. Poderia dedicar-se a uma existência inteiramente egocêntrica, pois seus atos não teriam implicações no longo prazo. Mas — *e isto faz toda a*

**À luz da eternidade, os valores mudam.**

*diferença* — a morte não é o fim: ela é tão somente a transição para a eternidade. Por isso, existem consequências *eternas* para tudo o que você faz aqui. Cada ato de nossa vida faz soar um acorde na eternidade.

O aspecto mais prejudicial da vida contemporânea é o raciocínio a curto prazo. Para tirar o máximo da vida, você deve ter sempre em mente a visão da eternidade e, no coração, o valor que ela representa. Há muito mais na vida que apenas o aqui e agora! O que vemos hoje é apenas a ponta do *iceberg*. A eternidade é tudo o que você não vê sob a superfície.

Como será a eternidade com Deus? Francamente, nosso cérebro não é capaz de compreender a maravilha e a grandiosidade do céu. Seria como explicar a Internet para uma formiga. É inútil! Não foram inventadas palavras que possam expressar a experiência da eternidade. A Bíblia diz: "Olho nenhum viu, ouvido nenhum ouviu, nem jamais o coração do homem percebeu, as coisas maravilhosas que Deus preparou para aqueles que amam o Senhor".[6]

Entretanto, Deus nos dá vislumbres da eternidade em sua Palavra. Sabemos que, neste exato momento, Deus está preparando um lar eterno para nós. No céu, seremos reunidos com os fiéis amados, libertos de toda dor e sofrimento, recompensados por nossa fidelidade neste mundo e designados para um trabalho que apreciaremos realizar. *Não* ficaremos recostados nas nuvens, com auréolas, tocando harpa! Desfrutaremos da contínua companhia de Deus, e ele se deleitará conosco para todo o sempre. Um dia, Jesus dirá: "'Venham, benditos de meu Pai! Recebam como herança o Reino que foi preparado para vocês desde a criação do mundo'".[7]

C. S. Lewis expressa o conceito de eternidade na última página de *As crônicas de Nárnia*, uma série de histórias que formam uma coletânea:

> Para nós, este é o fim de todas as histórias [...]. Para eles, porém, este foi apenas o começo da verdadeira

> história. Toda a vida deles neste mundo e todas as suas aventuras [...] haviam sido apenas a capa e a primeira página do livro. Agora, finalmente, estavam começando o Capítulo Um da Grande História que ninguém, na terra, jamais leu: a história que continua eternamente e na qual cada capítulo é muito melhor do que o anterior.[8]

Deus tem um propósito para sua vida na Terra, mas ele não termina aqui. O plano envolve muito mais que as poucas décadas que você passará neste planeta. É mais que "a oportunidade de toda uma vida": Deus lhe oferece uma oportunidade para além de toda uma vida. A Bíblia diz: "O que o Senhor planeja dura para sempre, as suas decisões permanecem eternamente".[9]

O único momento em que as pessoas pensam a respeito da eternidade é nos enterros, e mesmo nessas ocasiões são pensamentos frequentemente carregados de sentimentalismo, superficiais e com base na ignorância. Você pode achar que é mórbido pensar na morte, mas, na verdade, não é saudável viver negando-a, como se ela não fosse inevitável.[10] Somente um tolo passaria pela vida despreparado para o que todos sabemos que acabará acontecendo. Você deve pensar *mais* a respeito da eternidade, não menos.

Assim como os nove meses que você passou no útero de sua mãe não tinham um fim em si, mas consistiam numa preparação para a vida, também a vida é uma preparação para o que vem a seguir. Se você mantém um relacionamento com Deus por meio de Jesus Cristo, não é preciso temer a morte. Ela é a porta para a eternidade. Será o último momento de seu período neste mundo, mas não será o fim. Em vez de ser o fim de sua vida, será o nascimento na vida eterna. A Bíblia diz: "Este mundo não é nossa pátria; nós estamos aguardando a nossa pátria eterna no céu".[11]

Em comparação com a eternidade, nosso tempo aqui não passa de um piscar de olhos, mas as consequências durarão para sempre. As obras desta vida definem o destino da que está por vir.

Devemos compreender "que cada instante que gastamos neste corpo terreno é tempo gasto longe do nosso lar eterno, no céu com Jesus".[12] Há alguns anos, uma frase popular encorajava as pessoas a viver cada dia como "o primeiro dia do resto de sua vida". Na verdade, seria mais sábio viver cada dia como se fosse o último. Matthew Henry, em seu *Commentary on the Whole Bible* [Comentário de toda a Bíblia] (1721), diz: "É necessário que o assunto de cada dia seja preparar-se para nosso último dia".

## Dia 4 — Pensando sobre meu propósito de vida

**Tema para reflexão:**
Há muito mais na vida que apenas o aqui e agora.

**Versículo para memorizar:**
"Este mundo está desaparecendo juntamente com tudo o que ele almeja. Mas, se você faz a vontade de Deus, viverá para sempre". (1João 2.17, *NLT*)

**Pergunta para meditar:**
Já que fui feito para ser eterno, qual é a única coisa que devo parar de fazer hoje e qual é a única coisa que devo começar a fazer?

Dia 5

# ENXERGANDO A VIDA DO PONTO DE VISTA DE DEUS

*Que é a sua vida?*

TIAGO 4.14B, *NVI*

*Nós não vemos as coisas como são,*
*mas como nós somos.*

ANAÏS NIN

**SUA VIDA É *FORMADA* COMO VOCÊ A *ENXERGA*.**

O modo com o qual você define sua vida determina seu destino. A perspectiva irá influenciar a maneira pela qual você investe o tempo, gasta o dinheiro, usa os talentos e valoriza os relacionamentos.

Uma das melhores maneiras de compreender as pessoas é perguntando-lhes: "Como você vê a vida?". Dessa forma descobrirá que existem tantas respostas diferentes quanto existem pessoas. Já me disseram que a vida é um circo, um campo minado, uma montanha-russa, um quebra-cabeça, uma sinfonia, uma jornada e uma dança. As pessoas dizem: "A vida é um carrossel: às vezes você está em cima, às vezes embaixo, e algumas vezes você fica apenas dando voltas"; ou: "A vida é uma bicicleta de dez marchas, com engrenagens que nunca usamos"; ou: "A vida é um jogo de cartas: você tem de jogar com o que tem na mão".

Se eu perguntasse como você imagina a vida, que imagem lhe viria à mente? Essa imagem é sua *metáfora de vida*. É assim que você a enxerga, consciente ou inconscientemente. É sua descrição de como funciona a vida e o que você espera dela. As pessoas frequentemente expressam suas metáforas da vida por meio de roupas, joias, carros, penteados, adesivos e até mesmo tatuagens.

Essa metáfora secreta da vida influencia sua vida mais do que você pode perceber. Ela determina esperanças, valores, relacionamentos, metas e prioridades. Por exemplo: se você pensa que a vida é uma festa, seu principal valor será se *divertir*. Se você vê a vida como uma corrida, certamente valorizará a *velocidade* e provavelmente viverá apressado a maior parte do tempo. Se você vê a vida como uma maratona, valorizará a *resistência*. Se você vê a vida como uma batalha ou um jogo, *vencer* será muito importante para você.

Qual é sua visão da vida? Você pode fundamentar a vida numa metáfora defeituosa. A fim de cumprir os propósitos para os quais Deus o criou, será necessário desafiar a sabedoria popular e substituí-la por metáforas *bíblicas* da vida. A Bíblia diz: "Não vivam como vivem as pessoas deste mundo, mas deixem que Deus os transforme por meio de uma completa mudança da mente de vocês. Assim vocês conhecerão a vontade de Deus".[1]

A Bíblia oferece três metáforas que nos ensinam a visão que Deus tem da vida: a vida é um *teste*, é uma *incumbência* de confiança e é uma *atribuição temporária.* Essas ideias são os fundamentos da vida dirigida por propósitos. Estudaremos os dois primeiros neste capítulo e o terceiro no próximo.

**Os testes tanto desenvolvem quanto manifestam o caráter da pessoa, e toda a vida é um teste.**

**A vida na Terra é um teste.** Essa metáfora da vida é vista nas histórias relatadas em toda a Bíblia. Deus continuamente prova as pessoas quanto ao caráter, à fé, à obediência, ao amor, à honestidade e à lealdade. Palavras como "provações", "tentações", "refinar" e "testar" ocorrem mais de 200 vezes nas Escrituras. Deus provou Abraão ao lhe pedir que oferecesse seu filho Isaque. Deus provou Jacó, quando este precisou trabalhar sete anos extras para obter Raquel como esposa.

Adão e Eva foram reprovados no teste do jardim do Éden, e Davi falhou diversas vezes ao ser submetido à prova por Deus. Mas a Bíblia também nos dá muitos exemplos de pessoas que foram aprovadas em importantes provas, como José, Rute, Ester e Daniel.

Os testes tanto desenvolvem quanto manifestam o caráter da pessoa, e *toda* a vida é um teste. Você está *sempre* sendo testado. Deus constantemente observa sua reação às pessoas, aos problemas, ao sucesso, aos conflitos, às enfermidades, às decepções e até mesmo ao clima! Ele até observa a mais simples ação, como quando você abre uma porta para alguém, pega o lixo que foi jogado no chão ou quando é educado com um balconista ou uma garçonete.

Não conhecemos todos os testes que Deus irá aplicar, mas podemos prever alguns deles, com base na Bíblia. Você será testado por grandes mudanças, promessas adiadas, problemas insolúveis, orações não respondidas, críticas injustas e até mesmo tragédias sem sentido. Em minha vida, percebo que Deus testa minha *fé* por meio de problemas; minha *esperança*, pelo modo de eu lidar com o que está em minhas mãos; meu *amor*, por meio das pessoas.

Um teste muito importante diz respeito à sua atitude quando você não consegue *sentir* a presença de Deus. Às vezes, Deus se retira intencionalmente, e não sentimos mais sua proximidade. Um rei chamado Ezequias passou por esse teste. A Bíblia diz: "Deus desamparou Ezequias, para prová-lo e para saber o que realmente havia em seu coração".[2] Ezequias desfrutava íntima comunhão com Deus, mas num momento crucial de sua vida o Senhor o deixou só, a fim de testar seu caráter, revelar uma fraqueza e prepará-lo para uma responsabilidade maior.

Quando você compreender que a vida é um teste, perceberá que *nada* é insignificante em sua existência. Mesmo o menor incidente é relevante para o desenvolvimento do seu caráter. *Cada* dia é importante, e cada segundo é uma crescente oportunidade para aperfeiçoar o caráter, para demonstrar amor ou para depender de Deus. Alguns testes parecem pesados demais, já outros não são sequer perceptíveis, mas todos têm implicações eternas.

A boa notícia é que Deus quer que você seja aprovado nos testes da vida; por isso, jamais permitirá que você enfrente testes maiores que a graça que ele lhe concedeu para lidar com eles. A Bíblia diz: "Deus cumpre a sua promessa e não deixará que vocês sofram tentações que vocês não têm forças para suportar. Quando uma tentação vier, Deus dará forças a vocês para suportá-la, e assim vocês poderão sair dela".[3]

Toda vez que você é aprovado num teste, Deus toma conhecimento e faz planos para recompensá-lo na eternidade. Tiago diz: "Felizes são aqueles que perseveram quando são testados.

Depois de serem aprovados, receberão a coroa da vida que Deus prometeu aos que o amam".[4]

**A vida na Terra é um cargo de confiança — um ato de fé.** Essa é a segunda metáfora bíblica da vida. Nosso tempo neste mundo, bem como a energia, a inteligência, as oportunidades, os relacionamentos e os recursos são dádivas que Deus nos confiou para cuidarmos e administrarmos. Somos administradores de tudo quanto Deus nos dá. Esse conceito começa com o reconhecimento de que Deus é o dono de tudo e de todos. A Bíblia diz: "Ao Senhor Deus pertencem o mundo e tudo o que nele existe; a terra e todos os seres vivos que nela vivem são dele".[5]

De fato, jamais *possuímos* realmente coisa alguma durante nosso breve período de vida. Deus apenas nos *empresta* a Terra enquanto estamos aqui. Ela já era propriedade de Deus antes que você chegasse, e ele irá emprestá-la a outra pessoa depois que você morrer. Tudo o que você pode fazer é desfrutá-la algum tempo.

Quando Deus criou Adão e Eva, confiou a eles o cuidado de sua criação e nomeou-os administradores de sua propriedade. A Bíblia diz: "[Deus] os abençoou, dizendo: — Tenham muitos e muitos filhos; espalhem-se por toda a terra e a dominem. E tenham poder sobre os peixes do mar, sobre as aves que voam no ar e sobre os animais que se arrastam pelo chão".[6]

A primeira tarefa que Deus deu aos humanos foi administrar e cuidar das "coisas" dele. Dessa função, o homem jamais foi exonerado. E é parte de nosso propósito atualmente. Tudo que desfrutamos deve ser tratado como uma responsabilidade que Deus nos pôs nas mãos. A Bíblia diz: "Vocês têm alguma coisa que não tenha sido dada por Deus? E se tudo o que vocês têm vem de Deus, por que vocês se vangloriam como se tivessem realizado alguma coisa por si próprios?".[7]

Há alguns anos, um casal permitiu que minha esposa e eu, em nossas férias, usássemos sua bela casa de frente para a praia no Havaí. Era um conforto com o qual não podíamos arcar, e aproveitamos muitíssimo. Eles nos disseram: "Usem-na como se pertencesse a vocês". E foi o que fizemos! Nadamos na piscina, comemos a comida da geladeira, usamos as toalhas de banho e os pratos e até nos divertimos pulando nas camas! Mas sabíamos durante todo o tempo que a casa não era *realmente* nossa. Por isso, tomamos um cuidado especial com tudo. Aproveitamos os benefícios que ela nos oferecia, sabendo, porém, que não éramos proprietários dela.

Nossos valores culturais dizem: "Se você não é o dono, não terá cuidado". Mas os cristãos vivem por um padrão mais elevado: "Visto que *Deus* é o dono, devo cuidar da melhor forma possível". A Bíblia diz: "Os que recebem algo de valor em confiança devem demonstrar que são dignos de tal confiança".[8] Jesus frequentemente se referia à vida como um cargo de confiança e contou muitas histórias para ilustrar essa responsabilidade perante Deus. Na parábola dos talentos,[9] um homem de negócios confiou sua riqueza ao cuidado de seus servos enquanto estava fora. Quando retornou, avaliou a responsabilidade de cada servo e recompensou cada um adequadamente. O senhor daqueles servos disse: "'Muito bem, servo bom e fiel! Você foi fiel no pouco, eu o porei sobre o muito. Venha e participe da alegria do seu senhor!'".[10]

Ao final de sua vida, você será avaliado e recompensado conforme seu desempenho ao lidar com o que Deus lhe confiou. Isso significa que *tudo* que você faz, mesmo uma simples tarefa diária, tem implicações eternas. Se você trata tudo como *cargo de confiança*, Deus promete três recompensas na eternidade. Primeira: você receberá o *reconhecimento* de Deus. Ele dirá: "Muito bem! Bom trabalho!". Segunda: você receberá uma *promoção* e uma responsabilidade maior na eternidade: "Eu o porei a cargo de muitas coisas". Terceira: você será honrado em uma *comemoração*: "Venha e participe da alegria do seu Senhor".

A maioria das pessoas não percebe que o dinheiro é tanto um *teste* quanto um *cargo de confiança* designado por Deus, que usa a área financeira para nos ensinar a confiar nele. Para muitos, o dinheiro é o maior de todos os testes. Deus observa como usamos o dinheiro para avaliar se somos confiáveis. A Bíblia diz: "Se

Quanto mais
Deus lhe dá,
mais responsável
ele espera que
você seja.

vocês forem indignos de confiança em relação às riquezas deste mundo, quem lhes confiará as verdadeiras riquezas celestiais?”.[11]

Essa é uma verdade fundamental. Deus diz que há um relacionamento direto entre a forma de eu utilizar meu dinheiro e o nível de minha vida espiritual. O modo de eu administrar o dinheiro (“riquezas deste mundo”) determina quanto Deus pode confiar a mim as bênçãos espirituais (“riquezas verdadeiras”). Deixe-me perguntar: sua forma de administrar seu dinheiro está impedindo Deus de fazer mais em sua vida? As riquezas espirituais podem ser confiadas a você?

Jesus disse: “‘A quem muito foi dado, muito será exigido; e a quem muito foi confiado, muito mais será pedido’”.[12] A vida é um teste e um cargo de confiança, e, quanto mais Deus lhe dá, mais responsável ele espera que você seja.

## Dia 5 — Pensando sobre meu propósito de vida

**Tema para reflexão:**
A vida é um teste e um cargo de confiança.

**Versículo para memorizar:**
“Quem é fiel nas coisas pequenas também será nas grandes”.
(Lucas 16.10a, *NLT*)

**Pergunta para meditar:**
O que me aconteceu recentemente que agora percebo ter sido um teste de Deus? Quais são as tarefas mais importantes que Deus me confiou?

Dia 6

# A VIDA É UMA ATRIBUIÇÃO TEMPORÁRIA

*Senhor, faze-me lembrar de quão breve será o meu tempo na terra.*
*Faze-me lembrar de que os meus dias estão contados*
*e que a minha vida é efêmera.*

SALMOS 39.4, *NLT*

*Viverei poucos anos aqui na terra.*

SALMOS 119.19, *NTLH*

**A VIDA TERRENA É UMA ATRIBUIÇÃO TEMPORÁRIA.**

A Bíblia é cheia de metáforas referentes à natureza breve e transitória da vida terrena. A vida é descrita como "uma neblina", "uma estreita passagem", "um sopro" e "um fio de fumaça". A Bíblia diz: "Nascemos ontem e [...] os nossos dias na terra passam como a sombra".[1]

Para aproveitar a vida da melhor maneira possível, você não pode se esquecer de duas verdades. Primeira: em comparação com a eternidade, a vida terrena é extremamente breve. Segunda: a Terra é apenas uma residência temporária. Você não ficará aqui muito tempo; então, não fique muito apegado a este mundo. Peça a Deus para ajudá-lo a ver esta vida tal como ele a vê. Davi orou: "SENHOR, mostre-me o fim da minha vida e o tempo que me resta aqui na terra. Mostre-me como a vida é curta e me faça conhecer a minha fragilidade".[2]

A Bíblia compara várias vezes a vida terrena a uma habitação temporária em um país estrangeiro. Aqui não é seu lar permanente nem seu destino. Você está só de passagem. A Bíblia usa termos como "forasteiro", "peregrino", "estrangeiro", "estranho", "visitante" e "viajante" para descrever nossa breve estada neste mundo. Davi disse: "Sou apenas um peregrino na terra".[3] Pedro explicou: "Se vocês chamam a Deus de Pai, vivam como residentes temporários na terra".[4]

Muitas pessoas migraram de várias partes do mundo para trabalhar na Califórnia, onde moro, mas ainda são cidadãs de seu país de origem. É obrigatório que usem seu cartão de registro de visitantes (*green card*), que lhes permite trabalhar aqui, embora não sejam cidadãos americanos. Os cristãos devem carregar seu *green card espiritual* para lembrar que sua cidadania é do céu. Deus quer que seus filhos vejam a vida de modo diferente de como a veem os não cristãos, pois estes "[...] pensam somente nas coisas terrenas. Mas nós somos cidadãos do céu, onde vive nosso Senhor Jesus Cristo".[5] Os verdadeiros fiéis compreendem que há muito mais para viver além dos poucos anos que passamos aqui.

Nossa identidade está no lar eterno, e nossa pátria é o céu. Quando você assimilar essa verdade, deixará de se preocupar em "ter tudo na vida". Deus é bastante categórico sobre o perigo de viver o *aqui e agora*, adotando valores, prioridades e estilos de vida terrenos. Ele chama "adultério espiritual" nosso flerte com as tentações deste mundo. A Bíblia diz: "Vocês estão tentando passar a perna em Deus. Se tudo que querem é benefício próprio e enganar os outros, acabarão inimigos de Deus".[6]

**Nossa identidade está no lar eterno, e nossa pátria é o céu.**

Imagine que você foi convidado por seu país para atuar como embaixador em uma nação inimiga. Você provavelmente teria de aprender outra língua e adaptar-se a alguns costumes e diferenças culturais, a fim de ser cortês e cumprir sua missão. Na função de embaixador, você não teria como se isolar do inimigo. Visando cumprir sua missão, seria necessário manter contato e se relacionar com ele.

Suponhamos agora que você se sentisse tão à vontade nesse país que se apaixonasse por ele, preferindo-o à sua terra natal. Seu comprometimento e sua lealdade seriam alterados. Sua atuação como embaixador estaria prejudicada. Em vez de representar sua terra natal, você começaria a agir como o inimigo. Seria um traidor!

A Bíblia diz: "Somos embaixadores de Cristo".[7] Lamentavelmente, muitos cristãos têm traído seu Rei e seu Reino. Ingenuamente, chegaram à conclusão de que, por viverem aqui, seu lar é aqui. Mas não é. A Bíblia é clara: "Amigos, este mundo não é a casa de vocês; por isso, não se sintam à vontade nele. Não deem espaço para o ego à custa da sua alma".[8] Deus não quer que fiquemos apegados ao que está à nossa volta, porque é uma situação temporária. Já fomos avisados de que "os que têm contato frequente com as coisas deste mundo devem usá-las corretamente sem criar apego, pois este mundo e tudo que ele contém passarão".[9]

Em comparação com outros séculos, a vida nunca foi tão fácil para grande parte do mundo ocidental. Somos, em larga escala, atraídos, entretidos e servidos. Com todas as fascinantes atrações, mídia futurista e experiências incomuns disponíveis hoje em dia, é fácil esquecer que a vida não consiste em perseguir a felicidade. Somente quando nos lembramos de que a vida é um teste, um cargo de confiança e uma atribuição temporária é que o encanto que tais coisas exercem sobre nossa vida se desfará. Estamos nos preparando para algo ainda melhor. "As coisas que agora vemos estão aqui hoje, mas desaparecerão amanhã. Mas as coisas que não vemos agora irão durar para sempre".[10]

**A Terra não é nosso lar definitivo: fomos criados para algo muito melhor.**

O fato de a Terra não ser nosso lar definitivo explica por que, como seguidores de Jesus, experimentamos dificuldades, aflições e rejeições neste mundo.[11] Isso também explica por que algumas promessas de Deus parecem não ter sido cumpridas, algumas orações parecem não ser respondidas e algumas situações parecem injustas. Esse não é o fim da história.

Para impedir que fiquemos muito apegados a isso tudo, Deus nos permite sentir um número relevante de descontentamentos e desgostos na vida — anseios que *jamais* serão satisfeitos deste lado da eternidade. Não somos completamente felizes porque não é para ser assim! A Terra não é nosso lar definitivo: fomos criados para algo muito melhor.

Um peixe nunca seria feliz vivendo em Terra, porque foi feito para viver na água. Uma águia jamais estaria contente se não lhe fosse permitido voar. Você nunca se sentirá plenamente satisfeito aqui, porque foi feito para algo mais. Você terá momentos felizes por aqui, mas nada comparado ao que Deus tem planejado para você.

A concepção de que a vida na Terra é apenas uma atribuição temporária irá alterar completamente seus valores. Valores eternos — não temporários — se tornarão fatores determinantes em suas decisões. Assim comenta C. S. Lewis: "Tudo o que não é eterno é eternamente inútil".[12] A Bíblia diz: "Assim, fixamos os olhos, não naquilo que se vê, mas no que não se vê, pois o que se vê é transitório, mas o que não se vê é eterno".[13]

É um erro fatal presumir que a meta de Deus para sua vida é a prosperidade material ou a fama, como define o mundo. A vida em abundância não equivale a abundância *material*, e a fidelidade a Deus não garante sucesso na carreira nem mesmo no ministério. Jamais concentre seus esforços em satisfações temporárias.[14]

Paulo foi fiel e, mesmo assim, acabou na prisão. João Batista foi fiel, mas foi decapitado. Milhões de fiéis foram martirizados, perderam tudo que possuíam e chegaram ao fim da vida sem nada nas mãos. *Mas o fim da vida não é o fim de tudo!*

Aos olhos de Deus, os maiores heróis da fé não são os que alcançaram prosperidade, fama e poder nesta vida, e sim os que a trataram como uma atribuição temporária e serviram fielmente, aguardando a recompensa que lhes foi prometida para a eternidade. Eis o que a Bíblia diz sobre a Galeria dos Heróis da Fé, honrados por Deus:

> Todos esses morreram na fé. Não receberam as coisas que Deus prometera a seu povo, mas as enxergaram no futuro e ficaram alegres. Eles diziam que eram visitantes e estrangeiros na terra [...] estavam esperando uma pátria melhor — uma pátria celestial. Deus, portanto, não se envergonha de ser chamado o Deus deles, visto que lhes preparou uma cidade.[15]

Seu tempo neste mundo não é toda a história de sua vida. Você tem de esperar chegar ao céu para conhecer os outros capítulos. É preciso ter fé para viver neste mundo como estrangeiro.

É bem conhecida a antiga história do missionário aposentado que vinha para a América do Norte no mesmo navio em que viajava o presidente dos Estados Unidos. Multidões ovacionavam, uma banda militar, um tapete vermelho, faixas e a imprensa festejavam o regresso do presidente, mas o missionário desembarcou do navio sem ser notado. Sentindo pena de si mesmo e ressentido, começou a queixar-se para Deus, que, então, lembrou-o gentilmente: "Mas, meu filho, *você ainda não chegou em casa!*".

Não serão necessários nem dois segundos depois de você chegar ao céu para dizer: "*Por que fui dar tanta importância às coisas temporárias?* Onde eu estava com a cabeça? Por que gastei tanto tempo, tanta energia e preocupação no que não iria durar?".

Quando a vida fica difícil e você é subjugado pelas dúvidas ou quando fica imaginando se viver para Cristo vale o esforço, lembre-se de que você ainda não chegou ao lar. Na morte, você não irá embora de sua casa: você *irá* para casa.

## Dia 6 — Pensando sobre meu propósito de vida

**Tema para reflexão:**
O mundo não é meu lar.

**Versículo para memorizar:**
"Assim, fixamos os olhos, não naquilo que se vê, mas no que não se vê, pois o que se vê é transitório, mas o que não se vê é eterno". (2 Coríntios 4.18, *NVI*)

**Pergunta para meditar:**
Como o fato de a vida ser uma atribuição temporária deve mudar minha maneira de viver neste exato momento?

Dia 7

# A RAZÃO DE TUDO

*Todas as coisas vêm única e exclusivamente de Deus. Tudo vive por seu poder, e tudo é para sua glória. A ele seja a glória para todo o sempre.*

ROMANOS 11.36, *NBV-P*

*O Senhor criou todas as coisas para os seus propósitos.*

PROVÉRBIOS 16.4, *NLT*

**TUDO É PARA ELE.**

O objetivo fundamental do Universo é demonstrar a glória de Deus.

Essa é a razão pela qual tudo existe, incluindo você. Deus criou *todas as coisas* para a glória dele. Não fosse a glória de Deus, não haveria nada.

E o que é a glória de Deus? A glória de Deus é o que ele é. É a essência de sua natureza, o peso de sua importância, o brilho de seu esplendor, a demonstração de seu poder e o ambiente de sua presença. A glória de Deus é a expressão de sua bondade e de todas as outras qualidades intrínsecas e eternas.

Onde está a glória de Deus? Basta olhar ao redor. *Tudo* que foi criado por Deus reflete sua glória de alguma forma. Vemos isso em toda parte, seja na partícula mais microscópica, seja na incomensurável Via Láctea. Vemos isso no pôr do sol e nas estrelas, bem como nas tempestades e nas estações do ano. A criação revela a glória de nosso Criador. Na verdade, aprendemos que Deus é poderoso, que ele aprecia a diversidade, ama a beleza, é organizado, sábio e criativo. A Bíblia diz que "os céus declaram a glória de Deus".[1]

Deus tem revelado sua glória ao ser humano em diferentes lugares e momentos da história. Revelou-a inicialmente no jardim do Éden, depois a Moisés, no tabernáculo, no templo, por meio de Jesus e agora por intermédio da Igreja.[2] Foi descrita como um fogo consumidor, uma nuvem, um trovão, uma fumaça e uma luz resplandecente.[3] No céu, a glória de Deus fornece toda a luz necessária. A Bíblia diz: "A cidade não precisa de sol nem de lua para brilharem sobre ela, pois a glória de Deus a ilumina".[4]

A glória de Deus pode ser mais bem observada em Jesus Cristo. Ele, a Luz do mundo, revela a natureza de Deus. Graças a Jesus, já não somos ignorantes a respeito de quem Deus realmente é. A Bíblia diz: "O Filho é o resplendor da glória de Deus".[5] Jesus veio a este mundo para que pudéssemos entender completamente a glória de Deus. "A Palavra se fez carne e habitou entre nós. Nós vimos sua glória [...], uma glória cheia de graça e de verdade".[6]

Deus possui uma glória *inerente*, porque é Deus, e ela faz parte de sua natureza. Não há nada que possamos agregar à sua glória, assim como seria impossível aumentar o brilho do sol, mas somos instruídos a *reconhecer* sua glória, *honrar* sua glória, *declarar* sua glória, *louvar* sua glória, *refletir* sua glória e *viver* para sua glória.[7] Por quê? Porque Deus é digno! Devemos a ele toda a honra que pudermos dar. Uma vez que Deus criou todas as coisas, ele é digno de toda a glória. A Bíblia diz: "Tu és digno, ó Senhor e nosso Deus, de receber a glória, a honra e o poder, porque criaste todas as coisas".[8]

**O objetivo fundamental do Universo é demonstrar a glória de Deus.**

Em todo o Universo, somente duas das criações de Deus falham em glorificá-lo: anjos caídos (demônios) e nós (pessoas). Todo pecado basicamente consiste na incapacidade de render glória a Deus, ou seja, em amar qualquer outra coisa mais que a Deus. Recusar-se a glorificar a Deus é um ato extremo de rebelião, e foi esse pecado que causou a queda de Satanás, bem como a do ser humano. De maneiras diferentes, todos nós vivemos para nossa própria glória. A Bíblia diz: "[...] todos pecaram e estão destituídos da glória de Deus".[9]

Nenhum de nós tem oferecido a Deus, por meio de nossa vida, a glória que ele merece. Esse é o pior pecado e o maior engano que podemos cometer. Entretanto, viver para a glória do Senhor é a maior realização que podemos alcançar em nossa existência. Deus diz: "Todos eles são o meu próprio povo; eu os criei e lhes dei vida a fim de que mostrem a minha grandeza".[10] Logo, esse deve ser o objetivo supremo de nossa vida.

## Como posso glorificar a Deus?

Jesus disse ao Pai: "Eu te glorifiquei na terra, fazendo tudo que me mandaste fazer".[11] Jesus glorificou a Deus cumprindo seu propósito neste mundo. Nós honramos ao Senhor da mesma forma. Tudo na criação glorifica a Deus quando cumpre seu propósito. Os pássaros glorificam a Deus ao voar, gorjear, ao fazer um ninho e ao realizar outras atividades próprias dos pássaros, conforme Deus tinha planejado. Mesmo uma humilde formiga rende glória a Deus quando cumpre o propósito para o qual foi criada. Ele fez as formigas para serem formigas, e fez você para ser você. Ireneu disse: "A glória de Deus é um ser humano em plenitude de vida!".[12]

**Viver para a glória do Senhor é a maior realização que podemos alcançar em nossa existência.**

Existem muitas formas de dar glória a Deus, mas elas podem ser resumidas nos cinco propósitos que ele estabeleceu para sua vida. Passaremos o restante deste livro estudando-os detalhadamente, mas apresentamos aqui uma visão geral.

**Damos glória a Deus ao adorá-lo.** Adorar é nosso primeiro dever para com o Senhor, e o adoramos ao apreciá-lo. Disse C. S. Lewis: "Quando Deus nos diz que devemos adorá-lo, de fato está nos convidando a estar na melhor das companhias".[13] Ele deseja que nossa adoração seja motivada por amor, ação de graças, prazer e satisfação, não obrigação.

John Piper observa que "é quando estamos mais satisfeitos em Deus que ele é mais glorificado em nós".

Adorar é muito mais que louvar, cantar e orar a Deus. É um estilo de vida que compreende *apreciar* a Deus, *amá-lo* e *oferecer* a nós mesmos para o cumprimento de seus propósitos. Quando usamos nossa vida para a glória de Deus, tudo que fazemos pode se tornar um ato de adoração. A Bíblia diz: "Usem todo o seu corpo como instrumento para fazer o que é justo, para a glória de Deus".[14]

**Damos glória a Deus ao amar outros fiéis.** Quando nasceu de novo, você se tornou parte da família de Deus. Seguir Cristo não significa apenas acreditar, mas também *pertencer* e aprender a amar a família de Deus. João escreveu: "Nosso amor uns pelos outros dá testemunho de que já passamos da morte para a vida".[15] Paulo disse: "Aceitem uns aos outros, da mesma forma em que Cristo nos aceitou: assim, Deus será glorificado".[16]

É sua responsabilidade aprender a amar como Deus ama, porque Deus é amor, e isso confere honra a ele. Jesus disse: "'Amem-se uns aos outros. Como eu os amei, vocês devem amar-se uns aos outros. Com isso todos saberão que vocês são meus discípulos, se vocês se amarem uns aos outros'".[17]

**Damos glória a Deus quando nos tornamos como Cristo.** Depois que nascemos na família de Deus, ele nos induz à maturidade espiritual. E o que seria isso? Maturidade espiritual significa tornar-se como Jesus na forma de pensar, sentir e agir. Quanto mais você desenvolve o caráter cristão, mais glorifica a Deus. A Bíblia diz: "À medida que o Espírito do Senhor trabalha em nós, tornamo-nos mais e mais semelhantes a ele e refletimos a sua glória ainda mais".[18]

**Tudo na criação glorifica a Deus quando cumpre seu propósito.**

Quando você aceitou Cristo como Salvador, Deus lhe concedeu nova vida e nova natureza. Agora, no restante de sua vida terrena, ele quer dar continuidade ao processo de transformação de sua personalidade. A Bíblia diz: "Que vocês estejam sempre cheios do fruto da sua salvação — todas essas boas coisas produzidas em sua vida mediante Jesus Cristo —, pois tudo isso será para a glória e louvor de Deus".[19]

**Damos glória a Deus servindo aos demais com nossos dons.** Deus dotou cada um de nós com talentos, dons, capacidades e habilidades exclusivos. Sua vocação não é um acidente. Deus não lhe concedeu essas habilidades para propósitos egoístas, e sim para benefício de outras pessoas, assim como outros receberam habilidades para beneficiar você. A Bíblia diz: "Deus concedeu dons a cada um de vocês, de sua grande variedade de dons espirituais. Administre-os bem, para que a generosidade de Deus flua por meio de vocês [...]. Vocês são chamados para ajudar os outros? Ajudem com toda a força e energia com que Deus os capacitou. Assim, Deus será glorificado".[20]

**Damos glória a Deus falando dele às outras pessoas.** Deus não quer que o amor e os propósitos dele sejam mantidos em segredo. Depois que conhecemos a verdade, ele espera que a compartilhemos com os outros. É um enorme privilégio poder apresentar Jesus às pessoas, ajudando-as a descobrir o propósito da vida delas e preparando-as para o destino eterno. A Bíblia diz que, "à medida que a graça de Deus trouxer mais e mais pessoas para Cristo, Deus receberá mais e mais glória".[21]

**Maturidade espiritual significa tornar-se como Jesus na forma de pensar, sentir e agir.**

## Qual será o objetivo de sua vida?

Viver o restante de sua vida para a glória de Deus exigirá uma mudança em prioridades, agenda, relacionamentos etc., e algumas vezes significará pegar o caminho mais difícil, não o mais fácil. Até mesmo Jesus teve dificuldades com isso. Sabendo que estava para ser crucificado, ele clamou: "Minha alma está perturbada, mas será que devo dizer: 'Pai, livra-me desta hora'? Mas foi para este propósito que vim para esta hora. Pai, glorifica o teu nome".[22]

Jesus deparou com uma bifurcação em seu caminho: cumpriria ele seu propósito, glorificando a Deus, ou recuaria, em troca de uma vida confortável e egoísta? A mesma situação está diante de você: viver para objetivos, conforto e prazer próprios ou viver o restante da vida para a glória de Deus, sabendo que ele prometeu recompensas eternas. A Bíblia diz: "[...] qualquer um que se apega à própria vida apenas como ela é a está destruindo. Mas, se você perde sua vida [...] você a terá para sempre, pois é a vida real e eterna".[23]

Este é o momento de definir esta questão: "*Para quem* você irá viver: para você mesmo ou para Deus?". Você pode hesitar, imaginando se terá forças para viver para Deus, mas não se preocupe. Deus lhe dará tudo que for necessário, se você apenas fizer a escolha de viver por ele. A Bíblia diz: "Tudo que diz respeito à vida que agrada a Deus nos foi dado milagrosamente quando tivemos permissão de conhecer pessoal e intimamente aquele que nos chamou para Deus — a melhor convocação que já receberam!".[24]

Neste exato momento, Deus o está convidando a viver para a glória dele, cumprindo os propósitos que ele estabeleceu para você.

Essa é realmente a única maneira de viver. Qualquer outra coisa é apenas *existir*. A verdadeira vida começa quando você se compromete inteiramente com Jesus Cristo. Se você não está seguro de já ter feito isso, tudo o que precisa é *receber* e *acreditar*. A Bíblia promete: "aos que o receberam, aos que creram em seu nome, deu-lhes o direito de se tornarem filhos de Deus".[25] E quanto a você? Vai aceitar a oferta de Deus?

**Depois que conhecemos a verdade, ele espera que a compartilhemos com os outros.**

Em primeiro lugar, creia.

- Creia que Deus o ama e o criou para um propósito.
- Creia que você não é um acidente.
- Creia que você foi feito para ser eterno.
- Creia que Deus o escolheu para ter um relacionamento com Jesus, que morreu na cruz por você.
- Creia que, não importa o que você fez no passado, Deus quer perdoá-lo.

Em segundo lugar, receba.

- Receba Jesus em sua vida como Senhor e Salvador.
- Receba o perdão dos pecados.
- Receba o Espírito, que o capacitará a cumprir o propósito de sua vida.

A Bíblia diz: "É por isso que quem aceita o Filho e confia nele tem tudo: vida plena e eterna!".[26] Onde quer que você esteja lendo este livro, convido-o a inclinar a cabeça e em voz baixa fazer a oração que mudará seu destino eterno: "Jesus, eu creio em você e o recebo". Continue.

Se você fez essa oração com sinceridade, parabéns! Bem-vindo à família de Deus! Você agora está pronto para descobrir e começar a viver o propósito de Deus para sua vida. Recomendo que você fale sobre sua decisão a alguém, pois precisará de apoio.

**Deus lhe dará tudo que for necessário se você apenas fizer a escolha de viver por ele.**

# Pensando sobre meu propósito de vida

Dia 7

**Tema para reflexão:**
Tudo isto é para ele.

**Versículo para memorizar:**
"Todas as coisas vêm única e exclusivamente de Deus. Tudo vive por seu poder, e tudo é para sua glória. A ele seja a glória para todo o sempre". (Romanos 11.36, *NBV-P)*

**Pergunta para meditar:**
Em que parte de minha rotina posso estar mais consciente da glória de Deus?

## GUIA DE ESTUDOS

# Afinal de contas, por que estou aqui?

**PONTOS-CHAVE.** Depois de ler o capítulo, identifique um ponto-chave no texto e ao menos dois pontos-chave secundários. Escreva-os e procure relacionar cada ponto a um atributo ou propósito de Deus em nossa vida. Por exemplo, fomos criados como seres inteligentes e isso tem a ver com o atributo da onisciência divina, de modo que Deus é glorificado quando fazemos bom uso dessa nossa virtude.

**APLICAÇÃO.** De que modo você pode aplicar aquilo que identificou no exercício anterior à sua rotina, quer seja nas atividades da igreja, quer seja ao testemunhar às demais pessoas em seu cotidiano (onde você mora, onde você estuda e onde você trabalha).

**PERGUNTAS**

1. De que modo você se sente valorizado ao saber que Deus o planejou e lhe conferiu dons e virtudes antes mesmo de você ter consciência disso?

2. O que você pode fazer para melhorar sua relação de submissão a Deus ao saber que ele deve dirigir sua vida?

3. De que modo uma vida dirigida por Deus pode contribuir para o cumprimento do propósito dele? Procure identificar isso em sua própria experiência com o Senhor.

4. Como a consciência da eternidade pode afetar sua relação com as pessoas e com as posses materiais, bem como seu próprio comportamento hoje?

5. Faça um exercício de alteridade: procure olhar sua vida do ponto de vista externo, isto é, de um observador que não seja você. Se possível, tente observar você do modo em que imagina que Deus o veria. O que ele enxergaria? Você estaria disposto a fazer alguma mudança na sua vida com base na visão que Deus teria de você?

6. De que modo você relaciona a responsabilidade humana diante da criação e da evangelização frente à tensão que há entre o terreno e temporário e o celestial e eterno? Isso parece uma contradição para você? Explique.

7. Em sua experiência de vida, o que tem feito para glorificar a Deus por meio de suas atividades e atribuições?

8. Como podemos equilibrar o amor devido a Deus, acima de tudo, com o amor devido ao próximo, como expressão de nosso amor a Deus?

# PROPÓSITO 1

# Você foi planejado para agradar a Deus

*O Senhor vai plantar esse povo; eles serão fortes e belos como carvalhos, e darão glória a ele.*

ISAÍAS 61.3B, *NBV-P*

Dia 8

# PLANEJADO PARA AGRADAR A DEUS

*Tu criaste todas as coisas, e é para o teu agrado que elas existem e foram criadas.*

APOCALIPSE 4.11, *NLT*

*O Senhor está contente com o seu povo.*

SALMOS 149.4, *NTLH*

**VOCÊ FOI PLANEJADO PARA AGRADAR A DEUS.**

No instante em que você chegou a este mundo, Deus, lá do céu, como testemunha invisível, *sorria* ao assistir a seu nascimento. Ele quis que você existisse, e sua chegada lhe deu enorme prazer. Deus não *precisava* criar você, mas *decidiu* criá-lo para satisfação dele. Você existe para benefício, glória, propósito e prazer de Deus.

Dar satisfação e viver para o prazer de Deus é o primeiro propósito de sua vida. Quando você entender plenamente essa verdade, jamais voltará a se sentir insignificante, pois isso prova o valor que tem. Se você é importante para Deus *assim*, e se ele o considera valioso o suficiente para mantê-lo consigo por toda a eternidade, como você poderia ser mais importante do que já é? Você é um filho de Deus e proporciona prazer ao coração dele, mais que qualquer outra criatura. A Bíblia diz: "Deus já havia resolvido que nos tornaria seus filhos, por meio de Jesus Cristo, pois este era o seu prazer e a sua vontade".[1]

Um dos maiores dons que Deus lhe concedeu foi a capacidade de apreciar o prazer. Ele o criou com cinco sentidos e emoções, para que você pudesse experimentar essa sensação. Ele deseja que você aprecie a vida, não que apenas a suporte. O motivo pelo qual você pode sentir prazer é que Deus o fez *à imagem dele*.

Com frequência, esquecemo-nos de que Deus também tem emoções. Ele possui sentimentos intensos. A Bíblia diz que Deus sofre, fica enciumado e encolerizado, sente compaixão, piedade, tristeza e comiseração, bem como alegria, regozijo e satisfação. Deus ama, sente prazer, exulta, desfruta e até mesmo ri![2]

**Dar prazer a Deus é o que chamamos de "adorar".** A Bíblia diz: "O Senhor se agrada somente daqueles que o adoram e confiam em seu amor".[3]

Qualquer atitude sua que agrade a Deus é um ato de adoração. Como o diamante, a adoração apresenta *várias facetas*. Seriam necessários vários livros para abordar *tudo* que precisamos compreender a respeito da adoração, mas nesta seção estudaremos seus aspectos principais.

**Qualquer atitude sua que agrade a Deus é um ato de adoração.**

Os antropólogos perceberam que a adoração é um impulso universal, estabelecido por Deus na estrutura de nosso ser — uma necessidade intrínseca de nos ligarmos a ele. Adorar é tão natural quanto comer e respirar. Quando não conseguimos adorá-lo, achamos um substituto, ainda que no fim sejamos nós mesmos. A razão pela qual o Senhor nos fez com esse desejo é que ele anseia adoradores! Jesus disse que o Pai procura adoradores.[4]

Dependendo de sua formação religiosa, talvez você precise ampliar sua compreensão do termo "adorar". Você talvez vincule essa palavra a cultos na igreja em que haja cânticos, orações e pregação. Ou visualize um cerimonial com velas e ceia. Ou imagine curas, milagres e experiências arrebatadoras. A adoração pode incluir esses elementos, embora vá *muito além* dessas manifestações. Adorar é um estilo de vida.

**Adoração é muito mais que música.** Para muitos, adorar é apenas sinônimo de música. Eles dizem: "Em nossa igreja, temos primeiro a adoração e depois a pregação". Esse é um grande mal-entendido. *Todos* os momentos do culto são um ato de adoração: a oração, a leitura da Bíblia, os cânticos, a confissão de pecados, o silêncio, o ato de ouvir a pregação, fazer anotações para estudo posterior, ofertar, o batismo, a ceia, assinar um cartão de compromisso e até mesmo cumprimentar outros adoradores.

Na verdade, a adoração é anterior à música. Adão adorou no jardim do Éden, mas não há nenhuma menção à música até Gênesis 4.21, com o nascimento de Jubal. Se adoração fosse somente música, então os que nunca se utilizaram da música jamais adoraram. Adoração é muito mais que música.

Mais grave é quando se utiliza o termo "adoração" em alusão a um *estilo* musical específico: "Primeiro cantamos um hino, depois uma canção de *louvor e adoração*". Ou: "Gosto das canções de louvor, mais rápidas, mas prefiro as canções de adoração, mais lentas". De acordo com essa convenção, se uma canção for rápida, alta ou tocada por instrumentos pesados, podemos classificá-la como "louvor". Mas, se for lenta, tranquila e intimista, talvez acompanhada por um violão, então é "adoração". Esse conceito de adoração com relação à música é equivocado, embora seja muito comum.

**Adoração é muito mais que música.**

A adoração não tem nenhuma relação com estilo, volume ou andamento da música. Deus ama todos os tipos de música porque ele inventou todas elas — rápidas e lentas, altas e suaves, antigas e modernas. É provável que você não goste de todas, mas Deus sim! Se são oferecidas ao Senhor em espírito e em verdade, então são um ato de adoração.

Os cristãos frequentemente discordam do estilo de música a ser utilizado na adoração, defendendo com entusiasmo seus estilos preferidos como se fossem os mais bíblicos ou mais reverentes. Mas não existe um estilo bíblico! Não existem notas musicais na Bíblia; hoje nem mesmo temos os instrumentos utilizados nos tempos bíblicos.

Para ser sincero, o estilo musical que você prefere diz mais sobre *você* — sua formação e sua personalidade — do que sobre Deus. O som de um grupo étnico pode soar como um barulho para outro grupo. Mas Deus gosta da variedade e aprecia todos os estilos.

Não existe nada que possamos definir como música "cristã": existe apenas letra cristã. É a letra que torna uma canção sagrada, não a melodia. Não existem melodias espirituais. Se eu tocasse para você uma música sem a letra, não haveria como saber se é ou não uma canção "cristã".

**A adoração não é para benefício próprio.** Como pastor, recebo bilhetes com os dizeres: "Amei a adoração de hoje. Foi muito bom para mim". Esse é outro mal-entendido a respeito da adoração. Ela não é para nosso benefício. Quando adoramos, nosso objetivo é agradar a Deus; não a nós mesmos.

Se você alguma vez já disse: "Não aproveitei em nada a adoração de hoje", então você adorou pelos motivos errados. A adoração não é para você; é para Deus. Claro que a maioria dos cultos de "adoração" contém elementos de comunhão entre os irmãos, de edificação e de evangelização. E *existem* benefícios na adoração, mas não adoramos para nossa satisfação. Nossa motivação é glorificar e agradar ao Criador.

No capítulo 29 de Isaías, Deus reclama de uma adoração hipócrita e sem entusiasmo. O povo estava oferecendo a Deus orações repetitivas, louvor falso, palavras vazias e rituais humanos sem que o significado fosse levado em consideração. O coração de Deus não é tocado por uma adoração meramente tradicional, mas por paixão e compromisso. A Bíblia diz: "'Esse povo se aproxima de mim com a boca e me honra com os lábios, mas o seu coração está longe de mim. A adoração que me prestam é feita só de regras ensinadas por homens'".[5]

**A adoração não é parte de sua vida: é sua vida.** A adoração a Deus não se limita aos cultos na igreja, pois nos foi dito: "Estejam sempre na sua presença"[6] e: "Seja louvado o nome do SENHOR desde o nascer até o pôr do sol".[7] Na Bíblia, as pessoas louvavam a Deus no trabalho, em casa, na batalha, na prisão e até mesmo na cama! Louvar deve ser sua primeira atividade, assim que abrir os olhos pela manhã, e sua última atividade, ao fechá-los à noite.[8] Davi disse: "Eu darei graças ao Senhor o tempo todo. Minha boca sempre o louvará".[9]

Cada atividade pode ser transformada em um ato de adoração, quando realizada para louvar, glorificar e agradar a Deus. A Bíblia diz: "Assim, quer vocês comam, bebam ou façam qualquer outra coisa, façam tudo para a glória de Deus".[10] Lutero disse: "Um ordenhador pode tirar o leite das vacas para a glória de Deus".

Como é possível fazer tudo para a glória de Deus? Fazendo tudo *como se estivesse fazendo para Jesus* e mantendo uma conversa contínua com ele durante a atividade. A Bíblia diz: "Tudo o que fizerem, façam de todo o coração, como para o Senhor, e não para os homens".[11]

Este é o segredo de um estilo de vida em adoração: fazer todas as coisas como se fossem para Jesus. A Bíblia diz: "Portanto, com a ajuda de Deus, quero que vocês façam o seguinte: entreguem a vida cotidiana — dormir, comer, trabalhar, passear — a Deus como se fosse uma oferta".[12] O trabalho torna-se adoração quando você o dedica a Deus e o realiza consciente de sua presença.

Logo que me apaixonei por minha esposa, pensava nela o tempo todo: no café da manhã, dirigindo para a escola, assistindo às aulas, na fila do supermercado, abastecendo o carro — eu não conseguia parar de pensar nessa mulher! Constantemente, falava comigo mesmo a respeito dela e ficava pensando nas coisas que eu mais amava nela. Isso me fazia sentir perto de Kay mesmo quando estávamos separados por vários quilômetros de distância e frequentávamos faculdades diferentes. Pensando nela constantemente, eu estava *permanecendo no seu amor*. A verdadeira adoração reside nisto: *apaixonar-se por Jesus*.

## Dia 8 — Pensando sobre meu propósito de vida

**Tema para reflexão:**
Fui planejado para agradar a Deus.

**Versículo para memorizar:**
"O Senhor está contente com o seu povo". (Salmos 149.4a, *NTLH*)

**Pergunta para meditar:**
Que tarefa simples eu poderia começar a fazer como se fosse diretamente para Jesus?

Dia 9

# O QUE FAZ DEUS SORRIR?

*Que o Senhor sorria para você* [...].

NÚMEROS 6.25, *NLT*

*Sorri para teu servo*
*e ensina-me o modo correto de viver.*

SALMOS 119.135, *AM*

**O SORRISO DE DEUS É O OBJETIVO DE SUA VIDA.**

Como agradar a Deus é o primeiro propósito de sua vida, a tarefa mais importante é descobrir como fazer isso. A Bíblia diz: "Descubram o que agrada a Cristo e comecem a praticar!".[1] Felizmente, encontramos na Bíblia um exemplo claro de alguém que agradou a Deus: Noé.

Na época de Noé, o mundo estava moralmente arruinado. Todos viviam para seu próprio prazer, mas não para agradar a Deus. O Senhor não conseguiu achar *ninguém* interessado em agradá-lo; por isso, se arrependeu de ter feito o homem. Ele ficou tão indignado com a raça humana que pensou em extingui-la. Mas houve um homem que fez Deus sorrir. A Bíblia diz: "Noé, porém, agradava ao SENHOR com a sua vida".[2]

Deus disse: "Esse sujeito me agrada. Ele me faz sorrir. Vou começar tudo de novo com a família dele". Pelo fato de Noé ter agradado a Deus é que você e eu existimos hoje. Observando a vida dele, aprendemos cinco atos de adoração que fazem Deus sorrir.

**Deus sorri quando o amamos acima de qualquer coisa.** Noé amava a Deus mais que qualquer coisa no mundo, mesmo quando *ninguém mais* o amava! A Bíblia diz que, durante toda a sua vida, "Noé seguia a Deus constantemente e experimentava um íntimo relacionamento com ele".[3]

Eis o que Deus mais deseja de você: um relacionamento! Esta é a mais espantosa verdade do Universo: nosso Criador nos quer como companheiros. Deus criou você para amá-lo e deseja que você também o ame. Ele diz: "Não quero sacrifícios — quero o seu amor. Não me interesso por suas ofertas; o que eu quero é que vocês me conheçam".[4]

Você consegue sentir nesse versículo a paixão que Deus tem por você? Deus o ama profundamente e *deseja* que você também o ame. Ele *anseia* que você o conheça e que use seu tempo para ficar ao lado dele. Esse é o motivo pelo qual aprender a amar a Deus e ser amado por ele deve ser o maior objetivo de sua vida. Nada é mais importante. Jesus chamou isso "o mais importante de todos os mandamentos". Ele disse: "'Ame o Senhor, o seu Deus de todo o seu coração, de toda a sua alma e de todo o seu entendimento'. Este é o primeiro e maior mandamento'".[5]

**Eis o que Deus mais deseja de você: um relacionamento!**

**Deus sorri quando confiamos nele completamente.** A segunda razão pela qual Noé agradou a Deus foi o fato de ele ter confiado no Senhor, mesmo quando isso não fazia sentido. A Bíblia diz: "Pela fé, Noé construiu um barco na terra seca. Ele havia sido avisado de algo que não podia ver e agiu apenas com base no que foi dito a ele. [...] Como consequência, Noé tornou-se íntimo de Deus".[6]

Imagine esta cena: um dia, Deus aproxima-se de Noé e diz: "Estou decepcionado com os seres humanos. Em todo o mundo, ninguém além de você pensa em mim. Mas, quando olho para você, começo a sorrir. Estou satisfeito com sua vida. Por isso, vou inundar o mundo e começar tudo de novo, com sua família. Quero que você construa um barco gigantesco, que salvará você e os animais".

Havia três problemas que poderiam ter despertado dúvidas em Noé. Primeiro: Noé jamais tinha visto chuva, pois antes do Dilúvio Deus irrigava a terra com água que brotava do solo.[7] Segundo: Noé vivia a centenas de quilômetros do oceano e, mesmo que pudesse aprender a fazer um navio, como faria para colocá-lo na água? Terceiro: Noé teria de reunir todos os animais e depois tomar conta deles. Ele, contudo, não reclamou nem apresentou desculpas. Confiou em Deus inteiramente e fez Deus sorrir.

Confiar em Deus inteiramente significa crer que ele sabe o que é melhor para sua vida e esperar que ele cumpra suas promessas, que o ajude em seus problemas e faça o impossível quando necessário. A Bíblia diz: "O que agrada a Deus [...] são [...] as pessoas que o temem e põem a sua esperança no seu amor".[8]

Noé levou cento e vinte anos para construir a arca. Imagino que ele tenha enfrentado muitos dias desanimadores. Sem nenhum sinal de chuva, ano após ano, ele era implacavelmente criticado como "louco que pensava ouvir a voz de Deus". Creio que os filhos de Noé ficavam constrangidos diante do barco gigantesco que estava sendo construído em seu quintal. Mesmo assim, Noé seguiu confiando em Deus.

**Confiar em Deus inteiramente significa crer que ele sabe o que é melhor para sua vida.**

Em quais áreas de sua vida você precisa confiar em Deus inteiramente? Confiar é um ato de adoração. Assim como os pais se agradam dos filhos que confiam em seu amor e sabedoria, sua fé deixa Deus feliz. A Bíblia diz: "Sem fé é impossível agradar a Deus".[9]

**Deus sorri quando lhe obedecemos incondicionalmente.** Salvar a população animal do mundo inteiro de morrer afogada exigiu enorme cuidado com a logística e com os detalhes. Tudo tinha de ser feito exatamente *segundo as orientações de Deus*. Deus não disse: "Noé, construa qualquer embarcação, do jeito que você quiser". Ele deu instruções detalhadas quanto ao tamanho, à forma e aos materiais utilizados na arca, bem como a respeito da quantidade dos diferentes animais a serem levados a bordo. A Bíblia registra o comportamento do patriarca: "Noé fez tudo exatamente como Deus lhe tinha ordenado".[10]

Repare que Noé obedeceu *rigorosa* (nenhuma instrução foi deixada de lado) *e exatamente* (do modo e no tempo que Deus determinou). Isso é devoção. Não admira que Deus tenha sorrido para Noé.

Se Deus lhe solicitasse a construção de um barco gigante, você não acha que teria algumas dúvidas, objeções e restrições? Noé não teve. Ele obedeceu a Deus incondicionalmente. Isso significa fazer qualquer coisa que Deus lhe peça, sem duvidar nem hesitar. Não embrome nem diga: "Vou orar a respeito". Faça sem demora. Todo pai sabe que demorar para obedecer é desobediência.

Deus não lhe deve explicações nem precisa apresentar um motivo para tudo que manda você fazer. A compreensão pode esperar, mas a obediência não. A obediência imediata lhe ensinará mais sobre Deus que uma vida inteira de discussões teológicas. Na verdade, você jamais compreenderá determinadas ordens sem que as tenha obedecido primeiro. A obediência libera a compreensão.

Frequentemente, tentamos oferecer a Deus uma obediência *parcial*. Queremos escolher as ordens às quais vamos obedecer. Fazemos uma lista das ordens das quais gostamos e às quais obedecemos, enquanto deixamos de lado as que consideramos absurdas, difíceis, custosas ou impopulares. "Vou à igreja, mas não vou dar o dízimo." "Vou ler a Bíblia, mas não perdoarei à pessoa que me magoou." No entanto, obediência parcial é o mesmo que desobedecer.

A obediência incondicional é realizada com alegria e com entusiasmo. A Bíblia diz: "Obedeçam a ele de coração alegre".[11] Esta foi a atitude de Davi: "Ensine-me, Senhor, a cumprir as suas ordens escritas! Então eu obedecerei a elas até o fim da vida".[12]

Tiago, falando aos cristãos, declarou: "Nós agradamos a Deus pelo que fazemos, e não somente pelo que cremos".[13] A Palavra de Deus é clara quando diz que não há como você merecer a salvação. Ela vem pela graça; não por esforço. Contudo, como filho de Deus, você pode agradar ao Pai celestial por meio da obediência. Qualquer ato de obediência é também um ato de adoração. Por que a obediência agrada tanto a Deus? Porque ela prova que você realmente o ama. Jesus disse: "Se vocês me amam, obedeçam aos meus mandamentos".[14]

**Deus sorri quando o louvamos e damos graças continuamente.** Poucas coisas trazem uma sensação tão boa quanto receber um agradecimento ou um elogio sincero de alguém. Deus também gosta de recebê-los. Ele sorri quando expressamos diante dele adoração e gratidão.

A vida de Noé alegrou a Deus porque o patriarca vivia com um coração cheio de louvor e ação de graças. A primeira atitude de Noé após ter sobrevivido ao Dilúvio foi expressar sua gratidão a Deus, oferecendo-lhe um sacrifício. A Bíblia diz: "Depois Noé construiu um altar dedicado ao Senhor e, tomando alguns animais e aves puros, ofereceu-os como holocausto, queimando-os sobre o altar".[15]

Por causa do sacrifício de Jesus, não precisamos mais oferecer sacrifícios de animais, como Noé fazia. Em vez disso, foi-nos dito que oferecêssemos a Deus "um sacrifício de louvor"[16] e um "sacrifício de gratidão".[17] Louvamos a Deus *por quem ele é* e agradecemos a ele *pelo que tem feito*. Davi disse: "Louvarei o nome de Deus com cânticos e proclamarei sua grandeza com ações de graças; isso agradará o Senhor".[18]

Algo maravilhoso acontece quando oferecemos louvores e ação de graças a Deus: quando trazemos deleite ao coração de Deus, nosso coração também se enche de alegria!

Minha mãe amava cozinhar para mim. Mesmo depois de eu ter casado com Kay, quando visitávamos meus pais, ela preparava banquetes caseiros fantásticos. Um de seus maiores prazeres na vida era ficar observando enquanto nos deliciávamos com o que ela havia preparado. Quanto mais apreciávamos a refeição, mais prazer lhe dávamos.

Mas nós também tínhamos prazer em agradar a mamãe, expressando nosso prazer com sua refeição. Isso funcionava de duas formas. À medida que comia e me embevecia com uma deliciosa refeição, eu elogiava minha mãe. Pretendia não apenas aproveitar a comida, mas também agradar a minha mãe, e todos ficavam felizes.

A adoração também funciona assim. Apreciamos o que Deus tem feito por nós e então expressamos a ele nossa satisfação. Isso lhe traz alegria — e aumenta a *nossa*. A Bíblia diz: "Os bons ficam contentes e felizes na sua presença e, cheios de alegria, cantam hinos".[19]

**Deus sorri quando usamos nossas habilidades.** Após o Dilúvio, Deus deu a Noé estas simples orientações: "'Sejam férteis, multipliquem-se e encham a terra [...]. Tudo o que vive e se move servirá de alimento para vocês. Assim como dei a vocês os vegetais, agora dou todas as coisas'".[20] Deus disse: "É tempo de seguir com sua vida! Faça as coisas que foram determinadas que os humanos fizessem. Faça amor com sua esposa. Tenham filhos.

Constituam famílias. Plantem e comam suas refeições. Sejam humanos! Foi para isso que os criei!".

Talvez você tenha a sensação de que o único momento em que Deus se agrada de você é quando você está envolvido em atividades "espirituais" — ler a Bíblia, assistir aos cultos na igreja, orar ou compartilhar sua fé — e pense que ele é indiferente às outras áreas de sua vida. Na verdade, Deus gosta de observar *cada* detalhe de sua vida, quer esteja você trabalhando, quer brincando, descansando ou comendo. Ele não perde um único movimento seu. A Bíblia diz: "Os passos dos justos são dirigidos pelo Senhor. Ele se agrada de cada detalhe da vida deles".[21]

Todas as atividades humanas, com exceção do pecado, podem agradar a Deus, se você as fizer com uma atitude de louvor. Você pode lavar pratos, consertar uma máquina, vender um produto, fazer um programa de computador, cultivar uma lavoura ou criar uma família para a glória de Deus.

Como um pai orgulhoso, Deus gosta especialmente de observá-lo enquanto você utiliza os talentos e as habilidades que ele lhe deu. Deus intencionalmente nos dotou de maneira distinta e tem prazer nisso. Ele fez alguns atléticos; outros, intelectuais. Você pode ser talentoso em mecânica, matemática, música ou em milhares de outras habilidades, e todas podem trazer um sorriso ao rosto de Deus. A Bíblia diz: "Ele modelou cada pessoa, uma por vez, e agora observa tudo que fazemos".[22]

Você não glorifica ou agrada a Deus escondendo suas habilidades ou tentando ser outra pessoa. Você só o agrada sendo você mesmo. Sempre que você despreza uma parte sua está desprezando a soberania e a sabedoria de Deus ao criá-lo. Deus diz: "Você não tem o direito de argumentar com o Criador. Você é meramente um vaso de barro modelado por um oleiro. O barro não questiona: 'Por que você me fez desse jeito?'".[23]

No filme *Carruagens de fogo*, o corredor olímpico Eric Liddell diz: "Creio que Deus me fez para um propósito, mas ele também me fez veloz, e, quando corro, sinto que ele fica satisfeito". Mais adiante, diz: "Desistir de correr seria menosprezá-lo". Não existem

**Deus gosta de observar *cada* detalhe de sua vida.**

habilidades *não espirituais*, somente habilidades mal-empregadas. Comece a usar as suas para o prazer de Deus.

Deus também tem prazer em ver você se *alegrar* com as coisas que ele criou. Ele lhe deu olhos para apreciar a beleza, ouvidos para apreciar os sons, nariz e papilas gustativas para apreciar perfumes e sabores e nervos sob a pele para apreciar o toque. Cada ato de prazer se torna um ato de adoração quando você agradece a Deus por ele. Na verdade, a Bíblia diz que "Deus [...] nos dá todas as coisas em grande quantidade, para o nosso prazer!".[24]

Ele tem prazer até mesmo em observar seu sono! Quando meus filhos eram pequenos, lembro-me da profunda satisfação em vê-los dormir. Algumas vezes, o dia havia sido cheio de problemas e desobediência por parte deles, mas, adormecidos, pareciam contentes, a salvo e tranquilos, e isso me fazia lembrar de quanto os amava.

Meus filhos não precisavam fazer nada para que eu me deleitasse neles. Eu ficava feliz só de observá-los *respirando*, de tanto que os amava. Enquanto assistia aos movimentos de seu pequeno tórax inspirando e expirando, eu sorria, e algumas vezes meus olhos ficavam cheios de lágrimas de alegria. Quando você está dormindo, Deus o contempla com amor, pois você foi ideia dele. Ele o ama como se você fosse a única pessoa no mundo todo.

Os pais não exigem que seus filhos sejam perfeitos ou mesmo maduros para amá-los. Eles apreciam os filhos em todos os estágios de seu desenvolvimento. Da mesma forma, Deus não espera que você amadureça para começar a gostar de você. Ele o ama e preza cada estágio de seu desenvolvimento espiritual.

Durante seu crescimento, você talvez tenha tido professores ou pais que nunca estavam satisfeitos com nada. Mas, por favor, não suponha que Deus agirá dessa maneira. Ele sabe que você é incapaz de ser perfeito ou de não pecar. A Bíblia diz: "[...] pois ele sabe do que somos formados; lembra-se de que somos pó".[25]

O que Deus leva em consideração é a atitude do coração: agradar a ele é seu mais intenso desejo? Este foi o objetivo da vida de Paulo: "Acima de tudo, o que nós queremos é agradar o Senhor, seja vivendo no nosso corpo aqui, seja vivendo lá com o Senhor".[26] Quando você vive à luz da eternidade, seu enfoque muda de "Quanto prazer posso obter da vida?" para "Quanto prazer Deus pode obter de minha vida?".

Deus procura pessoas como Noé no século XXI, dispostas a viver para o prazer de Deus. A Bíblia diz: "Lá dos céus o SENHOR olha para a humanidade, procurando alguém que compreenda seus planos, alguém que deseje ter comunhão com ele".[27]

Você tomará providências para que agradar a Deus se torne o objetivo de sua vida? Não há nada que o Senhor não faça pela pessoa totalmente concentrada nesse objetivo.

## Dia 9 — Pensando sobre meu propósito de vida

**Tema para reflexão:**
Deus sorri quando confio nele.

**Versículo para memorizar:**
"O Senhor se agrada daqueles que o adoram e confiam no seu amor". (Salmos 147.11, *CEV*)

**Pergunta para meditar:**
Considerando que Deus sabe o que é melhor para mim, em quais áreas da vida preciso confiar mais nele?

Dia
10

# A ESSÊNCIA DA ADORAÇÃO

*Entreguem-se completamente a Deus [...],*
*a fim de fazerem o que é direito.*

ROMANOS 6.13, *NTLH*

**A ESSÊNCIA DA ADORAÇÃO ESTÁ EM RENDER-SE.**

"Rendição" não é uma palavra popular, quase tão malvista quanto "submissão". Ela alude à perda, e ninguém quer ser um *perdedor*. Rendição evoca a desagradável ideia de admitir a derrota numa batalha, perder uma competição ou capitular perante um adversário mais forte. A palavra é quase sempre utilizada em contexto negativo: criminosos capturados *rendem-se* às autoridades.

Na atual cultura competitiva, somos ensinados a nunca desistir, a jamais ceder — logo, não ouvimos falar muito de rendição. Se vencer é tudo, render-se é *inconcebível*. Preferimos relacionar vitórias, sucessos, triunfos e conquistas a falar de complacência, submissão, obediência e rendição. Mas render-se a Deus é a essência da adoração, é uma resposta natural ao maravilhoso amor e à misericórdia de Deus. Entregamo-nos a ele não por medo ou obrigação, mas por amor, "porque ele nos amou primeiro".[1]

Após passar onze capítulos do livro de Romanos discorrendo sobre a maravilhosa graça de Deus para conosco, Paulo exorta-nos a entregar nossa vida inteiramente a Deus em adoração: "Meus irmãos, por causa da grande misericórdia divina, peço que vocês se ofereçam completamente a Deus como um sacrifício vivo, dedicado ao seu serviço e agradável a ele. Esta é a verdadeira adoração que vocês devem oferecer a Deus".[2]

A verdadeira adoração — propiciar satisfação a Deus — acontece quando você se entrega totalmente a ele. Repare que o versículo começa e termina com o verbo "oferecer".

A adoração consiste exatamente em oferecer-se a Deus.

O ato de render-se é conhecido de muitas formas: consagração, fazer de Jesus seu Senhor, carregar a cruz, morrer para si mesmo, submeter-se ao Espírito Santo. O importante é que você o faça; não o nome que damos a esse ato. Deus quer sua vida — toda ela; 95% dela não é suficiente.

Três barreiras impedem nossa total rendição a Deus: medo, orgulho e confusão. Não percebemos quanto Deus nos ama, queremos controlar nossa vida e equivocamo-nos quanto ao significado de rendição.

**Posso confiar em Deus?** A confiança é um ingrediente essencial para que você se renda. Você não irá se render a Deus, a menos que confie nele. Contudo, não terá como confiar até que o conheça melhor. O medo impede que nos rendamos, mas *o amor lança fora todo o medo*. Quanto mais você se der conta de quanto Deus o ama, mais fácil será render-se.

**A adoração consiste exatamente em oferecer-se a Deus.**

Como saber que Deus o ama? Há vários indícios: ele diz que é bom para você;[3] que está sempre olhando para você;[4] que se preocupa com cada detalhe de sua vida;[5] que lhe deu a capacidade de desfrutar todos os tipos de prazeres;[6] que tem bons planos para sua vida;[7] que perdoa você;[8] que é carinhoso e paciente com você.[9] Deus o ama infinitamente, mais do que você pode imaginar.

A maior expressão desse amor é o sacrifício do Filho de Deus por você: “Deus prova seu amor por nós, visto que Cristo morreu a nosso favor quando ainda éramos pecadores”.[10] Se você quiser saber quão importante é para Deus, olhe para Cristo com os braços estendidos na cruz, dizendo: “Eis o tanto que eu o amo! Prefiro morrer a viver sem você!”.

Deus não é um feitor cruel nem alguém que usa a força bruta para obrigá-lo a se submeter. Ele não tenta violar nossa vontade. Prefere nos atrair com delicadeza para si, de modo que nos ofereçamos a ele voluntariamente. Deus é amigo e libertador, e render-se a ele traz liberdade; não servidão. Quando nos rendemos completamente a Jesus, descobrimos que ele não é um tirano, mas um salvador; não um chefe, mas um irmão; não um ditador, mas um amigo.

**Admitindo nossas limitações.** A segunda barreira para a total rendição é o orgulho. Não queremos admitir que somos apenas criaturas e que não estamos no controle de todas as coisas. Esta é a mais antiga das tentações: "Vocês serão como Deus!".[11] O desejo de ter o controle total é a causa de tanto estresse em nossa vida. A vida é uma luta, mas o que a maioria das pessoas não percebe é que, como Jacó, nossa verdadeira luta é com Deus! Queremos ser Deus, e não há nenhuma chance de ganharmos essa luta. Assim declara A. W. Tozer:

> O motivo pelo qual muitos ainda estão angustiados, buscando e progredindo lentamente, é que ainda não chegaram ao fim de si mesmos. Ainda tentamos mandar e meter o bedelho no trabalho que Deus realiza dentro de nós.[12]

Não somos Deus nem *jamais* seremos: somos humanos! É quando tentamos ser Deus que acabamos mais parecidos com Satanás, que desejou a mesma coisa.

Aceitamos nossa humanidade intelectualmente, mas não emocionalmente. Quando nos confrontamos com nossas limitações, reagimos com irritação, raiva e ressentimentos. Desejamos ser mais altos (ou mais baixos), mais inteligentes, mais fortes, mais talentosos, mais bonitos e mais ricos. Queremos ter tudo e fazer tudo e ficamos deprimidos quando isso não acontece. Então, quando percebemos que Deus concedeu a outros características que não possuímos, reagimos com inveja, ciúmes e autopiedade.

**O que significa rendição.** Render-se a Deus não é resignação passiva, fatalismo ou desculpa para a ociosidade. Não é resignar-se com a situação. Significa exatamente o oposto: sacrificar a vida ou sofrer, a fim de mudar o que precisa ser mudado. Deus frequentemente chama pessoas que se entregaram a ele para batalhar em seu nome. Render-se não é para covardes nem para subservientes. De igual modo, não significa desistir do raciocínio lógico: Deus não desperdiçaria a mente que lhe concedeu! Deus não quer ser servido por robôs.

Render-se não é suprimir a própria personalidade. Deus quer utilizar suas características singulares. Em vez de diminuí-la, a rendição a aprimora. Como observa C. S. Lewis:

> Quanto mais deixamos que Deus assuma o controle sobre nós, mais autênticos nos tornamos — pois foi ele quem nos fez. Ele inventou todas as diferentes pessoas que eu e você tencionávamos ser [...]. É quando me volto para Cristo, quando me entrego à personalidade dele, que pela primeira vez começo a ter minha própria e real personalidade.[13]

**O ato da rendição manifesta-se mais claramente na obediência e na confiança.**

O ato da rendição manifesta-se mais claramente na obediência e na confiança. A tudo que ele lhe pede você diz: "Sim, Senhor". Seria uma contradição dizer: "Não, Senhor". Você não pode chamar Jesus de Senhor, quando se recusa a obedecer-lhe. Após uma noite improdutiva na pescaria, Pedro deu um exemplo de rendição quando Jesus lhe ordenou que tentasse novamente: "'Mestre, esforçamo-nos a noite inteira e não pegamos nada. Mas, porque és tu quem está dizendo isto, vou lançar as redes'".[14] Quem se entrega a Cristo obedece à ordem de Deus, mesmo que ela pareça não fazer sentido.

Outro aspecto da rendição total é a confiança. Abraão seguiu as orientações de Deus sem saber *aonde* isso o levaria. Ana esperou pelo momento perfeito estipulado por Deus sem saber *quando* aconteceria. Maria esperou por um milagre sem saber *como* seria possível. José confiou nos propósitos de Deus sem saber *por que* as circunstâncias se desenvolviam daquela forma. Ou seja, cada uma dessas pessoas se rendeu inteiramente a Deus.

Você sabe que já se rendeu a Deus quando depende dele para resolver as coisas, em vez de insistir em manipular outras pessoas, forçar sua programação diária e controlar a situação. Renuncie e deixe Deus trabalhar. Você não precisa estar sempre "no controle". A Bíblia diz: "Entregue-se ao Senhor e espere pacientemente por ele".[15] Em vez de tentar com mais afinco, confie mais. Você também só sabe que se entregou a Deus quando não reage às críticas ou não tem o ímpeto de se defender. O coração entregue a Deus se destaca nos relacionamentos. Depois que se entrega a Deus, você não pressiona mais os outros, não exige seus direitos nem se porta de maneira egoísta.

Para muitos, a parte mais difícil de entregar a Deus é o dinheiro. Eles pensam: "Quero viver para Deus, mas também preciso ganhar dinheiro suficiente para viver comodamente e me aposentar algum dia". A aposentadoria não é o objetivo de uma vida entregue a Deus, porque competirá com Deus para ser o principal alvo de cuidados em sua vida. Jesus disse: "'Vocês não podem servir a Deus e ao Dinheiro'";[16] e: "'Pois onde estiver o seu tesouro, aí também estará o seu coração'".[17]

O maior exemplo de autorrendição é Jesus. Na noite anterior à crucificação, ele se rendeu aos planos de Deus e orou: "Pai, tudo te é possível. Afasta de mim este cálice; contudo, não seja o que eu quero, e sim o que tu queres".[18]

Jesus não orou: "Deus, se você puder afastar este sofrimento, faça-o, por favor!". Ele já havia afirmado que Deus poderia fazer qualquer coisa! Em vez disso, orou: "Deus, se for do *teu* interesse afastar este sofrimento, afasta-o, por favor! *Mas*, se isso cumpre *teu* propósito, esse também será meu desejo".

Quem verdadeiramente se rende a Deus diz: "Pai, se este problema (dor, doença ou circunstância) é necessário para o cumprimento de teu propósito e para que tua glória resplandeça em minha vida ou na vida de outra pessoa, por favor, *não* o afastes!". Esse nível de maturidade não é facilmente alcançado. No caso de Jesus, ele ficou tão angustiado com os planos de Deus que transpirou gotas de sangue. Render-se é uma decisão difícil. No nosso caso, é uma intensa guerra contra nossa natureza egoísta.

**A bênção de se render.** A Bíblia é clara como cristal a respeito dos benefícios de se entregar a vida inteiramente a Deus. Em primeiro lugar, você sente paz: "Pare de discutir com Deus! Concordando com ele, você ao menos terá paz, e as coisas irão bem para você".[19] Em segundo lugar, você vivencia a liberdade: "Mas ofereçam-se aos caminhos de Deus e jamais perderão a verdadeira liberdade. Durante a vida inteira, vocês deixaram o pecado ditar as regras. Mas, graças a Deus, vocês começaram a ouvir um novo Senhor, cujas ordens os deixam livres para viver na liberdade dele".[20] Em terceiro lugar, você experimenta o poder de Deus em sua vida. Tentações persistentes e problemas avassaladores podem ser derrotados por Cristo quando entregues a ele.

Prestes a travar a batalha mais importante de sua vida, Josué entrou na presença de Deus, prostrou-se em adoração perante ele e entregou-lhe todos os seus planos.[21] Isso o conduziu a uma esmagadora vitória em Jericó. Este é o paradoxo: a vitória foi alcançada pelo ato da rendição. Render-se não enfraquece você, antes o fortalece. Quando você se entrega a Deus, não terá o que temer nem precisará se render a nada mais. William Booth, fundador do Exército da Salvação, disse: "A grandeza do poder de um homem reside na medida de sua entrega a Deus".

As pessoas entregues a Deus são exatamente aquelas usadas por ele. Deus escolheu Maria para ser a mãe de Jesus não por causa de seu talento, riqueza ou beleza, mas porque ela já havia se rendido a ele. Quando o anjo explicou o ilógico plano de Deus, ela calmamente respondeu: "Sou serva do Senhor; que aconteça comigo conforme a vontade dele".[22] Nada é mais poderoso que uma vida entregue nas mãos de Deus, "portanto entreguem-se inteiramente a Deus".[23]

**A melhor forma de viver.** Todas as pessoas, com o tempo, se rendem a algo ou a alguém. Se não for a Deus, você se renderá a opiniões ou expectativas de outros, a dinheiro, rancor, medo, orgulho próprio, luxúria ou ego. Você foi feito para adorar a Deus e, se fracassar em adorá-lo, encontrará outras coisas (ídolos) às quais entregará sua vida. Você é livre para escolher a quem se entregar, mas não ficará livre das consequências dessa escolha. Afirma E. Stanley Jones: "Se você não se render a Cristo, então se renderá ao caos!".

Render-se a Deus não é a melhor maneira de viver: é a única maneira de viver. Nada mais funciona. Todas as outras vias levam à frustração, à decepção e à autodestruição. A Bíblia denomina a rendição a Deus de "culto racional".[24] Outra versão traduz como "a maneira mais sensata de servir a Deus".[25] Render a vida não é um impulso tolo da emoção, mas um ato inteligente e racional. A atitude mais responsável e inteligente que você pode tomar na vida.

Foi por isso que Paulo disse: "[...] Temos o propósito de lhe agradar [...]".[26] Seus momentos mais sábios serão aqueles em que você disser "sim" a Deus.

Pode levar anos, mas você acabará descobrindo que o maior obstáculo às bênçãos de Deus não são os outros, mas você mesmo — sua teimosia, seu orgulho obstinado e sua ambição. Você não pode cumprir os propósitos de Deus enquanto estiver concentrado em planos pessoais.

Se Deus for realizar uma obra profunda em sua vida, ela começará por aí. Então, entregue tudo a Deus: arrependimentos do passado, problemas do presente, ambições do futuro, medos, sonhos, fraquezas, rotinas, mágoas e traumas. Ponha Jesus Cristo no banco do motorista, entregue-lhe o volante. Não tenha medo: nada sob o controle dele poderá ficar descontrolado. Orientado por Cristo, você pode enfrentar qualquer situação. Você será como Paulo: "Eu estou pronto para tudo e à altura de qualquer desafio por meio dele, que inspira uma força interior em mim, ou seja, sou independente na dependência de Cristo".[27]

O momento da rendição de Paulo ocorreu na estrada rumo a Damasco, depois de ter sido derrubado por uma luz ofuscante. Outros tiveram sua atenção atraída por métodos menos dramáticos. Mesmo assim, o ato de render-se nunca é um acontecimento isolado. Paulo disse: "Todos os dias enfrento a morte".[28] Há o *momento* da rendição e também a *prática* da rendição, que ocorre a todo momento e por toda a vida. O problema do sacrifício *vivo* é que ele pode escapulir do altar, então você provavelmente precisará renovar a rendição de sua vida 50 vezes por dia. Você deve fazer disso um hábito diário. Jesus disse: "Se as pessoas querem me seguir, precisam abrir mão de suas vontades. Precisam estar dispostas a negar sua vida diariamente para me seguir".[29]

Deixe-me adverti-lo: quando você decidir viver uma vida inteiramente entregue a Deus, essa decisão será testada. Isso significa que algumas vezes você realizará tarefas inconvenientes, impopulares, custosas ou aparentemente impossíveis. Significa que em geral fará o oposto do que deseja.

**Render-se a Deus não é a melhor maneira de viver: é a única maneira de viver. Nada mais funciona.**

Um dos grandes líderes cristãos do século XX foi Bill Bright, fundador da Cruzada Estudantil e Profissional para Cristo. Por meio do trabalho dessa organização ao redor do mundo, do panfleto *As quatro leis espirituais* e do filme *Jesus* (visto por bilhões de pessoas), mais de 200 milhões[30] de indivíduos vieram a Cristo e passarão a eternidade no céu.

Certa vez, perguntei a Bill: "Por que Deus usa e abençoa tanto sua vida?". Ele respondeu: "Quando era jovem, firmei um contrato com Deus. Eu o redigi de fato e assinei meu nome embaixo. O contrato dizia: 'Deste dia em diante, sou um escravo de Jesus Cristo'".

Você já firmou um contrato com Deus? Ou ainda está se debatendo e lutando com ele a respeito do direito que ele tem de fazer com sua vida o que quiser? Este é o momento de você se render à graça, ao amor e à sabedoria do Senhor.

## Dia 10 — Pensando sobre meu propósito de vida

**Tema para reflexão:**
A essência da adoração é a rendição.

**Versículo para memorizar:**
"Entreguem-se completamente a Deus, para que ele use vocês a fim de fazerem o que é direito". (Romanos 6.13b, *NTLH*)

**Pergunta para meditar:**
Que área de minha vida estou evitando entregar nas mãos de Deus?

Dia 11

# TORNANDO-SE AMIGO DE DEUS

*Assim como tivemos restaurada a nossa amizade com Deus pela morte de seu filho, sendo ainda seus inimigos, certamente seremos libertos da punição eterna por meio de sua vida.*

ROMANOS 5.10, *NLT*

**DEUS QUER SER SEU MELHOR AMIGO.**

Seu relacionamento com Deus tem diversos aspectos: Deus é seu Autor e Criador, Senhor e Mestre, Juiz, Redentor, Pai, Salvador e muito mais.[1] A mais espantosa verdade, porém, é esta: o Deus todo-poderoso anseia ser seu Amigo!

No Éden, vemos o relacionamento ideal entre Deus e o ser humano: Adão e Eva desfrutavam uma amizade íntima com ele. Não existiam rituais, nem cerimônias ou religião, apenas um simples e terno relacionamento entre Deus e o casal que ele havia criado. Livres de culpas e de medos, Adão e Eva deleitavam-se em Deus, e o Senhor tinha prazer neles.

Fomos feitos para viver continuamente na presença de Deus, mas após a queda aquele relacionamento ideal foi perdido. Somente umas poucas pessoas no Antigo Testamento vivenciaram o privilégio de uma amizade com Deus. Moisés e Abraão foram chamados "amigos de Deus", Davi foi chamado "um homem segundo o coração de Deus", e Jó, Enoque e Noé eram amigos íntimos de Deus.[2] Entretanto, ter medo de Deus — não amizade — era mais comum no Antigo Testamento.

Então, Jesus mudou a situação. Quando pagou nossos pecados na cruz, o véu do templo, que simbolizava nossa separação de Deus, foi rasgado de cima a baixo, indicando que o acesso direto a Deus estava novamente disponível.

Ao contrário dos sacerdotes do Antigo Testamento, que precisavam passar horas se preparando para encontrar com Deus, hoje podemos entrar na presença dele a qualquer instante. A Bíblia diz: "Podemos agora exultar em nosso novo e maravilhoso relacionamento com Deus, tudo por causa do que nosso Senhor Jesus Cristo fez por nós, tornando-nos amigos de Deus".[3]

Ter amizade com Deus só é possível por causa da graça dele e do sacrifício de Jesus. "Tudo isso é feito por Deus, o qual, por meio de Cristo, nos transforma de inimigos em amigos dele".[4] Um antigo hino diz: "Em Jesus amigo temos", mas na verdade Deus nos convida a desfrutar a amizade e a companhia das três pessoas da Trindade: o Pai,[5] o Filho[6] e o Espírito Santo.[7]

Jesus disse: "'Já não os chamo servos, porque o servo não sabe o que o seu senhor faz. Em vez disso, eu os tenho chamado amigos, porque tudo o que ouvi de meu Pai eu tornei conhecido a vocês'".[8] A palavra utilizada para "amigo" nesse versículo não significa uma relação superficial, mas um relacionamento íntimo e de confiança. A mesma palavra é usada em referência ao padrinho de casamento[9] e ao círculo de amigos íntimos e de confiança de um rei. Em uma corte, os servos devem manter distância do rei, mas o círculo de amigos de confiança desfruta sua proximidade, bem como o acesso direto a ele e a informações confidenciais.

Que Deus me queira como amigo íntimo é difícil de entender, mas a Bíblia diz: "Ele é Deus que zela com todas as forças pelo relacionamento que mantém com você".[10]

Deus deseja muito que o conheçamos profundamente. Na verdade, ele planejou o Universo e orquestrou a história, incluindo os detalhes de nossa vida, para que nos tornássemos seus amigos. A Bíblia diz:

> Ele fez as criaturas! Nenhuma criatura o fez. Começando do nada, ele fez toda a raça humana e criou a terra habitável, com muito espaço e tempo para uma vida em que pudéssemos buscar Deus e que, em vez de ficar tateando na escuridão, pudéssemos de fato encontrá-lo.[11]

Conhecer e amar a Deus é nosso maior privilégio, e sermos conhecidos e amados é o maior prazer de Deus. Ele diz: "Se alguém quiser se orgulhar, que se orgulhe de me conhecer e de me entender [...]. Estas são as coisas que me agradam".[12]

É difícil imaginar como é possível uma amizade íntima entre um Deus perfeito, invisível e onipotente e um ser humano limitado e pecador. É mais fácil compreender um relacionamento de Mestre para servo, de Criador para criação ou mesmo de Pai para filho, mas o que quer dizer o fato de Deus me querer como amigo? Olhando a vida dos amigos de Deus na Bíblia, aprendemos seis segredos para ter amizade com Deus. Faremos um exame de dois desses segredos neste capítulo e de quatro no próximo.

**Conhecer e amar a Deus é nosso maior privilégio, e sermos conhecidos e amados é o maior prazer de Deus.**

## Tornando-se amigo de Deus por meio do diálogo constante

Você jamais cultivará um relacionamento íntimo com Deus apenas indo à igreja uma vez por semana ou mesmo observando um período de busca diária. A amizade com Deus é construída quando compartilhamos com ele *todas* as nossas experiências.

É lógico que é importante estabelecer o hábito de um momento diário consagrado a Deus, mas ele quer mais que um compromisso em sua agenda. Ele quer ser incluído em *todas* as atividades, todas as conversas, todos os problemas e até mesmo em todos os pensamentos. Você pode manter uma conversa contínua e ilimitada com ele ao longo do dia, conversando sobre o que quer que você faça ou pense *em cada momento*. "Orem continuamente"[13] significa conversar com Deus enquanto faço compras, dirijo, trabalho ou realizo qualquer outra tarefa.

Um conceito equivocado bastante comum é o de que "passar tempo com Deus" significa estar *sozinho* com ele. É claro que, seguindo o exemplo de Jesus, você precisa de um tempo a sós com Deus, mas isso se refere somente a uma parte do período que você passa acordado. *Tudo* que você faz pode ser "passar tempo com Deus", se ele for convidado para participar e você estiver consciente de sua presença.

Um livro clássico sobre como desenvolver constante conversa com Deus intitula-se *A prática da presença de Deus*. Ele foi escrito no século XVII por irmão Lourenço, um humilde cozinheiro de um monastério francês. Irmão Lourenço era capaz de tornar as mais banais e insignificantes tarefas, como preparar refeições e lavar pratos, em atos de louvor e comunhão com Deus. A chave para uma amizade com Deus, dizia ele, não é mudar o que você faz, mas sim mudar *sua atitude* em relação ao que faz. Ou seja, o que você normalmente faz por você mesmo comece a fazer por Deus: comer, tomar banho, trabalhar, relaxar ou jogar o lixo fora.

**_Tudo_ que você faz pode ser "passar tempo com Deus", se ele for convidado para participar e você estiver consciente de sua presença.**

Nos dias de hoje, é frequente sentirmos a necessidade de "escapar" da rotina para adorar a Deus, mas isso se deve ao fato de que não aprendemos a praticar sua presença todo o tempo. Irmão Lourenço achava fácil adorar a Deus nas tarefas comuns da vida; ele nunca precisou participar de retiros espirituais especiais.

Esse procedimento é o ideal para Deus. No Éden, a adoração não era um evento no qual se comparecia, mas uma atitude permanente. Adão e Eva estavam em constante comunhão com Deus. Como o Senhor está com você durante todo o tempo, nenhum outro lugar é mais próximo dele que o lugar onde você está neste exato momento. A Bíblia diz: "Ele comanda todas as coisas, está em todos os lugares e em todas as coisas".[14]

Irmão Lourenço também cultivava o hábito de fazer *continuamente* orações curtas e informais ao longo do dia, em vez de tentar realizar longos períodos de orações complexas. Para manter o foco e neutralizar divagações, ele dizia: "Não o aconselho a usar uma grande variedade de palavras na oração, visto que longos discursos são um frequente motivo para devaneios".[15] Numa época em que a concentração é difícil, a sugestão para manter a simplicidade (feita há mais de quatro séculos) reveste-se de especial importância.

A Bíblia diz: "Orem o tempo todo".[16] Como isso é possível? Uma forma é utilizar "orações sussurradas" ao longo do dia, como têm feito muitos cristãos ao longo dos séculos. Escolha uma frase curta que possa ser repetida a Jesus num sussurro: "Tu estás comigo"; "Recebo tua graça"; "Dependo de ti"; "Quero conhecer-te"; "Pertenço a ti"; "Ajuda-me a confiar em ti". Você também pode usar uma frase bíblica curta: "Para mim o viver é Cristo"; "Nunca me abandonarás"; "Tu és o meu Deus". Faça essas orações com a maior frequência possível, de modo que fiquem profundamente arraigadas em seu coração. Apenas se assegure de que sua motivação é honrar Deus, não controlá-lo.

Praticar a presença de Deus é uma habilidade, um hábito que você pode desenvolver. Assim como os músicos praticam escalas diariamente, a fim de executar belas músicas com facilidade, você deve se disciplinar a pensar em Deus em diversos momentos do dia. Só precisa treinar a mente para se lembrar de Deus.

A princípio, será necessário criar lembretes que restabeleçam regularmente a consciência de que Deus está com você naquele momento. Comece colocando lembretes visuais por perto. Você pode escrever pequenos bilhetes dizendo: "Deus é comigo e por mim neste exato momento!". Os monges beneditinos utilizam o soar de um relógio, que os lembra de hora em hora que devem parar e fazer a "liturgia das horas". Se você tem um relógio ou um telefone celular com alarme, pode proceder da mesma forma. Em alguns momentos, você sentirá a presença de Deus; em outros, não.

Se você está buscando uma *experiência* da presença de Deus por meio de tudo isso, então não compreendeu o que estou falando. Não louvamos a Deus para nos sentirmos bem, mas para *agir* bem. Seu objetivo não é uma sensação, mas a consciência constante da *realidade* da presença constante de Deus. Esse é o estilo da vida de adoração.

**Por meio da meditação contínua**. A segunda forma de estabelecer amizade com Deus é pensar em sua Palavra durante todo o dia. Isso é o que chamamos "meditação", e a Bíblia nos exorta repetidamente a meditar sobre quem Deus é, o que ele fez e o que ele disse.[17]

É impossível ser amigo de Deus *sem saber o que ele diz*. Você não pode amar a Deus a não ser que o conheça, e não pode conhecê-lo sem conhecer sua Palavra. A Bíblia diz que Deus se revelou "a Samuel por meio de sua palavra".[18] E até hoje Deus utiliza esse método.

Embora você não possa passar o dia inteiro estudando a Bíblia, é possível *pensar* nela ao longo do dia, recordando os versículos que leu, ou memorizando-os e refletindo sobre eles.

A meditação é frequentemente mal interpretada, como se fosse um ritual complicado e misterioso, praticado por pessoas místicas e por monges em clausura. Meditar é simplesmente concentrar os pensamentos — habilidade que pode ser desenvolvida por qualquer pessoa e posta em prática em qualquer situação.

Quando você pensa repetidamente em determinado problema, isso é preocupação. Quando você pensa repetidamente na Palavra de Deus, isso é meditação. Se você sabe se preocupar, então já sabe meditar! Basta que desvie a atenção de seus problemas para os versículos bíblicos. Quanto mais você meditar na Palavra de Deus, menores serão suas preocupações.

Deus considerava Jó e Davi amigos íntimos pelo fato de eles valorizarem a Palavra acima de qualquer coisa e meditarem nela o dia todo. Jó reconheceu: "'[...] dei mais valor às palavras de sua boca do que ao meu pão de cada dia'".[19] Davi disse: "Como eu amo a tua lei! Medito nela o dia inteiro";[20] e: "[As obras de Deus] estão constantemente em meus pensamentos. Não consigo parar de pensar nelas".[21]

Amigos dividem segredos, e Deus irá compartilhar os segredos dele com você, se você desenvolver o hábito de meditar em sua Palavra do início ao fim do dia. Deus contou seus segredos a Abraão e fez o mesmo com Daniel, Paulo, os discípulos e outros amigos.[22]

Quando você ler a Bíblia ou ouvir um sermão, não cometa o erro de simplesmente guardá-la e continuar com sua vida. Desenvolva o hábito de revisar a verdade em sua mente, pensando continuamente nela. Quanto mais tempo você repassar o que Deus disse, maior será sua compreensão dos "segredos" desta vida, os quais muitas pessoas deixam escapar. A Bíblia diz: "O Senhor é amigo chegado daqueles que o respeitam e obedecem, e os leva a conhecer a aliança que fez com eles".[23]

No próximo capítulo, veremos os outros quatro segredos sobre o cultivo da amizade com Deus, mas não espere até amanhã: comece ainda hoje a praticar um diálogo permanente com ele e a meditar continuamente em sua Palavra. A oração permite que você fale com Deus; a meditação permite que Deus fale com você. Ambas são essenciais para quem quer se tornar amigo do Senhor.

## Dia 11 — Pensando sobre meu propósito de vida

**Tema para reflexão:**
Deus quer ser meu melhor amigo.

**Versículo para memorizar:**
"O Senhor é amigo chegado de quem o respeita e lhe obedece". (Salmos 25.14a, *NBV-P*)

**Pergunta para meditar:**
O que posso fazer para me lembrar mais vezes de Deus e falar com ele mais frequentemente ao longo do dia?

Dia 12

# DESENVOLVENDO AMIZADE COM DEUS

*Deus oferece a sua amizade ao justo.*

PROVÉRBIOS 3.32, *NLT*

*Aproximem-se de Deus, e ele*
*se aproximará de vocês!*

TIAGO 4.8A, *NVI*

**VOCÊ ESTÁ TÃO PERTO DE DEUS QUANTO ESCOLHE ESTAR.**

A exemplo do que ocorre com qualquer amizade, você deve se esforçar para desenvolver o relacionamento com Deus. Isso não acontecerá por acidente. É necessário desejar essa amizade e disponibilizar-lhe tempo e energia. Se deseja um vínculo mais profundo e íntimo com Deus, aprenda a compartilhar de forma honesta seus sentimentos, a ter confiança quando ele lhe pedir para fazer algo, a se importar com aquilo que é importante para ele e a desejar sua amizade mais que qualquer outra coisa.

**Devo optar por ser sincero com Deus.** O primeiro elemento fundamental de uma amizade mais profunda com Deus é ser absolutamente sincero sobre suas falhas e sobre seus sentimentos. O Criador não espera que você seja perfeito, mas insiste em que seja absolutamente honesto. Nenhum dos amigos de Deus que aparecem na Bíblia era perfeito. Se a perfeição fosse um requisito para a amizade com o Senhor, jamais poderíamos ser amigos dele. Felizmente, em virtude da graça de Deus, Jesus ainda é "amigo de pecadores".[1]

Na Bíblia, os amigos de Deus são sinceros a respeito do que sentem, frequentemente reclamando, criticando, acusando e discutindo com o Criador. Deus, entretanto, não parece ficar aborrecido com a franqueza deles — na verdade, até a incentiva.

O Senhor permitiu que Abraão o questionasse a respeito da destruição de Sodoma. Abraão importunou-o sobre o que seria necessário para poupar a cidade, negociando o número de 50 a 10 pessoas justas.

Deus também escutou pacientemente de Davi as muitas acusações de injustiça, traição e abandono; não destruiu Jeremias quando o profeta afirmou que o Senhor o havia enganado. Jó pôde expressar sua amargura durante a provação, e no final Deus o defendeu por ter sido sincero e repreendeu os amigos de Jó por não agirem com sinceridade. Deus lhes disse: "'[...] Estou farto de vocês, pois não foram honestos comigo nem no que disseram de mim a meu servo Jó [...] e meu servo Jó orará por vocês; e, assim, vou aceitar a oração de vocês'".[2]

**O Criador não espera que você seja perfeito, mas insiste em que seja absolutamente honesto.**

Em um estupendo exemplo de amizade sincera,[3] Deus expressou sem reservas sua absoluta repugnância pela desobediência de Israel. Ele disse a Moisés que manteria a promessa de dar aos israelitas a terra prometida, *mas* não daria mais nem um passo com eles no deserto! Deus estava aborrecido, e disse a Moisés exatamente como se sentia.

Moisés, falando como amigo de Deus, respondeu de forma igualmente sincera:

> "Tu me dizes: 'Conduza este povo', mas não me deixas saber quem enviarás comigo. [...] Se sou assim tão especial para ti, permite que eu tome conhecimento dos teus planos. [...] Não te esqueças de que este é o *teu* povo, tua responsabilidade". [...] O Eterno respondeu: 'Minha presença irá com você. Eu me encarregarei da viagem até o fim'. Moisés não concordou: 'Se tua presença não assumir a liderança aqui, cancela agora mesmo a viagem. De que outra forma se poderia saber que estás comigo nisso, comigo e com teu povo? Quero saber: viajarás conosco ou não? De que outra forma saberemos que somos especiais, eu e teu povo, entre todos os outros povos da terra?'. O Eterno respondeu a Moisés: 'Está bem. Será como você disse. Eu também farei isso, pois conheço você muito bem, e você é especial para mim. Eu conheço você pelo nome'".[4]

Poderia Deus lidar com esse tipo de franqueza se ela partisse de você? Sem dúvida! A verdadeira amizade é edificada sobre a transparência. O que pode parecer *audácia*, Deus vê como *sinceridade*. Deus escuta as palavras exaltadas de seus amigos — o que o aborrece são os clichês, aquelas frases previsíveis permeadas de religiosidade. Para ser amigo de Deus, você deve ser sincero com ele e dividir seus verdadeiros sentimentos; não o que você pensa que deve sentir ou dizer.

**A amargura é a maior de todas as barreiras para a amizade com Deus.**

Quem sabe você precise confessar alguma raiva ou ressentimento oculto em relação a Deus em certas áreas de sua vida, nas quais você se sentiu enganado ou decepcionado. Até que tenhamos amadurecido o suficiente para compreender que o Senhor usa *todas as coisas* para o nosso bem, abrigamos ressentimentos em relação a ele por causa de nossa aparência, formação, orações não respondidas, mágoas do passado e outras coisas que mudaríamos se fôssemos Deus. As pessoas frequentemente o culpam por mágoas causadas por outras pessoas. Isso resulta no que William Backus chama "seu rompimento oculto com Deus".

A amargura é a maior de todas as barreiras para a amizade com Deus: "Por que eu iria querer ser amigo de Deus, se ele permitiu *isto*?". O antídoto, é claro, é perceber que o Senhor *sempre* age em nosso benefício, mesmo quando sofremos e não conseguimos entender o que está acontecendo. Livrar-se dos ressentimentos e revelar o que sentimos; no entanto, são os primeiros passos para a cura. A exemplo do que faziam os amigos de Deus na Bíblia, diga a ele exatamente como você se sente; reflita a respeito de Jó,[5] Asafe,[6] Jeremias[7] e Noemi.[8]

Para nos instruir em uma honestidade sincera, Deus nos deu o livro de Salmos, um manual de adoração, repleto de linguagem impetuosa, fúria, dúvidas, medos, ressentimentos e sofrimentos intensos, combinados com ação de graças, louvores e declarações de fé. Todas as emoções possíveis estão catalogadas em Salmos. Quando você lê as confissões emocionadas de Davi e de outros compositores, percebe que é assim que Deus quer que *você* o adore: sem reter absolutamente nada do que sente. Você pode orar como Davi: "Derramo diante dele as minhas queixas e conto-lhe todos os meus aborrecimentos. Estou totalmente abatido".[9]

É animador saber que todos os amigos íntimos de Deus — Moisés, Davi, Abraão, Jó e outros — defrontaram-se com dúvidas. Em vez de mascarar seus receios com frases feitas, eles os expressaram sincera, aberta e publicamente. Exprimir as dúvidas pode ser o primeiro passo em direção ao nível seguinte de intimidade com Deus.

**Devo optar por obedecer a Deus pela fé.** Todas as vezes que você confia na sabedoria de Deus e faz tudo o que ele diz, mesmo sem compreender, sua amizade com ele se aprofunda. Normalmente, não consideramos a obediência uma característica da amizade. Ela parece mais adequada ao relacionamento com os pais, com o chefe ou com algum superior imediato, mas nunca com um amigo. Jesus, no entanto, deixou claro que a obediência é uma condição para se obter intimidade com Deus. Ele disse: "'Vocês serão meus amigos, se fizerem o que eu ordeno'".[10]

No capítulo anterior, assinalei que a palavra usada por Jesus quando nos chamou "amigos" podia se referir aos "amigos do rei" numa corte real. Embora esses companheiros íntimos usufruam privilégios especiais, eles também estão sujeitos ao rei e têm de obedecer às suas ordens. Somos amigos de Deus, mas não somos seus iguais. Ele é nosso amado Líder, e o seguimos.

Obedecemos a Deus não por obrigação, nem por medo ou imposição, mas porque o *amamos* e confiamos que ele sabe o que é melhor para nós. *Queremos* seguir a Cristo por gratidão a tudo o que ele fez por nós, e, quanto mais de perto o seguimos, mais intensa nossa amizade se torna.

Os não cristãos em geral pensam que os cristãos obedecem por obrigação, culpa ou medo de serem punidos, mas a realidade é o oposto. Fomos perdoados e libertos, então obedecemos por amor — e nossa obediência nos traz grande alegria! Jesus disse:

> "Como o Pai me amou, assim eu os amei; permaneçam no meu amor. Se vocês obedecerem aos meus

> mandamentos, permanecerão no meu amor, assim como tenho obedecido aos mandamentos de meu Pai e em seu amor permaneço. Tenho dito estas palavras para que a minha alegria esteja em vocês e a alegria de vocês seja completa".[11]

Observe que Jesus espera de nós o mesmo comportamento que ele tem com o Pai, que é o modelo para nosso relacionamento com o Filho. Foi por amor que Jesus realizou tudo o que o Pai lhe pediu.

A verdadeira amizade não é passiva: é atuante. Quando Jesus nos pede que amemos o próximo, ajudemos os necessitados, dividamos nossos recursos, conservemos nossa vida irrepreensível, perdoemos e levemos outras pessoas a ele, o amor estimula-nos a obedecer imediatamente.

Em várias ocasiões, somos desafiados a realizar "grandes coisas" para Deus. Na realidade, o Senhor fica mais satisfeito quando fazemos pequenas coisas para ele espontaneamente. Elas podem passar despercebidas para outras pessoas, mas ele as observa e as considera atos de adoração.

Grandes oportunidades podem acontecer uma única vez durante toda a vida, mas pequenas oportunidades nos cercam todos os dias. Mesmo por um simples ato, como dizer a verdade, ser gentil ou animar alguém, trazemos um sorriso à face do Senhor. Deus guarda simples atos de obediência como se fossem um tesouro, mais precioso que orações, louvores ou ofertas. A Bíblia diz: "O que agrada mais ao Senhor: holocaustos e sacrifícios ou obediência à sua voz? É melhor obedecer que sacrificar".[12] Jesus iniciou seu ministério público com a idade de 30 anos, ao ser batizado por João. Naquele momento, Deus falou do céu: "'Este é o meu filho amado, e estou plenamente satisfeito com ele'".[13] O que Jesus fez durante aquelas três décadas que agradou tanto a Deus? A Bíblia silencia a respeito desse período da vida de Cristo, exceto por uma única frase, que encontramos em Lucas 2.51: "Então foi com eles para Nazaré, e era-lhes obediente".[14] Trinta anos agradando a Deus foram resumidos em três palavras: "era-lhes obediente"!

**Devo optar por valorizar o que Deus valoriza.** É isto o que os amigos fazem: eles se importam com o que é importante para a outra pessoa. Assim, quanto mais você se torna amigo de Deus, mais se importará com o que é importante para ele, mais sofrerá com o que lhe causa sofrimento e mais se alegrará com o que lhe dá prazer.

Paulo é o melhor exemplo disso. As prioridades de Deus eram suas prioridades, e os desejos dele eram seus desejos também: "O que me deixa tão abatido é que me preocupo demais com vocês — é a paixão de Deus queimando dentro de mim!".[15] Davi se sentia da mesma forma: "[...] pois o zelo pela tua casa me consome, e os insultos daqueles que te insultam caem sobre mim".[16]

O que importa mais para Deus? A redenção de seu povo. Ele quer que todos os seus filhos perdidos sejam encontrados! Esse é o único motivo pelo qual Jesus veio a este mundo. A coisa mais preciosa ao coração de Deus é a morte de seu Filho. A segunda coisa mais preciosa é quando seus filhos comunicam essa boa-nova a outras pessoas. Para ser amigo do Senhor, você deve se interessar por todas as pessoas a seu redor, pois Deus se importa com elas. Os amigos de Deus falam dele aos amigos.

**Devo desejar ser amigo de Deus, mais que qualquer outra coisa.** Os salmos estão cheios de exemplos desse desejo. Davi desejou apaixonadamente conhecer a Deus, expressando-se com palavras como "anelo", "anseio", "sede" e "fome". Ele ansiava pelo Senhor e declarou: "Uma coisa que realmente desejo do Senhor é o privilégio de viver durante toda a minha vida na sua presença, para descobrir a cada dia a bondade do Senhor e buscar a sua orientação".[17] Em outro salmo, ele diz: "O teu amor, para mim, vale mais que a vida".[18]

O desejo de Jacó pelas bênçãos de Deus era tão intenso que ele lutou uma noite inteira com o Senhor, dizendo: "'Não te deixarei ir, a não ser que me abençoes'".[19] A parte mais maravilhosa dessa história é que Deus, que é todo-poderoso, permitiu que Jacó vencesse! O Criador não fica ofendido quando "lutamos"

**Quanto mais você se torna amigo de Deus, mais se importará com o que é importante para ele.**

com ele, porque lutar exige contato pessoal e nos traz para perto dele! Lutar também é uma atitude apaixonada, e Deus gosta quando demonstramos paixão por ele.

Paulo foi outro homem que nutriu uma amizade ardente com Deus. Nada era mais importante; era sua prioridade máxima, objeto de sua total concentração e o mais importante objetivo de sua vida — esse foi o motivo pelo qual Deus usou Paulo de forma tão grandiosa. A versão bíblica *The Amplified Bible* exprime toda a força da paixão de Paulo:

> Meu firme propósito é que eu possa conhecê-lo — e que possa conhecê-lo cada vez mais profunda e intimamente, percebendo, reconhecendo e compreendendo as maravilhas de sua Pessoa com mais clareza e intensidade.[20]

A verdade é: você está tão perto de Deus *quanto escolhe estar*. Amizade íntima com Deus é fruto de uma escolha, não de uma eventualidade, e você deve buscá-la intencionalmente. Você realmente a deseja mais que qualquer coisa? Qual é a importância disso para você? Vale a pena desistir de outras coisas por causa dela? Valeria ela o esforço de desenvolver certos hábitos e habilidades?

Talvez você tenha sido apaixonado por Deus no passado, mas perdeu aquele desejo. Esse foi o problema dos cristãos de Éfeso: haviam perdido o primeiro amor. Faziam todas as coisas corretamente, mas por obrigação, não por amor. Se você está passando por alguma instabilidade espiritual, não se surpreenda quando Deus permite que você sofra.

O sofrimento é o combustível da paixão: ele gera energia com tal intensidade que transforma o que normalmente não possuímos. Assim disse C. S. Lewis: "O sofrimento é o megafone de Deus".[21] É a forma de Deus nos sacudir da letargia espiritual. Os nossos problemas não são uma punição, mas apelos de um Deus amoroso para nos despertar. O Senhor não está irritado com você: está irritado *por você* e fará o que for necessário para trazê-lo de volta à comunhão com ele. Há, porém, um meio mais fácil de reacender a paixão por Deus: comece a pedir que ele lhe dê essa paixão e continue pedindo até que a receba. Repita esta oração ao longo do dia: "Querido Jesus, mais que qualquer outra coisa, quero conhecer-te intimamente". Deus disse aos cativos na Babilônia: "'Quando vocês me buscarem, me encontrarão. Sim, quando me buscarem de todo o coração e em primeiro lugar, dou a vocês a certeza de que não vão se decepcionar'".[22]

### Seu relacionamento mais importante

Não há nada — absolutamente nada — mais importante que fazer amizade com Deus. Esse é um relacionamento que durará para sempre. Paulo disse a Timóteo: "Algumas destas pessoas perderam a coisa mais importante da vida — elas não conhecem a Deus".[23] Você perdeu a coisa mais importante da vida? Pois pode fazer algo a respeito agora mesmo! Lembre-se: a escolha é sua. Você está tão perto de Deus quanto escolhe estar.

## Dia 12 — Pensando sobre meu propósito de vida

**Tema para reflexão:**
Estou tão perto de Deus quanto escolho estar.

**Versículo para memorizar:**
"Aproximem-se de Deus, e ele se aproximará de vocês!"
(Tiago 4.8a, *NVI*)

**Pergunta para meditar:**
Que escolhas práticas farei hoje para me aproximar mais de Deus?

Dia

13

# A ADORAÇÃO QUE AGRADA A DEUS

*"'Ame o Senhor, o seu Deus, de todo o seu coração, de toda a sua alma, de todo o seu entendimento e de todas as suas forças.'"*

MARCOS 12.30, *NVI*

**DEUS QUER VOCÊ POR INTEIRO.**

O Senhor não quer apenas uma parte de sua vida. Ele pede *todo* o seu coração, *toda* a sua alma, *todo* o seu entendimento e *toda* a sua força. Deus não está interessado em um comprometimento tímido, em uma obediência parcial ou nas sobras de seu tempo e de seu dinheiro. Ele deseja sua total devoção; não migalhas de sua vida.

Certa vez, uma samaritana tentou argumentar com Jesus sobre o melhor momento, lugar e forma de adorar. Jesus respondeu que essas questões externas não tinham importância. Onde você adora não é tão importante quanto *por que* você adora e *quanto* de você mesmo se oferece a Deus quando adora. Existe a forma certa e a forma errada de adorar. A Bíblia diz: "Sejamos agradecidos e adoremos a Deus de um modo que o agrade".[1] O tipo de adoração que agrada ao Senhor apresenta quatro características:

**Deus se agrada quando nossa adoração é conforme a verdade.** As pessoas frequentemente dizem: "Gosto de pensar em Deus como...", e então descrevem o tipo de Deus que gostariam de adorar. Mas não podemos simplesmente criar uma imagem pessoal de Deus, confortável e politicamente correta, e então adorá-la. Isso é idolatria.

A adoração deve ser fundamentada na verdade das Escrituras; não em nossas opiniões a respeito de Deus. Jesus disse à samaritana: "'[...] os verdadeiros adoradores adorarão o Pai em espírito e em verdade. São estes os adoradores que o Pai procura'".[2] Adorar "em verdade" significa adorar a Deus tal como ele é verdadeiramente revelado na Bíblia.

**Deus se agrada quando nossa adoração é sincera.** Quando Jesus diz que devemos adorar "em espírito", ele não está se referindo ao Espírito Santo, mas ao *nosso* espírito. Feito à imagem de Deus, somos um espírito que habita um corpo, e Deus concebeu esse espírito para que se comunicasse com ele. Adoração nada mais é que seu espírito reagindo ao Espírito de Deus.

Quando Jesus diz: "'Ame o Senhor, o seu Deus, de todo o seu coração, de toda a sua alma [...]'", está querendo dizer que a adoração deve ser genuína e sincera. Não se trata de apenas usar as palavras corretas: você deve realmente querer dizer o que diz. O louvor sem sentimentos não é louvor, em absoluto! Não passa de um insulto a Deus.

**A adoração agradável a Deus é profundamente emocional e profundamente doutrinária: nela, usamos o coração e a mente.**

Quando adoramos a Deus, ele olha para além de nossas palavras, a fim de ver a atitude de nosso coração. A Bíblia diz: "'O homem vê a aparência, mas o Senhor vê o coração'".[3]

Uma vez que adoração implica regozijar-se em Deus, é necessário que suas emoções estejam envolvidas. O Senhor lhe deu emoções para que você possa adorá-lo com intensidade, mas elas devem ser genuínas, não fingidas. Deus odeia a hipocrisia. Ele não quer exibicionismo, fingimento ou falsidade na adoração. Ele deseja amor sincero e verdadeiro. Podemos adorar a Deus de modo imperfeito, mas não podemos adorá-lo *sem sinceridade*.

Logicamente, só a sinceridade não é suficiente, pois você pode estar sinceramente errado. É por isso que tanto o espírito quanto a verdade são necessários. A adoração deve ser conforme a verdade e genuína. A adoração agradável a Deus é profundamente emocional e profundamente doutrinária: nela, usamos o coração e a mente.

Hoje em dia, muitas pessoas acham que ser comovido por uma música é o mesmo que ser tocado pelo Espírito Santo, mas são coisas diferentes. A verdadeira adoração acontece quando seu espírito responde a Deus, não a uma melodia. Na verdade, algumas canções introspectivas e sentimentais *impedem* a adoração, pois retiram a evidência de Deus e a transferem para nossos sentimentos. Sua maior distração na adoração é você mesmo:

seus interesses e suas preocupações com o que os outros pensam a seu respeito.

Os cristãos discordam com frequência da forma mais apropriada ou genuína de louvar a Deus, mas essas discussões normalmente refletem apenas diferenças de formação e de personalidade. Muitas formas de louvor são mencionadas na Bíblia; entre elas, confessar, cantar, colocar-se de pé, ajoelhar-se, dançar, manifestar alegria, testificar, tocar instrumentos musicais e erguer as mãos.[4] O melhor estilo de adoração é aquele que mais genuinamente representa seu amor por Deus, com base na formação e na personalidade que ele lhe deu.

Meu amigo Gary Thomas observou que muitos cristãos parecem emperrados em uma adoração rotineira — uma rotina insatisfatória —, em vez de viver uma empolgante amizade com Deus. Isso ocorre porque se obrigam a utilizar métodos devocionais ou estilos de adoração que não se ajustam à maneira especialmente concedida por Deus a cada um.

Gary raciocinou: "Se Deus propositadamente nos fez todos diferentes, por que deveríamos todos amar a Deus da mesma forma?". Lendo obras cristãs clássicas e entrevistando cristãos maduros, Gary descobriu que os cristãos têm utilizado caminhos variados há dois mil anos para desfrutar intimidade com Deus: ao ar livre, estudando, cantando, lendo, dançando, criando obras de arte, servindo outras pessoas, sendo solidários, desfrutando da comunhão e participando de dezenas de outras atividades.

Em seu livro *Sacred Pathways* [Caminhos sagrados], Gary identifica nove maneiras pelas quais as pessoas se aproximam de Deus: os *naturalistas* são mais motivados a amar a Deus ao ar livre, em ambientes naturais. Os *sensitivos* amam a Deus com os sentidos e apreciam belos cultos de adoração que envolvem a visão, o paladar, o aroma e o toque, não apenas a audição. Os *tradicionalistas* aproximam-se de Deus por meio de rituais, liturgias, símbolos e estruturas rígidas. Os *ascetas* preferem amar a Deus na solidão e com simplicidade. Os *ativistas* amam a Deus pelo confronto com o mal, combatendo a injustiça e trabalhando para tornar o mundo um lugar melhor. Os *misericordiosos* amam a Deus demonstrando seu amor a outros e suprindo as necessidades deles. Os *entusiastas* amam a Deus com celebrações. Os *contemplativos* amam a Deus por meio da adoração. Os *intelectuais* amam a Deus ao estudá-lo, isto é, fazendo uso da mente.[5]

Não há um "modelo único" de aproximação para adorar e desenvolver amizade com Deus. Uma coisa é certa: você não glorifica a Deus tentando ser alguém que ele nunca quis que você fosse. Deus quer que você seja você mesmo. "'Este é o tipo de gente que o Pai está procurando: aquele que é simples e honesto na presença dele, em seu culto'".[6]

**O melhor estilo de adoração é aquele que mais genuinamente representa seu amor por Deus.**

**Deus se agrada quando nossa adoração é meditativa.** A ordem de Jesus: "'Ame o Senhor [...] de todo o seu entendimento'" é repetida quatro vezes no Novo Testamento. Deus não se agrada de cantorias indiferentes, preces superficiais com frases feitas ou exclamações corriqueiras como "Louvado seja o Senhor", pois indicam que não conseguimos pensar em nada melhor para dizer no momento. Se a adoração for superficial, não terá valor algum. Você deve envolver sua mente.

Jesus chamou de "vãs repetições" as orações indiferentes.[7] Até mesmo expressões bíblicas podem se tornar expressões banalizadas pelo uso exagerado, quando então deixamos de pensar no significado. É bem mais fácil utilizar chavões ao adorar que fazer um esforço para honrar a Deus com palavras originais. É por isso que o encorajo a ler diferentes traduções e paráfrases da Bíblia. Isso ampliará suas expressões de adoração.

Tente louvar a Deus sem utilizar as palavras "louvor", "aleluia", "obrigado" ou "amém". Em vez de dizer: "Eu só quero louvá-lo", faça uma lista de sinônimos e use palavras novas como "admirar", "respeitar", "valorizar", "reverenciar", "honrar" e "apreciar".

Além disso, *seja específico*. Se alguém falasse com você e repetisse dez vezes "Eu te louvo!", você provavelmente pensaria: "Por que motivo?". Você preferiria ouvir dois elogios específicos a dezenas de generalidades imprecisas. Deus também.

Outra ideia é fazer uma lista dos diferentes nomes de Deus e concentrar-se neles. Os nomes de Deus não são casuais: eles revelam diferentes aspectos de seu caráter. No Antigo Testamento, Deus se revela progressivamente a Israel, atribuindo novos nomes a si mesmo; além disso, ele nos orienta a louvar seu nome.[8]

Deus também quer que nossas reuniões com a comunidade cristã sejam ponderadas. Paulo dedica a isso todo o capítulo 14 de 1 Coríntios e finaliza: "Mas tudo deve ser feito com decência e ordem".[9]

A esse respeito, Deus insiste em que nossos cultos sejam compreensíveis aos não cristãos quando estes estiverem presentes em nossas reuniões de adoração. Paulo observa:

> Se você estiver louvando a Deus em espírito, como poderá aquele que está entre os não instruídos dizer o "Amém" à sua ação de graças, visto que não sabe o que você está dizendo? Pode ser que você esteja dando graças muito bem, mas o outro não é edificado.[10]

Ser cuidadoso ao tratar com os não cristãos que visitam o culto é uma ordem bíblica. Desprezar essa ordem é tanto um ato de desobediência quanto de crueldade.[11]

**Deus se agrada quando nossa adoração é prática.** A Bíblia diz: "Apelo que vocês deem seus corpos a Deus. Que eles sejam um sacrifício vivo, santo — o tipo de sacrifício que Ele pode aceitar".[12] Por que o corpo? Por que o Senhor não diz: "Apresentem o seu espírito"? Porque sem o corpo você não pode fazer nada neste planeta. Na eternidade, você irá receber um corpo novo, aperfeiçoado e aprimorado, mas, enquanto estiver neste mundo, Deus diz: "Dê-me o que você tem!". Ele está apenas sendo prático a respeito da adoração.

Você já ouviu pessoas dizerem: "Não poderei participar da reunião desta noite, mas estarei com vocês em *espírito*". Você sabe o que isso significa? Nada. É inútil! Enquanto você estiver neste mundo, seu espírito só poderá estar onde seu corpo estiver. Se seu corpo não está lá, você também não está.

Na adoração, devemos "oferecer nosso corpo como sacrifício *vivo*". Normalmente, associamos o "sacrifício" com algo morto, mas Deus quer que você seja um sacrifício vivo. Que você *viva* por ele! Entretanto, o problema com o sacrifício vivo é a possibilidade de ele fugir sorrateiramente do altar, o que muitas vezes acontece. Cantamos "Ó cristãos, avante!" no domingo, e na segunda batemos em retirada e voltamos ao nosso velho modo de vida.

No Antigo Testamento, Deus se agradou de diversos sacrifícios de adoração, pois profetizavam o sacrifício de seu Filho por nós na cruz. Hoje Deus também se agrada de sacrifícios de adoração diferentes: ação de graças, louvor, humildade, arrependimento, oferta em dinheiro, oração, serviço aos outros e ajuda aos necessitados.[13]

A verdadeira adoração implica um custo. Davi sabia disso e afirmou: "Eu não vou oferecer ao Senhor, meu Deus, sacrifícios que não me custaram nada".[14]

Um dos custos que a adoração tem para nós é o egocentrismo. Não se pode louvar a Deus e a si mesmo ao mesmo tempo. Você não adora para ser visto pelos outros ou para agradar a você mesmo. Ao adorar, você deliberadamente muda o foco da atenção para Deus.

Quando Jesus diz: "'Ame o Senhor [...] de todas as suas forças'", ele chama atenção para o fato de que adorar exige esforço e energia. Nem sempre é conveniente ou confortável, e às vezes a adoração é mero ato de força de vontade — um sacrifício voluntário. Adoração passiva é um paradoxo.

Quando você louva o nome de Deus, mesmo sem vontade; quando sai de sua cama para adorá-lo, cansado; quando ajuda outros que estão esgotados, você está oferecendo um sacrifício de adoração a Deus. Isso é agradável a ele.

Matt Redman, líder de adoração na Inglaterra, conta como seu pastor ensinou à igreja o verdadeiro significado da adoração. Para mostrar que a adoração é mais que música, ele proibiu todos os cânticos por um período de tempo, até que eles aprendessem a adorar de outras maneiras. Ao fim daquele período, Matt escreveu a clássica canção *Heart of Worship* [Essência da adoração]:

> Trarei a ti mais do que uma canção
> Pois uma canção em si mesma
> Não é o que pedes de mim.
> Tu buscas por algo além das aparências;
> Tu sondas o meu coração.[15]

A essência da questão é uma questão do coração.

## Dia 13 Pensando sobre meu propósito de vida

**Tema para reflexão:**
Deus me quer *por inteiro.*

**Versículo para memorizar:**
"'Amá-lo de todo o coração, de todo o entendimento e de todas as forças, e amar ao próximo como a si mesmo é mais importante do que todos os sacrifícios e ofertas'". (Marcos 12.33, *NVI*)

**Pergunta para meditar:**
O que agrada mais a Deus neste momento: minha adoração pública ou minha adoração em particular? O que farei a esse respeito?

Dia 14

# QUANDO DEUS PARECE DISTANTE

*Ele se escondeu do seu povo, mas eu confio nele e nele ponho a minha esperança.*

ISAÍAS 8.17, *NTLH*

**DEUS É REAL, NÃO IMPORTA COMO VOCÊ SE SINTA.**

É fácil adorar a Deus quando as coisas vão bem: quando ele provê comida, amigos, família, saúde e situações felizes. Mas os acasos nem sempre são agradáveis. Quando isso acontece, como você adora a Deus? O que você faz quando o Senhor parece estar a milhões de quilômetros?

A mais profunda adoração é louvar a Deus apesar da dor, dar graças durante a provação, manter a confiança nele em meio à tentação, render-se a ele durante o sofrimento e amá-lo quando ele parece distante.

Em geral, as amizades são testadas pela separação ou pelo silêncio: ou você é separado pela distância física ou está impossibilitado de se comunicar. Na sua amizade com Deus, nem sempre você se *sentirá* próximo dele. Philip Yancey observa sabiamente: "Todo relacionamento passa por períodos de proximidade e distanciamento, e, no relacionamento com Deus, por mais íntimo que seja, o pêndulo vai oscilar de um lado para o outro".[1]

É aí que a adoração fica difícil.

Para amadurecer sua amizade, Deus irá testá-la com períodos de *aparente* separação — momentos em que se tem o sentimento de que fomos abandonados ou esquecidos por Deus. Tem-se ainda a impressão de que Deus está a quilômetros de distância. João da Cruz referia-se a esses dias de deserto espiritual, dúvida e distanciamento de Deus como "a noite escura da alma". Henri Nouwen chamava-os "o ministério da ausência". Por sua vez, A. W. Tozer denominava-os "o ministério da noite". Outros o mencionam como "o inverno do coração".

Com exceção de Jesus, Davi foi provavelmente quem manteve uma amizade mais íntima com Deus. O Senhor teve prazer em chamá-lo "homem segundo o meu coração".[2] Apesar disso, Davi frequentemente reclamava da aparente ausência de Deus: "Ó Eterno, estás me evitando? Onde estás quando preciso de ti?";[3] "Por que te esqueceste de mim? Por que estás tão distante? Por que ignoras meus pedidos de socorro?";[4] "Por que me abandonaste?".[5]

**Deus reconhece que algumas vezes esconde a face de nós.**

É óbvio que Deus não abandonara realmente Davi, assim como não abandona você. Ele prometeu várias vezes jamais nos abandonar ou rejeitar.[6] Mas Deus *não* prometeu: "Você sempre *sentirá* minha presença". Aliás, Deus reconhece que algumas vezes esconde a face de nós.[7] Há momentos em que ele parece ter desaparecido de nossa vida em pleno combate!

Floyd McClung descreve o que acontece:

> Certo dia, você acorda e percebe que todas as suas sensações de comunhão espiritual se foram. Você ora, mas nada acontece. Repreende o Diabo, mas isso não muda nada. Faz exercícios espirituais [...], seus amigos oram por você [...], você confessa todo pecado que consegue imaginar e então sai por aí pedindo perdão a todos que conhece. Jejua [...] e nada ainda. Então começa a se perguntar quanto tempo essa escuridão espiritual irá durar. Dias? Semanas? Meses? Será que ela vai acabar? [...] Você tem a impressão de que suas orações simplesmente batem no teto e voltam. Em absoluto desespero, você grita: "Qual é o meu problema?".[8]

A verdade é que não há nada de errado com você! Trata-se de uma parte da provação e do amadurecimento de sua amizade com Deus. *Todo* cristão passa por isso pelo menos uma vez, geralmente várias vezes. É doloroso e perturbador, mas absolutamente vital para o desenvolvimento de sua fé. Ter consciência disso deu esperança a Jó num momento em que não podia sentir a presença de Deus em sua vida. Ele declarou:

> Vou para o Oriente, mas lá ele não está. Vou para o Ocidente e não consigo encontrá-lo. Não o vejo no Norte, pois se esconde. Volto-me para o Sul, mas não consigo achá-lo! Contudo ele conhece o caminho por onde ando e, quando me puser à prova, como o ouro a passar pelo fogo, ele me declarará inocente.[9]

**Não há nada de errado com você! Trata-se de uma parte da provação e do amadurecimento de sua amizade com Deus.**

Quando Deus parece distante, você pode pensar que ele está zangado ou o está punindo por algum pecado. De fato, o pecado *realmente* prejudica nossa amizade com Deus. Entristecemos o Espírito Santo e sufocamos nosso relacionamento com ele quando desobedecemos a Deus, entramos em conflito com alguém, excedemo-nos no número de atividades, criamos vínculos de amizade com o mundo, e assim por diante.[10]

Contudo, frequentemente esse sentimento de abandono e afastamento de Deus não tem nenhuma relação com o pecado. É um teste de fé que todos devemos enfrentar. Será que você continuará a amar, obedecer e adorar a Deus, e a confiar nele, mesmo quando não sente sua presença nem há evidência visível da ação divina em sua vida?

Nos dias de hoje, o erro mais comum que os cristãos cometem ao adorar é buscar uma *experiência*, em vez de buscar Deus. Eles buscam sensações e, se elas ocorrem, concluem que foram bem-sucedidos na adoração. Errado! Na realidade, Deus em geral afasta nossas sensações, para não dependermos delas. Buscar uma sensação — mesmo a sensação de proximidade com Cristo — não é adoração.

Quando você é um novo cristão, Deus permite que você sinta muitas emoções que confirmam sua fé e frequentemente responde às orações mais imaturas e egoístas — tudo para que você saiba que ele existe. Mas, à medida que você cresce na fé, ele irá emancipá-lo dessas emoções.

A onipresença de Deus e a manifestação de sua presença são coisas diferentes. Uma é um fato; a outra é frequentemente uma sensação. Deus está sempre presente, mesmo que você não perceba sua presença. E a presença divina é profunda demais para ser medida por uma simples emoção.

Sim, Deus quer que você sinta a presença dele, mas está mais interessado em que você *confie* nele, não tanto que o *sinta*. Fé — não sentimentos — é o que agrada a Deus.

**Nos dias de hoje, o erro mais comum que os cristãos cometem ao adorar é buscar uma *experiência*, em vez de buscar Deus.**

As situações que mais põem nossa fé à prova são aquelas em que a vida nos desaponta e não conseguimos encontrar Deus. Isso aconteceu com Jó. Em um único dia, ele perdeu *tudo*: família, negócios, saúde e todos os seus bens. E, o que é pior, ao longo de 37 capítulos do livro, Deus não diz absolutamente nada!

Como louvar a Deus quando você não compreende o que está acontecendo em sua vida e Deus se mantém em silêncio? Como permanecer em comunhão em meio a uma crise, se não há nenhum contato? Como manter os olhos em Jesus quando eles estão cheios de lágrimas? Faça o que Jó fez: "Então prostrou-se com o rosto em terra, em adoração, e disse: 'Saí nu do ventre da minha mãe, e nu partirei. O Senhor o deu, o Senhor o levou; louvado seja o nome do Senhor'".[11]

**Diga a Deus exatamente como você se sente**. Derrame seu coração perante ele. Descarregue todos os seus sentimentos. Jó fez isso: "Não posso ficar calado. Estou aflito, tenho de falar, preciso me queixar, pois o meu coração está cheio de amargura".[12] Quando Deus lhe pareceu distante, ele clamou: "'Como tenho saudade dos dias do meu vigor, quando a amizade de Deus abençoava a minha casa'".[13] Deus pode lidar com suas incertezas, sua raiva, seu sofrimento, sua confusão e suas indagações.

Você sabia que admitir seu desespero para Deus pode ser uma declaração de fé? Confiando em Deus e sentindo desespero ao mesmo tempo, Davi escreveu: "Cri, por isso falei: 'Estou completamente arruinado'".[14] Parece uma contradição confiar em Deus e sentir-se destruído! A franqueza de Davi, na verdade, revela uma fé profunda. Em primeiro lugar, ele acreditava em Deus. Em segundo lugar, ele acreditava que o Senhor ouviria sua oração. Em terceiro lugar, ele acreditava que Deus lhe permitia expor todos os sentimentos e ainda assim o amaria.

**Concentre-se no Deus imutável.** Independentemente das circunstâncias e de como você esteja se sentindo, apegue-se ao caráter imutável de Deus. Lembre-se daquilo que é eternamente verdadeiro a respeito dele: "Deus é bom, ele me ama, está comigo, sabe pelo que estou passando, preocupa-se comigo e tem um bom plano para minha vida". Assim disse V. Raymond Edman: "Nunca duvide na escuridão do que Deus lhe disse na luz".

Quando a vida de Jó veio abaixo, sob o silêncio de Deus, o patriarca ainda achou os seguintes motivos para louvá-lo:

- Ele é bom e amoroso;[15]
- Ele é todo-poderoso;[16]
- Ele repara em cada detalhe da minha vida;[17]
- Ele está no controle;[18]
- Ele tem um plano para minha vida;[19]
- Ele vai me salvar.[20]

**Confie que Deus cumprirá o que prometeu.** Em tempos de deserto espiritual, você deve confiar pacientemente nas promessas de Deus, não em suas próprias emoções. Procure entender que ele o está levando a um nível mais profundo de maturidade. A amizade baseada em emoções é frívola.

Então, não fique preocupado com os problemas. As circunstâncias não podem mudar o caráter de Deus. A graça do Senhor ainda é abundante. Ele ainda *cuida* de você, mesmo quando você não pode senti-lo. Na ausência de circunstâncias, Jó se apegou à Palavra de Deus. Ele disse: "'Não me afastei dos mandamentos dos seus lábios; dei mais valor às palavras de sua boca do que ao meu pão de cada dia'".[21]

**Você sabia que admitir seu desespero para Deus pode ser uma declaração de fé?**

Essa confiança na Palavra de Deus fez com que Jó permanecesse fiel, ainda que nada fizesse sentido. Sua fé se manteve forte em meio à dor: "Deus pode até me matar, mas ainda assim confiarei nele".[22]

Quando você se sente abandonado por Deus e ainda assim mantém a confiança nele, significa que você o está adorando da maneira mais profunda, apesar de ter sentimentos conturbados.

**Quando você se sente abandonado por Deus e ainda assim mantém a confiança nele, significa que você o está adorando da maneira mais profunda.**

**Lembre-se do que Deus já fez por você.** Se Deus nunca tivesse feito nada por você, ele ainda mereceria seu louvor ininterrupto por toda a vida, por causa do que Cristo fez por você na cruz. *O Filho de Deus morreu por você!* Esse é o maior de todos os motivos para adorar a Deus.

Infelizmente, esquecemo-nos dos detalhes cruéis do torturante sacrifício que Deus fez a nosso favor. A familiaridade gera complacência. Mesmo antes da crucificação, o Filho de Deus foi desnudado, espancado até ficar quase irreconhecível, açoitado, ridicularizado e escarnecido, coroado com espinhos e cuspido de forma humilhante. Ultrajado e ridicularizado por homens cruéis, ele foi mais mal tratado que um animal.

Então, quase inconsciente pela perda de sangue, foi forçado a arrastar uma cruz colina acima, pregado nela e deixado para morrer em lenta e excruciante agonia. Enquanto seu sangue escorria, escarnecedores a seu redor gritavam-lhe insultos, rindo-se da afirmação de que era Deus.

Em seguida, pelo fato de Jesus ter assumido a culpa pelos pecados de toda a humanidade, Deus desviou os olhos daquela horrível visão, e Jesus gritou em total desespero: "'Meu Deus! Meu Deus! Por que me abandonaste?'". Jesus poderia ter se salvado — mas assim não poderia salvar você.

Palavras não podem descrever as trevas daquele momento. Por que Deus permitiu e suportou tão medonho ato de crueldade? Por quê? Para que *você* fosse poupado da eternidade no inferno e pudesse compartilhar a glória divina para sempre! A Bíblia diz: "Em Cristo não havia pecado. Mas Deus colocou sobre Cristo a culpa dos nossos pecados para que nós, em união com ele, vivamos de acordo com a vontade de Deus".[23]

Jesus desistiu de todas as coisas para que você pudesse ter todas as coisas. Ele morreu para que você pudesse viver para sempre. *Somente isso* já é o suficiente para o nosso agradecimento e louvor contínuos e justifica nunca mais perguntar por que motivo devemos ser gratos.

## Pensando sobre meu propósito de vida

Dia 14

**Tema para reflexão:**
Deus é real, a despeito de como você se sente.

**Versículo para memorizar:**
"[...] Deus mesmo disse: 'Nunca o deixarei, nunca o abandonarei'". (Hebreus 13.5)

**Pergunta para meditar:**
Como faço para me concentrar na presença de Deus, especialmente quando ele parece distante?

GUIA DE ESTUDOS

# Você foi planejado para agradar a Deus

**PONTOS-CHAVE.** Quando lemos textos bíblicos sobre a criação que Deus realizou, vemos harmonia, significado, equilíbrio e coerência. Podemos simplificar isso dizendo que a criação tem um propósito. Como somos criaturas de Deus antes de sermos adotados em sua família pela fé, temos que ter consciência de que nossa própria vida tem um propósito claro e objetivo estabelecido por Deus.

**APLICAÇÃO.** O propósito claro e objetivo para nossa criação, isto é, a criação do ser humano, é agradar a Deus, cumprindo sua vontade. O próprio Jesus disse isso quando esteve entre nós na condição humana. "Pois desci do céu, não para fazer a minha vontade, mas para fazer a vontade daquele que me enviou". Nisso também devemos seguir os passos de Jesus.

**PERGUNTAS**

1. O que você entende ser a vontade de Deus para as pessoas que têm fé?
2. Lendo o capítulo 12 de Romanos, o que você pode aprender sobre a vontade de Deus? Descreva com suas palavras a que isso pode corresponder em sua vida e experiência pessoal.
3. Falando objetivamente sobre sua vida pessoal, o que imagina ser a vontade de Deus para você?
4. Como acredita que Deus pode realizar esta vontade em sua vida e em quanto tempo?
5. No que cabe a você e sua responsabilidade dentro do plano de Deus para sua vida, o que é preciso que você faça para que a vontade de Deus em sua vida seja realizada sem atrasos ou frustrações, como aconteceu na vida de Jonas?
6. A Bíblia tem diversos e diferentes modelos e exemplos de como Deus se empenhou para levar as pessoas a cumprirem sua boa, perfeita e agradável vontade. Identifique uma ou mais pessoas na Bíblia cuja vocação e vida refletem sua percepção daquilo que Deus quer levar você a ser e a fazer e descreva com suas palavras o que viu nessas pessoas que apresenta alguma relação com sua maneira de vê-la como referencial para sua vida cristã.
7. Em seu planejamento pessoal, quais serão os próximos passos que dará para que a vontade de Deus se realize plenamente em sua vida? Escreva isso e coloque em um local visível.

# PROPÓSITO 2

# Você foi formado para fazer parte da família de Deus

*"Eu sou a videira; vocês são os ramos."*

JOÃO 15.5A, *NVI*

*Cristo nos fez um corpo* [...]
*conectado com os outros.*

ROMANOS 12.5, *GWT*

Dia 15

# FORMADO PARA FAZER PARTE DA FAMÍLIA DE DEUS

*Foi Deus que fez todas as coisas, e todas as coisas são para a sua glória. Ele quis que muitos filhos compartilhassem sua glória.*

HEBREUS 2.10A, *NCV*

*Vejam com que grande amor o Pai celeste nos ama, pois ele consente em que sejamos chamados seus filhos, e verdadeiramente somos!*

1 JOÃO 3.1, *NLT*

**VOCÊ FOI FORMADO PARA FAZER PARTE DA FAMÍLIA DE DEUS.**

Deus quer uma família e criou você para fazer parte dela. Esse é o segundo propósito de Deus para sua vida, o qual foi planejado antes que você nascesse. Toda a Bíblia revela a história de Deus formando uma família que irá amá-lo, honrá-lo e reinar com ele para sempre. Ela diz: "Seu plano imutável sempre foi adotar-nos em sua família, conduzindo-nos a si mesmo por meio de Jesus Cristo. E isso lhe trouxe grande satisfação".[1]

Deus é amor, por isso ele dá imenso valor aos relacionamentos. A própria natureza de Deus é relacional, pois ele identifica a si mesmo em termos familiares: Pai, Filho, Espírito Santo. A Trindade é um relacionamento de Deus consigo mesmo. É o padrão perfeito para uma relação harmoniosa, e devemos estudar suas implicações.

Deus sempre existiu vivenciando um relacionamento amoroso consigo mesmo. Logo, ele nunca esteve só. Ele não *precisava* de uma família, mas desejou uma. Então concebeu um plano que consistia em nos criar, adotar-nos em sua família e dividir conosco tudo que possui. Isso dá a Deus um grande prazer. A Bíblia diz: "E foi pela sua própria vontade que ele nos deu a vida nova, por meio da verdade da sua Palavra, e nos tornamos os primeiros frutos de tudo que ele criou".[2]

Quando depositamos nossa fé em Cristo, Deus torna-se nosso Pai, nós nos tornamos seus filhos, os outros cristãos tornam-se nossos irmãos e irmãs, e a igreja torna-se nossa família espiritual. A família de Deus inclui todos os fiéis do passado, do presente e do futuro.

Cada ser humano foi *criado* por Deus, mas nem todos são *filhos* dele. A única forma de ingressar na família do Senhor é nascendo novamente, dentro dela. Você se torna parte da família humana em seu primeiro nascimento e torna-se membro da família de Deus pelo segundo nascimento. Ele "nos deu o privilégio de nascer de novo, de maneira que agora nós já somos membros da própria família de Deus".[3]

O convite para fazermos parte da família de Deus é universal,[4] mas há uma condição: a fé em Jesus. A Bíblia diz: "Todos vocês são filhos de Deus mediante a fé em Cristo Jesus".[5]

**A família espiritual é mais importante que a biológica, porque durará para sempre.**

A família espiritual é mais importante que a biológica, porque durará para sempre. Nossa família terrena é uma dádiva maravilhosa de Deus, mas é temporária e frágil — sujeita ao rompimento pelo divórcio, pela distância, pela velhice e inevitavelmente pela morte. Já a família espiritual — nosso relacionamento com os outros fiéis — irá perdurar por toda a eternidade. É um laço permanente e uma união muito mais forte que o parentesco de sangue. Sempre que Paulo parava para pensar no propósito eterno de Deus para todos nós, irrompia em louvores: "Quando eu penso na sabedoria e na extensão do seu plano, eu caio de joelhos e rogo ao Pai de toda a grande família de Deus — alguns deles lá em cima no céu e outros aqui embaixo na terra".[6]

## Os benefícios de fazer parte da família de Deus

No momento em que você nasceu espiritualmente na família de Deus, recebeu alguns presentes espantosos: o nome da família, a aparência da família, os privilégios da família, o acesso à intimidade da família e a herança da família![7] A Bíblia diz: "Por ser seu filho, tudo que ele [Deus] possui também pertence a você".[8]

O Novo Testamento dá grande ênfase à nossa valiosa "herança": "O meu Deus suprirá todas as necessidades de vocês, de acordo com as suas gloriosas riquezas em Cristo Jesus".[9] Como filhos de Deus, temos parte na fortuna da família. Aqui recebemos bondade, paciência, glória, sabedoria, graça, misericórdia e poder,[10] mas na eternidade herdaremos ainda mais.

Paulo disse: "Quero que vocês percebam quanto é rica e gloriosa a herança que ele [Deus] tem dado ao seu povo".[11] O que exatamente abrange essa herança? Primeiro, seremos levados deste mundo a fim de estar com Deus para sempre.[12] Segundo, seremos completamente transformados para nos tornar como Cristo.[13] Terceiro, seremos livres de toda dor, todo sofrimento e toda morte.[14] Quarto, seremos recompensados e reassumiremos posições de trabalho[15]. Quinto, participaremos da glória de Cristo [16] Que herança! Você é muito mais rico do que imagina.

A Bíblia diz: "Deus reservou uma herança inestimável para seus filhos. Ela está guardada no céu para vocês, pura e incorruptível, isenta de oscilações e da decadência". [17] Isso significa que sua herança eterna é inestimável, pura, perpétua e protegida. Ninguém pode tirá-la de você. Ela não pode ser destruída pela guerra, por uma economia deficiente nem por algum desastre natural. É por essa herança eterna, não pela aposentadoria, que você deve ansiar e se esforçar. Paulo diz: "Tudo o que fizerem, façam de todo o coração, como para o Senhor, e não para os homens, sabendo que receberão do Senhor a recompensa da herança".[18] Aposentar-se é uma meta sem grandes perspectivas. Você deveria estar vivendo à luz da eternidade.

## Batismo: identificando-se com a família de Deus

A família saudável tem orgulho de si mesma, e seus membros não se envergonham de serem reconhecidos como parte dela. Infelizmente, conheci muitos cristãos que, ao contrário do que Jesus ordenou, jamais se identificaram publicamente com sua família espiritual, ou seja, não foram batizados.

O batismo não é um ritual facultativo, que possa ser postergado. Significa sua inclusão na família de Deus e anuncia publicamente ao mundo: "Eu não tenho vergonha de ser parte da família de Deus". Você já foi batizado? Jesus ordenou que esse belo ato fosse realizado por toda a família. Ele nos disse: "'Portanto, vão e façam discípulos de todas as nações, batizando-os em nome do Pai e do Filho e do Espírito Santo'".[19]

Durante anos, esforcei-me para entender por que a Grande Comissão de Jesus deu ao batismo a mesma importância das grandes missões de evangelismo e edificação. Por que o batismo é tão importante? Então percebi que é por simbolizar o segundo propósito de Deus para nossa vida: a participação na família eterna de Deus.

O batismo é pleno de significado. Ele declara sua fé, comunica a morte e a ressurreição de Cristo, simboliza a morte para a antiga vida e anuncia sua nova vida em Cristo, além de celebrar sua inclusão na família de Deus.

**Ser incluído na família de Deus é a maior honra e o maior privilégio que se pode receber.**

O batismo é a representação física de uma verdade espiritual. Representa o que aconteceu no instante em que Deus o trouxe para sua família: "Alguns de nós são judeus, alguns são gentios, alguns são escravos e alguns são livres. Mas todos fomos batizados no corpo de Cristo pelo Espírito, e todos recebemos o mesmo Espírito".[20]

O batismo não o *torna* membro da família de Deus: somente a fé em Cristo faz isso. O batismo *demonstra* que você já faz parte da família de Deus, assim como a aliança de casamento é um lembrete visível de um compromisso íntimo, firmado no coração. É um ato de *iniciação*; não algo que você deva protelar até estar espiritualmente maduro. A única condição bíblica é crer.[21]

No Novo Testamento, as pessoas eram batizadas assim que criam. No Pentecoste, 3 mil pessoas foram batizadas no *mesmo dia* em que aceitaram Cristo. Em outro momento, um líder etíope foi batizado no *mesmo instante* em que se converteu. Paulo e Silas batizaram um carcereiro filipense e sua família *à meia-noite*. Não há nenhum caso de batismo adiado no Novo Testamento. Se você ainda não foi batizado como expressão de sua fé em Cristo, faça isso o mais rápido possível, como Jesus ordenou.

## O maior privilégio da vida

A Bíblia diz: "Jesus e as pessoas que ele santificou pertencem todos à mesma família. Por isso, ele não se envergonha de chamá-los irmãos e irmãs".[22] Deixe essa verdade maravilhosa entrar no seu coração. Você faz parte da família de Deus, e, pelo fato de

Jesus tê-lo feito santo, Deus tem orgulho de você! As palavras de Jesus são inequívocas: "E, estendendo a mão para os discípulos, disse [Jesus]: 'Aqui estão minha mãe e meus irmãos! Pois quem faz a vontade de meu Pai que está nos céus, este é meu irmão, minha irmã e minha mãe'".[23] Ser incluído na família de Deus é a maior honra e o maior privilégio que se pode receber. Não há nada que se compare. Sempre que você se sentir insignificante, desprezado ou inseguro, lembre-se daquele a quem você pertence.

## Dia 15 — Pensando sobre meu propósito de vida

**Tema para reflexão:**
Fui formado para pertencer à família de Deus.

**Versículo para memorizar:**
"Seu plano imutável sempre foi adotar-nos em sua família, conduzindo-nos a si mesmo por meio de Jesus Cristo".
(Efésios 1.5a, *NLT*)

**Pergunta para meditar:**
Como começar a tratar os outros cristãos como membros da minha família?

Dia 16

# O QUE REALMENTE IMPORTA

*Assim, não importa o que eu diga, no que eu creia ou o que eu faça: sem amor, estou falido.*

1 CORÍNTIOS 13.3B, *AM*

*Amor significa viver da maneira que Deus nos mandou viver. Como vocês ouviram desde o início, o mandamento dele é este: Viva uma vida de amor.*

2 JOÃO 1.6, *NCV*

**VIVER CONSISTE EM AMAR.**

Uma vez que Deus é amor, a lição mais importante que ele quer que você aprenda neste mundo é como amar. É quando amamos que somos mais parecidos com o Senhor, de modo que o amor é a base de todos os mandamentos que ele nos deu: "'Pois toda a Lei pode ser resumida neste único mandamento: Ame o seu próximo como a si mesmo'".[1]

Aprender a amar sem segundas intenções não é fácil: vai contra nossa natureza egoísta. É por isso que temos toda uma vida para aprender. É claro, Deus quer que amemos a todos, mas tem um interesse *especial* em que aprendamos a amar as outras pessoas que fazem parte de sua família. Como já vimos, esse é o segundo propósito para nossa vida. Pedro aconselha: "Demonstrem amor especial pelo povo de Deus".[2] Paulo expressa o mesmo sentimento: "Quando tivermos oportunidade de ajudar alguém, devemos fazê-lo. Mas devemos dar atenção especial aos que pertencem à família da fé".[3]

Por que Deus insiste em que dediquemos amor e atenção especial aos outros cristãos? Por que eles devem ser priorizados? Porque Deus quer que sua família seja conhecida pelo amor mais que por qualquer outra coisa. Jesus disse que nosso amor *uns pelos outros* — não nosso sistema doutrinário — é o maior testemunho que podemos dar ao mundo. Ele disse: "Esse profundo amor que vocês tiverem uns pelos outros provará ao mundo que vocês são meus discípulos".[4]

No céu, desfrutaremos a convivência da família de Deus para sempre, mas primeiro temos um trabalho árduo a realizar neste planeta, que nos servirá de preparação para uma eternidade de amor. Deus nos educa dando-nos "responsabilidades familiares", e a principal é a prática de amar uns aos outros.

É da vontade de Deus que você tenha um relacionamento íntimo e constante com os outros fiéis, para que possa desenvolver a habilidade de amar. O amor não pode ser aprendido no isolamento. Você precisa de pessoas por perto — pessoas irritantes, imperfeitas e que nos decepcionam. Por meio dessa união, aprendemos três verdades importantes.

## O melhor exercício da vida é amar

**A vida é feita de relacionamentos.**

Amar deve ser sua prioridade máxima, seu objetivo primordial e sua maior ambição. Amar não é uma parte *boa* de sua vida: é a *mais importante*. A Bíblia diz: "Que o amor seja o maior alvo de vocês".[5]

Não basta dizer "*Uma* coisa que quero na vida é ser amoroso", como se isso fosse apenas um item na lista de seus dez principais objetivos. Seus relacionamentos devem ter prioridade acima de tudo. Por quê?

**A vida sem amor não tem valor nenhum.** Paulo levanta a questão: "Assim, não importa o que eu diga, no que eu creia ou o que eu faça: sem amor, estou falido".[6]

Frequentemente, agimos como se os relacionamentos devessem ser encaixados em nossa agenda. Falamos em *encontrar* tempo para os filhos e em *reservar* tempo para as pessoas que fazem parte de nossa vida. Isso dá a impressão de que os relacionamentos são apenas parte de nossa vida, no contexto de muitas outras tarefas. No entanto, Deus diz que a vida é feita de relacionamentos.

Quatro dos Dez Mandamentos tratam de nosso relacionamento com Deus; os outros seis tratam de nosso relacionamento com as pessoas. Mas todos os dez referem-se a relacionamentos! Posteriormente, Jesus resumiu o que mais importa para o Senhor em duas instruções: amar a Deus e amar as pessoas. Ele disse:

> "'Você deve amar ao Senhor, seu Deus', de todo o seu coração' [...]. Este é o primeiro e maior mandamento. E o segundo é igualmente importante: 'Ame o seu

próximo como a você mesmo'. Todos os outros mandamentos e todas as instruções dos profetas baseiam-se nesses dois mandamentos'".[7]

Depois de aprender a amar a Deus (adorar), aprender a amar os outros é o segundo propósito de sua vida.

Os relacionamentos, não as realizações ou as aquisições materiais, são o que mais importa na vida. Então, por que nos permitimos menosprezar nossos relacionamentos? Quando nossa agenda fica sobrecarregada, começamos a tratá-los de forma superficial, reduzindo o tempo, a atenção e a energia que os relacionamentos de amor exigem. O que é mais importante para Deus é substituído pelo mais urgente.

O trabalho e os negócios são inimigos dos relacionamentos. Preocupamo-nos em ganhar a vida, concluir nossas tarefas, pagar as contas e cumprir metas, como se isso fosse a razão de nossa vida. Mas não é! O objetivo da vida é aprender a amar — a Deus e as pessoas. Vida menos amor é igual a zero.

**O amor permanece para sempre.** Outra razão pela qual Deus nos manda fazer do amor nossa prioridade máxima é que ele é eterno: "Estes três permanecem para sempre: a fé, a esperança e o amor. O maior deles, porém, é o amor".[8]

O amor deixa um legado. A forma de você tratar outras pessoas, não sua riqueza nem suas façanhas, é a influência mais duradoura que se pode deixar neste mundo. Como disse Madre Tereza: "Não é o que você faz, mas quanto amor você dedica ao que faz que realmente importa". O amor é o segredo de uma herança duradoura.

Tenho estado ao leito de morte de muitas pessoas, quando elas se encontram no limite entre este mundo e a eternidade, mas jamais ouvi alguma delas dizer: "Tragam meus diplomas! Quero olhar para eles mais uma vez. Mostre-me meus títulos, minhas medalhas, aquele relógio de ouro que recebi como prêmio". Quando a vida aqui está no fim, não são os objetos — e sim as pessoas — o que desejamos ter a nosso redor; pessoas que amamos e com as quais mantemos relacionamentos.

Em nossos momentos finais, todos percebemos que são os relacionamentos que constituem a vida. Ser sábio é aprender essa verdade o mais rapidamente possível. Não espere chegar ao leito de morte para compreender que nada além disso é o mais importante.

**Seremos avaliados pelo amor que dedicamos.** A terceira razão para tornar o aprendizado do amor o objetivo de nossa vida é que na eternidade seremos avaliados com base nele. Uma das formas pelas quais Deus mede nossa maturidade espiritual é pela qualidade de nossos relacionamentos. No céu, Deus não dirá: "Fale-me de sua carreira, de sua conta bancária e de seus passatempos". Em vez disso, irá rever a maneira com a qual você tratou as pessoas, especialmente as necessitadas.[9] Jesus disse que para amá-lo é preciso amar a família dele e cuidar de suas necessidades práticas: "Digo-lhes a verdade: o que vocês fizeram a algum destes pequeninos que são membros da minha família, a mim o fizeram".[10]

Quando partir para a eternidade, você deixará todo o restante para trás, exceto seu caráter. Por isso, a Bíblia diz: "A única coisa que realmente importa é a fé que se manifesta mediante o amor".[11]

Tendo conhecimento disso, sugiro que, ao se levantar pela manhã, você se ajoelhe ao lado da cama — ou se sente na beirada — e ore desta forma: "Deus, conseguindo ou não realizar qualquer outra coisa no dia de hoje, quero ter certeza de que terei tempo para amá-lo e para amar as pessoas — porque é nisso que a vida consiste. Não quero desperdiçar este dia". Por que Deus deveria lhe dar outro dia, se você pretende desperdiçá-lo?

## A melhor expressão do amor é o tempo

A importância das coisas pode ser medida pelo tempo que estamos dispostos a investir nelas. Quanto maior o tempo dedicado a alguma coisa, mais você demonstra a importância e o valor que ela tem para você. Se quiser conhecer as prioridades de uma pessoa, observe como utiliza o tempo.

O tempo é sua dádiva mais importante, pois você recebeu uma medida fixa dele. Você pode aumentar seu dinheiro, mas

**O maior presente que você pode dar a alguém é seu tempo.**

não pode aumentar seu tempo. Quando você dedica tempo a alguém, está dedicando uma porção de sua vida que jamais irá recuperar. Seu tempo é sua vida; por isso, o maior presente que você pode dar a alguém é seu tempo.

Não é o bastante *dizer* que os relacionamentos são importantes: devemos provar essa afirmação, investindo tempo neles. Palavras isoladas não têm valor algum: "Meus filhinhos, o nosso amor não deve ser somente de palavras e de conversa. Deve ser um amor verdadeiro, que se mostra por meio de ações".[12] Relacionamentos demandam tempo e esforço, e a melhor maneira de soletrar amor é: "T-E-M-P-O".

A essência do amor não é o que pensamos, fazemos ou proporcionamos aos outros, mas quanto damos *de nós mesmos.* Os homens, em especial, com frequência não compreendem isso. Muitos já me disseram: "Não entendo minha mulher e meus filhos. Dou-lhes tudo de que precisam. O que mais podem querer?". Eles querem você! Olhos, ouvidos, tempo, atenção, presença, interesse — seu tempo. Nada pode substituir isso.

O mais desejado presente de amor não são diamantes, rosas ou chocolate: é *concentrar-se em.* O amor concentra-se tão atentamente na outra pessoa que, por um momento, você esquece de você mesmo. Atenção significa: "Valorizo você o bastante para lhe dar meu bem mais precioso — tempo". Sempre que você dá seu tempo, está fazendo um sacrifício, e o sacrifício é a essência do amor. Jesus foi exemplo disso: "Sejam cheios de amor pelos outros, seguindo o exemplo de Cristo, que amou vocês e se entregou a Deus como sacrifício a fim de tirar os seus pecados".[13]

Você pode dar sem amar, mas não pode amar sem dar. "'Porque Deus tanto amou o mundo que deu [...]'".[14] Amar significa renunciar — abdicar de preferências, conforto, objetivos, segurança, dinheiro, energia ou tempo em benefício de outra pessoa.

### O melhor momento para amar é agora

Algumas vezes, o adiamento é uma resposta válida para uma tarefa trivial. No entanto, como o amor é o que mais importa, ele tem prioridade máxima. A Bíblia enfatiza isso repetidamente: "Sempre que tivermos oportunidade, façamos o bem a todos";[15] "Aproveite cada chance que tiver para fazer o bem";[16] "Sempre que puder, ajude os necessitados. Não diga ao seu vizinho que espere até amanhã, se você pode ajudá-lo hoje".[17]

Por que o melhor momento para expressar amor é agora? Porque você não sabe até quando terá oportunidade. As circunstâncias mudam, as pessoas morrem, os filhos crescem. Você não tem nenhuma garantia do amanhã. Se quiser expressar seu amor, é melhor que o faça agora.

Tendo consciência de que um dia estará diante de Deus, seguem-se algumas questões que você precisa levar em consideração: Como explicará aqueles momentos em que projetos e coisas foram mais importantes para você que as pessoas? Com quem você precisa começar a passar mais tempo? O que você precisa eliminar da agenda para tornar isso possível? Que sacrifícios precisa fazer?

O melhor exercício da vida é amar. A melhor expressão do amor é o tempo. O melhor momento para amar é agora.

## Dia 16 — Pensando sobre meu propósito de vida

**Tema para reflexão:**
A vida consiste em amar.

**Versículo para memorizar:**
"Toda a Lei se resume num só mandamento: 'Ame o seu próximo como a si mesmo'". (Gálatas 5.14, *NVI*)

**Pergunta para meditar:**
Honestamente, será que os relacionamentos são minha prioridade máxima? Como posso me assegurar de que sejam?

Dia 17

# UM LUGAR AO QUAL PERTENCER

*Agora vocês [...] são [...] membros da própria família de Deus e cidadãos do país de Deus, e pertencem à casa de Deus como todos os outros cristãos.*

EFÉSIOS 2.19, *NBV-P*

*A família de Deus é a igreja do Deus vivo, a coluna e o fundamento da verdade.*

1 TIMÓTEO 3.15B, *GWT*

**VOCÊ É CHAMADO PARA PERTENCER, NÃO SOMENTE PARA CRER.**

Mesmo no perfeito e imaculado ambiente do Éden, Deus disse: "'Não é bom que o homem esteja só'".[1] Fomos criados para a vida em comunidade, moldados para o companheirismo e formados para a família, e nenhum de nós pode cumprir os propósitos de Deus sozinho e sem ajuda.

A Bíblia não apresenta nenhum santo solitário ou eremita espiritual, ou seja, um crente que vivesse isolado dos outros fiéis, privado de companhia. A Bíblia diz que fomos *ajuntados, reunidos, edificados juntos, tornados membros juntos, feitos herdeiros juntos, combinados, mantidos juntos e que seremos arrebatados juntos*.[2] Você não está mais por conta própria.

Embora seu relacionamento com Cristo seja pessoal, Deus nunca quis que fosse particular. Na família de Deus, você está unido a todos os outros fiéis, e faremos parte uns dos outros *por toda a eternidade*. A Bíblia diz: "... em Cristo nós, que somos muitos, formamos um corpo, e cada membro está ligado a todos os outros".[3]

Seguir Cristo inclui *pertencer*, não apenas crer. Somos *membros* de seu corpo — a Igreja. C. S. Lewis observa que a palavra "membro" é de origem cristã, mas foi esvaziada de seu significado original.[4] As lojas oferecem descontos a "membros", e os anunciantes usam os nomes desses membros para criar listas de mala direta. Em muitas igrejas, tornar-se membro significa simplesmente adicionar o nome a uma lista, sem nenhum requisito ou expectativa.

Pela perspectiva de Paulo, ser "membro" da igreja significava ser um órgão vital de um corpo vivo, parte indispensável e inseparável do corpo de Cristo.[5] Precisamos restabelecer e praticar o significado bíblico dessa palavra. A igreja é um corpo, não um edifício; um organismo, não uma organização.

Para que os órgãos do corpo humano cumpram seu propósito, precisam estar conectados ao corpo. O mesmo ocorre com você como parte do corpo de Cristo. Você foi criado para uma função específica, mas perderá esse segundo propósito para sua vida se não fizer parte de uma igreja local. Você descobre seu papel nesta vida pelo relacionamento que mantém com os outros. A Bíblia diz:

**Você descobre seu papel nesta vida pelo relacionamento que mantém com os outros.**

> Assim, somos como as várias partes do corpo humano. Cada parte tem seu significado no corpo, visto como um todo, mas não o contrário. O corpo de que estamos falando é o corpo formado pelas pessoas escolhidas por Cristo. Cada um de nós encontra significado e função como parte desse corpo. Não podemos ser como um dedo decepado, que não tem valor.[6]

Se um órgão é de alguma forma desligado do corpo, fica paralisado e morre. Ele não pode existir por si mesmo, nem você. Desligado e arrancado do sangue vivificante da igreja local, sua vida espiritual se enfraquecerá e logo deixará de existir;[7] por isso, o primeiro sintoma de declínio espiritual é normalmente o comparecimento irregular aos cultos e a outras reuniões dos irmãos na fé. Sempre que nos tornamos descuidados com a comunidade de irmãos, todo o restante também começa a desmoronar.

Ser membro da família de Deus não é irrelevante nem algo a ser negligenciado. A igreja é o plano de Deus para o mundo. Jesus disse: “Edificarei a minha igreja; e todas as forças do inferno não prevalecerão contra ela”.[8] A Igreja é indestrutível e existirá eternamente. Ela sobreviverá ao Universo, assim como sua função nele. A pessoa que diz: “Não preciso de igreja” é soberba e ignorante. A Igreja é tão importante que Jesus morreu na cruz por ela. Cristo amou a Igreja e deu sua vida por ela.[9]

Na Bíblia, a Igreja como um todo é chamada "a noiva de Cristo" e "o corpo de Cristo"[10] Não consigo imaginar alguém dizendo para Jesus: "Eu te amo, mas não gosto da tua noiva". Ou: "Eu te aceito, mas rejeito teu corpo". No entanto, é isso que fazemos quando desprezamos e depreciamos a igreja, ou reclamamos dela. Em vez disso, Deus nos manda amar a igreja, tanto quanto Jesus a amou. A Bíblia diz: "Amem sua família espiritual".[11] Lamentavelmente, muitos cristãos *usam* a igreja, mas não a amam.

**A Igreja [...] sobrevivirá ao Universo, assim como sua função nele.**

## A comunidade local

Salvo em poucas e importantes exceções, como quando alude a todos os fiéis ao longo da história, a palavra "igreja" é utilizada na Bíblia quase sempre para se referir a uma comunidade visível e local. O Novo Testamento parte do princípio de que o membro pertence à comunidade local. Os únicos cristãos que não pertenciam a grupos locais eram aqueles sob a disciplina da igreja, os quais eram removidos da comunidade depois de flagrados em pecado.[12]

A Bíblia diz que o cristão sem a igreja local é como o órgão sem o corpo, a ovelha sem o rebanho ou a criança sem a família. É uma situação anormal, como dá a entender a Bíblia quando diz: "Agora vocês já não são mais estranhos a Deus nem forasteiros, mas sim membros da própria família de Deus e cidadãos que pertencem ao povo dele".[13]

Os valores de hoje, que advogam a independência e o individualismo, criaram muitos órfãos espirituais — os "crentes peregrinos" ou os "sem-igreja", que ficam circulando de uma igreja a outra, sem filiação, nem responsabilidade ou compromisso. Muitos creem que é possível ser um "bom cristão" sem se unir (ou mesmo frequentar) uma igreja local, mas Deus discordaria veementemente. A Bíblia oferece muitas razões irrefutáveis para sermos ativos e comprometidos numa comunidade local.

## Por que você precisa da família eclesiástica?

**A família eclesiástica identifica-o como cristão verdadeiro.** Não posso afirmar que sou um seguidor de Cristo se não sou comprometido com um grupo específico de discípulos. Jesus disse: "O amor de vocês uns pelos outros provará ao mundo que vocês são meus discípulos".[14]

Quando nos reunimos em amor, como uma família na igreja, com diferentes formações, raça e posição social, levamos ao mundo um poderoso testemunho.[15] Você não é o corpo de Cristo isolado: precisa de outros para expressar essa condição. *Juntos* — não separados — somos o corpo do Senhor.[16]

**A família eclesiástica retira-o do isolamento egoísta.** A igreja local é a sala de aula em que você aprenderá a se relacionar com a família de Deus. É o laboratório para a prática do altruísmo e do amor compassivo. Como membro ativo, você aprende a se interessar pelos outros e a compartilhar suas experiências: "Se uma parte do corpo sofre, as demais partes sofrem com ela. Ou, se uma parte é honrada, as demais compartilham de sua honra".[17] Somente pelo contato regular com fiéis comuns e imperfeitos podemos aprender o verdadeiro companheirismo e experimentar a verdade do Novo Testamento: sermos unidos e dependentes uns dos outros.[18]

O companheirismo bíblico compreende sermos tão comprometidos uns com os outros quanto o somos com Jesus Cristo. Deus espera que entreguemos nossa vida uns pelos outros. Muitos cristãos que conhecem João 3.16 desconhecem 1João 3.16: "Nisto conhecemos o que é o amor: Jesus Cristo deu a sua vida por nós, e devemos dar a nossa vida por nossos irmãos".[19] Esse é o tipo de amor sacrifical que Deus espera que você demonstre pelos outros irmãos — uma disposição para amá-los da mesma forma que Jesus o amou.

**A família eclesiástica ajuda a desenvolver músculos espirituais.** Você jamais chegará à maturidade apenas comparecendo aos cultos de adoração como espectador passivo. Somente a participação na vida integral de uma igreja local desenvolve a musculatura espiritual. A Bíblia diz: "À medida que cada parte realiza o seu trabalho em especial, ela coopera para o crescimento das outras partes, para que todo o corpo esteja saudável, crescendo e cheio de amor".[20]

As expressões "uns aos outros" ou "uns dos outros" são usadas mais de 50 vezes no Novo Testamento. Recebemos ordem para *amar* uns aos outros, *orar* uns pelos outros, *incentivar* uns aos outros, *admoestar* uns aos outros, *saudar* uns aos outros, *servir* uns aos outros, *ensinar* uns aos outros, *aceitar* uns aos outros, *honrar* uns aos outros, *carregar* os fardos uns dos outros, *perdoar* uns aos outros, *submeter-nos* uns aos outros e sermos *dedicados* uns aos outros, além de muitas outras obrigações mútuas. Isso é ser membro, do ponto de vista bíblico! Essas são as "responsabilidades familiares", que Deus espera que você cumpra na comunidade local. *Com quem* você vem agindo dessa forma?

Pode parecer mais fácil ser santo quando não há mais ninguém por perto para frustrar suas preferências, mas essa é uma santidade falsa, que não foi posta à prova. O isolamento é deliberadamente enganoso: é fácil nos enganarmos, pensando sermos maduros quando não há ninguém para nos contestar. A verdadeira maturidade manifesta-se nos relacionamentos.

Precisamos de algo mais que a Bíblia para crescer: precisamos de outros irmãos. Crescemos mais fortes e mais rapidamente aprendendo uns com os outros e sendo responsáveis uns pelos outros. Quando os outros compartilham o que Deus lhes ensina, também aprendemos a crescer.

**O corpo de Cristo precisa de você.** Deus tem uma função específica para você na família cristã. Isso se chama "ministério", e o Senhor lhe concedeu talentos para essa missão: "Um dom espiritual é dado a cada um de nós, visando ajudar toda a igreja".[21]

A comunidade local é o lugar planejado por Deus para que você descubra, desenvolva e utilize seus talentos. Você até pode ter um ministério mais abrangente, mas será algo *adicional* a seu serviço no corpo local. Jesus não prometeu edificar seu ministério: prometeu edificar a igreja *dele*.

**Você participará na missão de Cristo no mundo**. Enquanto Jesus andou entre os homens, Deus trabalhou por meio do corpo físico de Cristo. Nos dias de hoje, ele usa o corpo espiritual de seu Filho. A igreja é o instrumento do Senhor neste mundo.

Não devemos apenas ser exemplo do amor de Deus amando-nos uns aos outros: devemos também transmiti-lo em conjunto ao restante do mundo. Esse é um privilégio maravilhoso concedido a todos nós. Como membros do corpo de Cristo, somos suas mãos, seus pés, seus olhos e seu coração. Ele realiza sua obra no mundo por meio de nós, e cada um tem uma contribuição a dar. Paulo afirma: "Ele criou cada um de nós por meio de Cristo Jesus, e a ele nos unimos nessa obra grandiosa, a boa obra que ele deseja que executemos e que faremos bem em realizar".[22]

**A família eclesiástica irá impedi-lo de retroceder.** Nenhum de nós está imune à tentação. Em circunstâncias apropriadas, você e eu somos capazes de cometer qualquer pecado.[23] Deus sabe disso; por esse motivo, ele nos atribuiu individualmente a responsabilidade de mantermos uns aos outros no caminho certo. A Bíblia diz: "[...] encorajem-se uns aos outros todos os dias [...], de modo que nenhum de vocês seja endurecido pelo engano do pecado".[24] "Não é da sua conta" não é uma frase cristã. Somos chamados e recebemos ordem para nos envolvermos com a vida uns dos outros. Se você conhece alguém que se mostra espiritualmente inconstante neste exato momento, é sua responsabilidade procurá-lo e trazê-lo de volta à comunhão. Tiago adverte: "Prezados amigos, se vocês conhecem alguém que se desviou da verdade, não desistam dessa pessoa. Façam tudo para trazê-la de volta e terão resgatado uma vida preciosa da destruição e impedido que ela se afaste de Deus".[25]

Um benefício relacionado à igreja local é que ela também proporciona a proteção espiritual de líderes dedicados. Deus atribui aos pastores a responsabilidade de guardar, proteger, defender e cuidar do bem-estar espiritual de seu rebanho.[26] A Bíblia diz: "A responsabilidade deles é zelar pela alma de vocês, e eles sabem que devem se responsabilizar por isso diante de Deus".[27]

Satanás exulta ao ver fiéis afastados, desligados da vida do corpo, isolados da família de Deus e indiferentes para com os líderes espirituais, pois sabe que tais crentes estão indefesos e impotentes contra suas estratégias.

**Jesus não prometeu edificar seu ministério: prometeu edificar a igreja *dele*.**

**Está tudo na igreja**

Em meu livro *Uma igreja com propósitos*,[28] explico como fazer parte de uma igreja saudável é essencial para viver uma vida saudável. Espero que você também leia esse livro, pois ele o ajudará a compreender como Deus planejou a igreja especificamente para auxiliá-lo a cumprir os cinco propósitos que ele tem para sua vida. Ele criou a igreja para satisfazer suas cinco necessidades mais importantes: um propósito para o qual viver, pessoas com quem viver, princípios pelos quais viver, uma profissão para se sustentar e força para seguir vivendo. Não há outro lugar no mundo em que você possa achar esses cinco benefícios em um só lugar.

Os propósitos de Deus para a igreja são idênticos aos cinco propósitos que ele tem para você. A adoração ajuda-o a se *concentrar em Deus*, a comunhão ajuda-o a *enfrentar os problemas da vida*, o discipulado ajuda-o a *fortalecer a fé*, o ministério ajuda-o a *descobrir seus talentos* e o evangelismo ajuda-o a *cumprir sua missão*. No mundo não há nada que se compare à igreja.

**Sua escolha**

Sempre que uma criança nasce, torna-se automaticamente parte da família universal dos seres humanos. Mas essa criança também se torna membro de uma família específica, onde será nutrida, cuidada e crescerá forte e saudável. O mesmo ocorre do ponto de vista espiritual. Quando você nasce de novo, torna-se automaticamente parte da família universal de Deus, mas também precisa se tornar membro de uma versão local da família de Deus.

A diferença entre *frequentar* uma igreja e ser *membro* dela está no comprometimento. Os frequentadores são espectadores que ficam à parte; os membros envolvem-se no ministério. Os frequentadores consomem; os membros contribuem. Os frequentadores querem os benefícios que a igreja propicia sem participar das responsabilidades. São como casais que querem viver juntos sem o compromisso do casamento.

Por que é importante filiar-se a uma igreja local? Porque isso prova que você está de fato comprometido com irmãos e irmãs espirituais, não somente na teoria. Deus quer que você ame pessoas *reais*, não pessoas *ideais*. Você pode passar a vida inteira buscando a igreja perfeita, mas jamais a encontrará. Você foi chamado para amar pecadores imperfeitos, assim como Deus faz.

No livro de Atos, os cristãos de Jerusalém eram bem específicos em seu compromisso uns com os outros. Eram dedicados à comunidade. A Bíblia diz: "Eles se dedicavam ao ensino dos apóstolos e à comunhão, ao partir do pão e às orações".[29] Hoje, Deus espera que você se comprometa com as mesmas coisas.

A vida cristã é mais que apenas um compromisso com Cristo: inclui o compromisso com os outros cristãos. Os cristãos da Macedônia compreenderam isso, como Paulo relata: "Primeiro, eles deram a si mesmos ao Senhor e depois, pela vontade de Deus, eles se deram a nós também". Tornar-se membro de uma igreja local é o passo que vem naturalmente a seguir, uma vez que você tenha se tornado filho de Deus. Você se torna cristão ao se comprometer com Cristo, mas se torna *membro de uma igreja* ao se comprometer com um grupo específico de fiéis. A primeira decisão traz a salvação; a segunda, a comunhão.

*Dia* 17

## Pensando sobre meu propósito de vida

**Tema para reflexão:**
Sou chamado para pertencer, não apenas para crer.

**Versículo para memorizar:**
"[...] assim também em Cristo nós, que somos muitos, formamos um corpo, e cada membro está ligado a todos os outros". (2 Coríntios 8.5, *NTLH*)

**Pergunta para meditar:**
Meu nível de envolvimento em minha igreja local demonstra que amo e estou comprometido com a família de Deus?

Dia 18

# TENDO UMA VIDA EM COMUM

*Cada um de vocês faz parte do corpo de Cristo, e vocês foram escolhidos para viver juntos em paz.*

COLOSSENSES 3.15, *CEV*

*Como é bom e agradável que o povo de Deus viva unido como se todos fossem irmãos!*

SALMOS 133.1, *NTLH*

**A VIDA FOI FEITA PARA SER COMPARTILHADA.**

Deus deseja que experimentemos uma vida em comum. A Bíblia chama "comunhão" essa experiência compartilhada. Hoje em dia, entretanto, essa palavra perdeu grande parte de seu significado bíblico, a ponto de "comunhão" ou "confraternização" quase sempre se tratar de uma conversa casual, alguma atividade social, comida ou diversão. A pergunta "De qual igreja você participa?" significa "Qual igreja você frequenta?". "Ficar para a confraternização" normalmente significa "esperar pelo lanche".

Comunhão é muito mais que apenas aparecer nos cultos. Significa "experimentar a vida juntos". Isso inclui amar de modo altruísta, compartilhar com transparência, servir nas necessidades práticas, autossacrifício, consolar solidariamente e todas as outras atividades seguidas da expressão "uns aos outros" encontradas no Novo Testamento.

Quando se trata de comunhão, o tamanho importa: *quanto menor, melhor*. Você pode adorar no meio de uma multidão, mas não pode ter comunhão com todos ao mesmo tempo. Quando um grupo aumenta para mais de dez pessoas, alguém deixa de participar — normalmente o mais reservado — e umas poucas pessoas acabam dominando o grupo.

Jesus ensinava dentro do contexto de um pequeno grupo de discípulos. Ele podia ter escolhido mais; no entanto, sabia que 12 pessoas era o número máximo razoável para um grupo em que se pretende que todos participem.

O corpo de Cristo, assim como o próprio corpo humano, é na verdade um conjunto de muitas células pequenas. A vida do corpo de Cristo, tal qual nosso corpo, está contida no interior das células. Por essa razão, todo cristão deve fazer parte de algum pequeno grupo dentro de sua igreja: um grupo de comunhão nas casas, uma classe de escola dominical, um grupo de estudo bíblico. É nesses encontros que ocorre a verdadeira comunhão; não nas grandes reuniões. Se você imaginar sua igreja como um navio, os diversos grupos são os botes salva-vidas presos a ele.

Deus fez uma fantástica promessa a respeito dos pequenos ajuntamentos de cristãos: "'Pois onde se reunirem dois ou três em meu nome, ali eu estou no meio deles'".[1] Infelizmente, mesmo que você frequente algum grupo, isso não é garantia de que irá experimentar comunhão real. Muitas classes de escola dominical e outros grupos na igreja ficam presos à superficialidade e não fazem ideia de como é experimentar a verdadeira comunhão. Qual, porém, é a diferença entre a comunhão verdadeira e a falsa?

**A comunhão ocorre quando as pessoas se mostram honestas a respeito de si mesmas e do que está acontecendo em sua vida.**

**Na verdadeira comunhão, as pessoas experimentam autenticidade.** A comunhão autêntica não é superficial, não se resume a conversas sobre banalidades. É genuína, de coração para coração, às vezes chegando a ponto de compartilhar assuntos íntimos. A comunhão ocorre quando as pessoas se mostram honestas a respeito de si mesmas e do que está acontecendo em sua vida. Elas dividem mágoas, revelam sentimentos, confessam falhas, dão a conhecer dúvidas, admitem medos, reconhecem suas fraquezas e pedem ajuda e oração.

Autenticidade é exatamente o oposto do que você encontra em algumas igrejas. Em vez de uma atmosfera de honestidade e humildade, há uma conversação fingida, encenada, politiqueira, superficialmente educada e frívola. As pessoas vestem máscaras, mantêm a guarda e agem como se sua vida fosse bem-sucedida em todos os aspectos. Essa atitude decreta a morte da verdadeira comunhão.

Somente quando somos sinceros sobre nossa vida é que experimentamos a real comunhão. A Bíblia diz: "Se, porém, andarmos na luz, como ele está na luz, temos comunhão uns com os outros [...]. Se afirmarmos que estamos sem pecado, enganamos a nós mesmos, e a verdade não está em nós".[2] O mundo pensa que a intimidade ocorre no escuro, mas Deus diz que ela faz parte da luz. As trevas são usadas para esconder ferimentos, erros, medos, fracassos e falhas. É na luz que os trazemos todos para um lugar aberto e admitimos quem realmente somos.

Naturalmente, ser autêntico exige coragem e ao mesmo tempo humildade. Significa enfrentar o medo de ser exposto, da rejeição e de ser novamente magoado. Por que alguém correria tal risco? Porque é a única maneira de crescer espiritualmente e ser emocionalmente saudável. A Bíblia diz: "Façam disso uma prática comum: confessem seus pecados uns aos outros e orem uns pelos outros, para que vocês possam viver juntos, integrados e curados".[3] Só cresceremos assumindo riscos, e o mais difícil de todos é ser honesto com você mesmo e com os outros.

**Na verdadeira comunhão, as pessoas experimentam reciprocidade.** Reciprocidade é a arte de dar e receber. É depender um do outro. A Bíblia diz: "O modo pelo qual Deus formou o corpo humano é um modelo que nos ajuda a entender nossa vida comunitária na igreja. Cada parte depende da outra".[4] A reciprocidade é a essência da comunhão — edificar relacionamentos recíprocos, compartilhar responsabilidades e ajudar uns aos outros. Paulo disse: "Quero [...] que nos ajudemos uns aos outros com a fé que possuímos. A sua fé me ajudará, e a minha fé ajudará vocês".[5]

Somos mais constantes em nossa fé quando outras pessoas caminham conosco e nos incentivam. A Bíblia recomenda prestação de contas, encorajamento, honra e serviço recíprocos.[6] Em mais de 50 ocasiões no Novo Testamento, somos orientados a realizar diferentes tarefas "uns aos outros" e "uns dos outros". A Bíblia diz: "[...] esforcemo-nos em promover tudo quanto conduz à paz e à edificação mútua".[7]

Você não é responsável *por* todos no corpo de Cristo, mas tem responsabilidades *para* com eles. Deus espera que você faça tudo que puder para ajudá-los.

**Na verdadeira comunhão, as pessoas experimentam compaixão.** Compaixão não é dar um conselho ou oferecer uma ajuda eventual: é penetrar e compartilhar a dor dos outros. A compaixão diz: "Compreendo o que você está passando, e o que você sente não é estranho nem absurdo". Alguns chamam a isso "empatia", mas a palavra bíblica é "compaixão". A Bíblia diz: "Como povo santo [...] sejam compassivos, bondosos, humildes, mansos e pacientes".[8]

A compaixão satisfaz duas necessidades fundamentais do ser humano: a de ser compreendido e a de ter seus sentimentos respeitados. Compreender e respeitar o sentimento de alguém abre caminho para a comunhão. O problema é que estamos quase sempre tão ansiosos por corrigir situações que não temos tempo de sentir compaixão. Ou então estamos preocupados com nossas mágoas. A autopiedade esgota completamente a compaixão pelas outras pessoas.

Há diferentes níveis de comunhão, cada um adequado a um momento diferente. Identificamos os níveis mais básicos de comunhão: comunhão em compartilhar e na comunhão do estudo da Palavra de Deus juntos. Num nível mais profundo, temos a *comunhão no serviço*, presente na ação conjunta em viagens missionárias ou em obras de caridade. O nível mais profundo e intenso, porém, é a *comunhão no sofrimento*,[9] que ocorre quando tomamos parte da dor e das aflições uns dos outros e carregamos os fardos uns dos outros. Os cristãos que melhor compreendem esse nível são aqueles que ao redor do mundo são perseguidos, discriminados e muitas vezes martirizados por causa de sua fé.

A Bíblia ordena: "Compartilhem os seus problemas e aflições uns com os outros e dessa forma obedeçam à lei de Cristo".[10] É em tempos de crise, tristeza e dúvidas profundas que mais precisamos uns dos outros. Quando as circunstâncias nos esmagam, a ponto de nossa fé vacilar, é que mais precisamos de amigos cristãos. Precisamos de um grupo de amigos que tenham fé em Deus *por* nós e nos ajudem a superar as dificuldades. Em um grupo menor, o corpo de Cristo é real e palpável, mesmo quando Deus parece distante. Foi disso que Jó necessitou durante seu sofrimento. Ele exclamou: "Um homem desesperado deve receber a compaixão de seus amigos, muito embora ele tenha abandonado o temor do Todo-poderoso".[11]

**Compreender e respeitar o sentimento de alguém abre caminho para a comunhão.**

**Na verdadeira comunhão, as pessoas experimentam misericórdia.** A comunhão é um momento de graça, em que os erros não são criticados, mas apagados. A comunhão acontece quando a misericórdia triunfa sobre a justiça.

Todos precisamos de misericórdia, porque todos tropeçamos, caímos e precisamos de ajuda para retomar o caminho. Precisamos oferecer misericórdia uns aos outros e estar dispostos a recebê-la uns dos outros. Deus diz: "Quando as pessoas pecarem, vocês devem perdoá-las e confortá-las, para que não sejam vencidas pelo desespero".[12]

Você não pode ter comunhão sem que haja perdão. Deus adverte: "Jamais guardem rancor",[13] porque a amargura e o ressentimento destroem a comunhão. Por sermos imperfeitos e pecadores, inevitavelmente magoamos uns aos outros depois que passamos juntos algum tempo. Às vezes, magoamos uns aos outros intencionalmente e às vezes sem querer, mas de qualquer maneira faz-se necessária uma enorme quantidade de graça e de misericórdia para criar e manter a comunhão. A Bíblia diz: "Vocês precisam ter consideração para com as faltas uns dos outros e perdoar aos que lhes ofendem. Lembrem-se: o Senhor perdoou vocês, por isso vocês devem perdoar uns aos outros".[14]

A misericórdia de Deus para conosco é um estímulo para que sejamos misericordiosos uns com os outros. Lembre-se: jamais lhe será pedido que perdoe alguém mais do que Deus já lhe perdoou. Sempre que for magoado por alguém, você terá uma escolha: usar sua energia e seus sentimentos para buscar *vingança* ou para encontrar uma *solução*. Você não pode optar por ambas as coisas.

Muitos relutam em praticar a misericórdia porque não sabem a diferença entre confiar e perdoar. Perdoar é esquecer o passado. Confiar tem relação com o comportamento futuro.

O perdão deve ser imediato, tenha ou não a pessoa pedido por ele. A confiança é reconstruída com o decorrer do tempo. Confiança exige antecedentes. Se alguém o magoa repetidamente, Deus lhe ordena que perdoe imediatamente, mas não espera que você volte a confiar imediatamente ou que continue permitindo que tais pessoas o magoem. Elas devem mostrar que mudaram com o tempo. O melhor lugar para restaurar a confiança é no contexto de apoio mútuo de um grupo que promova tanto o encorajamento quanto a responsabilidade mútua.

Você experimentará muitos outros benefícios ao fazer parte de um grupo da igreja comprometido com a verdadeira comunhão. Trata-se de algo essencial à vida cristã e não pode ser ignorado. Há mais de dois mil anos, os cristãos vêm se reunindo regularmente em grupos para buscar comunhão. Se você nunca fez parte de um grupo ou de uma reunião como essa, não sabe o que está perdendo!

No próximo capítulo, veremos o que é necessário para criar esse tipo de comunidade com outros fiéis, mas espero que este capítulo o tenha deixado ansioso para experimentar a autenticidade, a reciprocidade, a compaixão e a misericórdia da verdadeira comunhão. Você foi criado para viver em comunidade.

## Dia 18 — Pensando sobre meu propósito de vida

**Tema para reflexão:**
Preciso de outras pessoas em minha vida.

**Versículo para memorizar:**
"Compartilhem os seus problemas e aflições uns com os outros e dessa forma obedeçam a lei de Cristo". (Gálatas 6.2, *NLT*)

**Pergunta para meditar:**
Que posso fazer hoje para me unir a outro irmão de maneira mais íntima e verdadeira?

Dia

19

# CULTIVANDO A COMUNIDADE

*Você poderá ter uma comunidade saudável, sólida, bem-sucedida e que Deus aprova* somente *se trabalhar duro para fortalecer os relacionamentos, tratando todos com dignidade e honra.*

TIAGO 3.18, *AM*

*Elas passaram a seguir o ensino dos apóstolos, a vida em comunidade, a refeição comunitária e a prática da oração.*

ATOS 2.42, *AM*

**COMUNIDADE EXIGE COMPROMETIMENTO.**

Somente o Espírito Santo pode criar uma verdadeira comunhão entre cristãos, mas ele cultiva isso por meio das escolhas feitas e dos compromissos que fazemos. Paulo faz referência a essa dupla responsabilidade: "Vocês estão unidos na paz por meio do Espírito, portanto esforcem-se para continuar unidos desse modo".[1] É necessário tanto o poder de Deus quanto nosso esforço para gerar uma comunidade cristã amorosa.

Infelizmente, muitos crescem em famílias com relacionamentos adversos, por isso carecem das habilidades relacionais necessárias para experimentar a verdadeira comunhão. Eles devem ser ensinados a lidar e a se relacionar com os outros membros da família de Deus. Felizmente, o Novo Testamento é repleto de instruções sobre a vida em comunidade, como afirma o apóstolo Paulo: "Escrevo-lhe estas coisas [...] para que vocês saibam como viver na família de Deus. Essa família é a igreja".[2]

Se você está cansado de comunhão dissimulada e gostaria de cultivar uma comunidade amorosa e verdadeira em seu grupo, na classe de estudo ou na igreja, será necessário fazer algumas escolhas difíceis e assumir alguns riscos.

**A vida em comunidade exige sinceridade.** Você deve cuidar para que a verdade seja dita (em amor, claro), mesmo quando se sentir tentado a ignorar o problema ou evitar o assunto. Embora seja muito mais fácil permanecer em silêncio enquanto os outros à nossa volta prejudicam a si mesmos e outros com alguma prática pecaminosa, essa não é uma atitude de amor. São poucos os que podem contar com alguém que os ame o suficiente para dizer-lhes a verdade (mesmo quando machuca), então continuam no caminho da autodestruição. Em geral, *sabemos* o que precisa ser dito a alguém, mas temores nos impedem de fazê-lo. A comunhão é sabotada pelo medo: quando ninguém tem coragem de se manifestar enquanto a vida de um membro desmorona.

A Bíblia nos manda *seguir a verdade em amor*,[3] porque não podemos viver em comunidade sem sinceridade. Salomão declara: "A resposta sincera é sinal de uma amizade verdadeira".[4] Às vezes, isso significa importar-se o suficiente para repreender aquele que estiver em pecado ou sendo tentado a pecar. Paulo aconselha: "Irmãos e irmãs, se alguém em seu grupo comete algum erro, vocês que são espirituais deverão procurar essa pessoa e gentilmente ajudá-la a se corrigir".[5]

**Quando tratamos o conflito da maneira correta, crescemos em intimidade uns com os outros.**

Muitas comunidades e grupos mantêm um relacionamento superficial por recear os conflitos. Toda vez que uma questão delicada vem à tona, ela é imediatamente encoberta, a fim de preservar a falsa sensação de paz. O "sr. Panos Quentes" intervém e tenta aplacar os ânimos. O assunto nunca é resolvido, e todos vivem com uma frustração encoberta. Todos sabem do problema, mas ninguém fala sobre ele abertamente. Isso cria um ambiente doentio de segredos e fofocas. Paulo é incisivo quanto a esse assunto: "Essa nova vida traz mudanças: chega de mentiras, chega de fingimento. Falem a verdade. No corpo de Cristo, estamos, antes de tudo, conectados uns com os outros. Se você mente para alguém, está mentindo para você mesmo".[6]

A verdadeira comunhão, no casamento, na amizade, ou na igreja, depende da franqueza. Na verdade, o túnel do conflito é a travessia para a intimidade em qualquer relacionamento. Até que os envolvidos se importem o suficiente para enfrentar e solucionar os obstáculos encobertos, jamais estarão realmente próximos uns dos outros. Quando tratamos o conflito da maneira correta, crescemos em intimidade uns com os outros, pois enfrentamos e resolvemos nossas diferenças. A Bíblia diz: "A verdade é que as pessoas valorizam a sinceridade mais que a bajulação".[7]

A franqueza, no entanto, não é uma licença para se dizer o que quer, onde quer e sempre que quiser. Não é grosseria.

A Bíblia diz que "existe um tempo certo e um modo certo de fazer cada coisa".[8] Palavras impensadas deixam feridas permanentes. Deus nos manda tratar os membros da igreja com o mesmo amor que dedicamos à família:

> Nunca empregue palavras duras quando for corrigir um idoso, mas fale com ele como se fosse seu pai. Converse com os jovens como se fossem seus irmãos, com as mulheres idosas como se fossem sua mãe e com as jovens como se fossem suas irmãs.[9]

Lamentavelmente, milhares de comunidades foram destruídas por falta de honestidade. Paulo precisou repreender a igreja de Corinto pelo seu silêncio passivo ao permitir a imoralidade no meio deles. Visto que ninguém teve coragem de enfrentar o problema, ele então se pronunciou:

> [...] Vocês não podem apenas ficar olhando e esperar que tudo se resolva. [...]. Tratem da questão e resolvam o problema, na autoridade de Jesus, nosso Senhor, que estará presente entre vocês. Submetam a conduta desse homem perante todos. [...] A arrogância e a insensibilidade de vocês nessa questão me perturbam. Vocês trataram o caso como se nada fosse. [...] Escrevi na minha carta anterior que vocês não devem se sentir à vontade com quem vive na promiscuidade. Não quis dizer também que vocês não devem ter nenhum tipo de relacionamento com gente de fora da comunidade. O mesmo vale para os corruptos, de nenhum tipo, e para os religiosos impostores. Para não ter contato com esse tipo de gente, vocês teriam de sair do mundo! Mas estou dizendo que, quando um amigo que alega ser cristão se comporta de modo promíscuo ou corrupto, cheio de revolta contra Deus ou contra os amigos, se embebeda ou se torna explorador, vocês não devem

> agir como se tudo isso fosse normal. Não podem simplesmente conviver com isso, como se fosse um comportamento aceitável. Não sou responsável por aquilo que os de fora fazem, mas será que não temos nenhuma responsabilidade pelos que são da comunidade cristã?[10]

**A vida em comunidade exige humildade.** A presunção, o convencimento e o orgulho obstinado destroem a comunhão mais rápido que qualquer outra coisa. O orgulho ergue muros entre as pessoas; a humildade constrói pontes. A humildade é o unguento que acalma e suaviza os relacionamentos; por isso, a Bíblia diz: "Sejam todos humildes uns para com os outros".[11] A vestimenta adequada à comunhão é a postura humilde.

A continuação do versículo diz: "[...] porque "'Deus se opõe aos orgulhosos, mas concede graça aos humildes'".[12] Essa é a outra razão pela qual precisamos ser humildes: o orgulho impede a graça de Deus em nossa vida, da qual precisamos para crescer, ser transformados, curados e ajudar os outros. Recebemos a graça de Deus quando admitimos humildemente que precisamos dela. De acordo com a Bíblia, se nos portamos com arrogância, vivemos em *oposição* a Deus! Essa é uma maneira tola e perigosa de viver.

Você pode desenvolver a humildade de várias maneiras práticas: admitindo suas fraquezas, sendo paciente com as fraquezas dos outros, estando aberto a admoestações e pondo os outros em evidência. Paulo orienta: "Vivam em harmonia entre vocês. Não se comportem como se fossem superiores a alguém, antes alegrem-se na companhia das pessoas comuns. E não pensem que já sabem tudo".[13] Aos cristãos de Filipos, aconselha: "Nada façam por ambição egoísta ou por vaidade, mas humildemente considerem os outros superiores a vocês mesmos. Cada um cuide, não somente dos seus interesses, mas também dos interesses dos outros".[14]

Humildade não é pensar menos de si mesmo, mas pensar menos em si mesmo; humildade é pensar mais nos outros. Os humildes estão interessados apenas em servir aos demais não pensam em si.

**Humildade não é pensar menos de si mesmo, mas pensar menos em si mesmo.**

**A vida em comunidade exige cortesia.** Somos corteses quando respeitamos as diferenças, quando temos consideração pelos sentimentos uns dos outros e quando somos pacientes com os que nos irritam. A Bíblia diz: "É preciso carregar o peso de termos consideração para com as dúvidas e temores de outras pessoas".[15] Paulo diz a Tito: o "povo de Deus deve ser cortês e ter coração aberto".[16]

Em toda igreja e em cada grupo, há pelo menos uma pessoa "difícil", e normalmente mais que uma. Essas pessoas podem ter carências emocionais, insegurança profunda, maneirismos irritantes e habilidades sociais escassas. Você pode chamá-las "carentes de graça extra".

Deus colocou essas pessoas em nosso meio tanto para benefício delas quanto nosso. Elas são uma oportunidade para crescermos e um teste para a comunhão. Será que conseguiremos amá-las como irmãos e irmãs, tratando-as com dignidade?

Em uma família de verdade, a aceitação não se baseia em critérios como inteligência, beleza ou talento de cada membro, mas no fato de pertencermos uns aos outros. Defendemos e protegemos a família. Um membro da família pode ser um pouco tolo, mas ainda assim é um de nós. Da mesma forma, a Bíblia diz: "Sejam dedicados uns aos outros como uma família afetuosa. Aprimorem-se em demonstrar respeito uns para com os outros".[17]

A verdade é que todos temos peculiaridades e traços de temperamento irritantes, mas a comunidade não depende de termos todos compatíveis. O fundamento para termos comunhão é nosso relacionamento com Deus: somos uma família.

Um elemento essencial para a cortesia é conhecer a origem das pessoas. Descubra o histórico delas. Quando você souber as experiências pelas quais já passaram, certamente será mais compreensivo. Em vez de pensar na distância que ainda precisam percorrer, pense no trajeto que já percorreram, apesar da dor que carregam.

Outro procedimento que faz parte da cortesia é não subestimar as dúvidas dos outros. O fato de você não temer alguma coisa não torna esse sentimento inválido. A verdadeira comunidade é construída quando as pessoas sabem que é seguro compartilhar medos e dúvidas sem serem julgadas.

**A vida em comunidade exige sigilo.** Somente num ambiente seguro, onde existe acolhimento amável e sigiloso, as pessoas irão se abrir e compartilhar suas maiores mágoas, necessidades e seus erros. Sigilo não significa ficar em silêncio enquanto nosso irmão peca, mas saber que aquilo que for comentado no grupo ficará restrito ao grupo. É necessário conviver com isso e evitar a fofoca.

**A comunhão da igreja é mais importante que qualquer indivíduo.**

Deus detesta a fofoca, principalmente quando maldosamente disfarçada de "pedido de oração" em favor de alguém. Deus diz: "Os maus provocam discussões, e quem fala mal dos outros separa os maiores amigos".[18] A fofoca sempre causa mágoa e discórdia, e isso destrói amizades. Deus deixa isso claro quando nos orienta a advertir os que causam dissensão entre cristãos.[19] Eles podem até deixar o grupo ou a igreja ao serem confrontados com ações que semeiam a discórdia; contudo, a comunhão da igreja é mais importante que qualquer indivíduo.

**A vida em comunidade exige constância.** Você *deve* manter contato regular com seu grupo, a fim de desenvolver a verdadeira comunhão. Relacionamentos exigem tempo. A Bíblia diz: "Não abandonemos, como alguns estão fazendo, o costume de assistir às nossas reuniões. Pelo contrário, animemos uns aos outros".[20] Devemos desenvolver o *hábito* de nos reunir. Hábito é algo que você faz com frequência, não uma vez ou outra. É preciso passar tempo com as pessoas — *muito tempo* — para estabelecer relacionamentos íntimos, por isso observamos uma comunhão tão superficial em muitas igrejas. Não passamos tempo suficiente juntos, e o tempo que passamos é quase sempre gasto para ouvir uma única pessoa falar.

Uma comunidade não é formada de acordo com nossa conveniência ("vamos nos reunir quando eu tiver vontade"), mas na convicção de que é necessária para nossa saúde espiritual. Se você quiser cultivar comunhão verdadeira, isso significa reunir-se mesmo quando não tenha vontade, porque acredita que é importante. Os primeiros cristãos reuniam-se todos os dias: "Todos os dias eles adoravam juntos no templo, reuniam-se nas casas para o partir do pão e participavam das suas refeições com grande alegria e gratidão".[21] Viver em comunhão requer investimento de tempo.

Se você é membro de um pequeno grupo ou de uma classe de escola dominical, recomendo que se faça um pacto entre todos no qual estejam incluídas as nove características da comunhão bíblica: "Compartilharemos nossos verdadeiros sentimentos (autenticidade), incentivaremos uns aos outros (reciprocidade), apoiaremos uns aos outros (compaixão), perdoaremos uns aos outros (misericórdia), falaremos a verdade com amor (sinceridade), admitiremos nossas fraquezas (humildade), respeitaremos nossas diferenças (cortesia), não divulgaremos segredos alheios que nos são ditos em confiança (sigilo) e faremos do grupo uma prioridade (constância)".

Quando você olha a lista de características, fica evidente o motivo pelo qual comunhão de verdade é algo tão raro. Ter comunhão significa desistir de nosso individualismo e independência para nos tornarmos interdependentes. Os benefícios de compartilhar a vida uns com os outros, no entanto, são plenamente compensadores e nos preparam para o céu.

## Dia 19 — Pensando sobre meu propósito de vida

**Tema para reflexão:**
Comunidade exige comprometimento.

**Versículo para memorizar:**
"Nós compreendemos o que é o amor quando descobrimos que Cristo deu sua vida por nós. Isso significa que temos de dar a nossa vida pelos outros fiéis". (1 João 3.16, *GWT*)

**Pergunta para meditar:**
Como eu poderia hoje ajudar meu grupo e minha igreja a desenvolver as características de uma comunidade verdadeira?

Dia

20

# RESTAURANDO A COMUNHÃO

[Deus] *restaurou o nosso relacionamento consigo mesmo por meio de Cristo e nos deu o ministério de restaurar relacionamentos.*

2 CORÍNTIOS 5.18, ***GWT***

**SEMPRE VALE A PENA RESTAURAR RELACIONAMENTOS.**

Uma vez que a vida consiste em aprender a amar, Deus quer que valorizemos os relacionamentos e nos esforcemos para mantê-los, em vez de descartá-los sempre que houver desacordo, mágoa ou conflito. Na verdade, a Bíblia diz que Deus "nos deu o ministério de restaurar relacionamentos".[1] Por esse motivo, boa parte do Novo Testamento é dedicada a nos ensinar como lidar uns com os outros. Paulo aconselha: "Se vocês receberam algo bom por seguir a Cristo; se o amor dele fez alguma diferença na vida de vocês; se estar numa comunidade do Espírito significa algo para vocês; se vocês têm um coração; se vocês se importam uns com os outros — façam-me um favor: concordem um com o outro, amem um ao outro, sejam amigos de verdade".[2] Paulo ensina que a habilidade no trato com as pessoas é um dos traços do cristão maduro.[3]

O desejo de Cristo é que sua família seja conhecida pelo amor entre seus membros,[4] por isso romper a comunhão é um testemunho deplorável para os não cristãos. Esse foi o motivo de Paulo ficar tão envergonhado quando os membros da igreja de Corinto se dividiram em facções opostas, chegando até mesmo a brigar na justiça comum. Em sua carta, ele lamenta: "Que vergonha! Será que entre vocês não existe alguém com bastante sabedoria para resolver uma questão entre irmãos?".[5] Ele ficou escandalizado ao descobrir que não havia ninguém maduro na igreja para resolver o conflito pacificamente. Na mesma carta, declara: "Tenho uma preocupação séria a compartilhar com vocês, meus amigos, pela autoridade de Jesus nosso Senhor. Tentarei ser o mais direto possível: vocês precisam aprender a entrar em acordo. Devem ter consideração uns pelos outros, cultivando a vida em comum".[6]

Se você deseja a bênção de Deus em sua vida e quer ser conhecido como filho de Deus, aprenda a ser um pacificador. Jesus disse: "Deus abençoa os que trabalham pela paz, pois eles serão chamados filhos de Deus".[7] Note que Jesus não disse: "Bem-aventurados os que amam a paz, pois todo mundo *ama* a paz". Nem disse: "Bem-aventurados os pacíficos", que nunca se incomodam com nada. Ele chama "bem-aventurados" os que *trabalham* pela paz — aqueles que procuram efetivamente solucionar conflitos. Pacificadores são raros porque promover a paz é um trabalho muito difícil.

Você foi formado para ser parte da família de Deus, e o segundo propósito de sua vida aqui é aprender a amar e a se relacionar com as pessoas. Por isso, promover a paz é uma das habilidades mais importantes que você pode desenvolver. Infelizmente, a maioria de nós jamais aprendeu a resolver conflitos.

Promover a paz não é *evitar conflitos*. Fugir de um problema, fingindo que ele não existe ou ter medo de falar sobre o assunto é na verdade covardia. Jesus, o Príncipe da Paz, nunca teve medo de conflitos. Em determinada ocasião, ele *provocou* um conflito para o bem de todos. Há momentos em que devemos evitar o conflito, mas há ocasiões em que precisamos criá-lo e situações em que precisamos solucioná-lo. Por isso, precisamos orar, pedindo a contínua direção do Espírito Santo.

Promover a paz também não é *apaziguar*. Ceder o tempo todo, agir com subserviência e permitir que os outros sempre o reprimam não era o que Jesus tinha em mente. Ele se recusou a ceder em muitas questões, sustentando seus argumentos diante de qualquer oposição diabólica.

## Como restaurar um relacionamento

Como cristãos, Deus "nos chamou para que ajustássemos nossos relacionamentos uns com os outros".[8] Seguem sete passos bíblicos para a restauração da comunhão:

**Fale com Deus antes de falar com a pessoa.** Converse com Deus a respeito do problema. Se você orar a respeito do conflito, em vez de se juntar a alguém para murmurar, descobrirá que, em geral, ou Deus muda seu coração ou muda o coração da outra pessoa, sem sua ajuda. Todos os relacionamentos seriam mais tranquilos se você tão somente orasse mais a respeito deles.

Assim como Davi compôs os salmos, use a oração para *desabafar verticalmente*. Conte a Deus suas frustrações. Clame por ajuda. Ele nunca fica surpreso ou aborrecido com sua raiva, mágoa, insegurança ou qualquer outra emoção. Portanto, diga-lhe exatamente como se sente.

A maioria dos conflitos tem raízes em necessidades não satisfeitas. Algumas dessas necessidades só podem ser alcançadas por Deus. Quando você espera que uma pessoa — amigo, mulher, chefe ou membro da família satisfaça uma necessidade que somente Deus pode atender, está se candidatando à amargura e à decepção. *Ninguém* pode suprir todas as suas necessidades, exceto Deus.

O apóstolo Tiago observa que muitos de nossos conflitos acontecem por falta de oração: "De onde vêm as guerras e contendas que há entre vocês? [...]. Vocês cobiçam coisas, mas não as têm [...]. Não têm, porque não pedem".[9] Em vez de confiar em Deus, preferimos crer que os outros nos farão felizes e então ficamos furiosos quando eles nos decepcionam. Deus, porém, está dizendo: "Por que você não vem primeiro a mim?".

**Tome sempre a iniciativa.** Não importa se você ofendeu ou foi ofendido. Deus espera que você dê o primeiro passo. Não espere pela outra parte; vá primeiro a ela. Restaurar a comunhão perdida é tão importante que Jesus lhe deu precedência até mesmo sobre o culto de adoração:

> "É assim que eu quero que vocês se conduzam. Se alguém estiver no local do culto, prestes a fazer uma oferta, e de repente se lembrar de que um amigo tem algum ressentimento contra ele, deixe de lado a oferta,

saia imediatamente, procure o amigo e conserte a situação. Depois de fazer isso, então poderá voltar e oferecer seu culto a Deus".[10]

Quando a comunhão é prejudicada ou rompida, planeje imediatamente uma conferência de paz. Não fique adiando, arrumando desculpas nem prometendo: "Resolvo isso qualquer dia desses". Programe um encontro o mais rápido possível. Demoras só aprofundam ressentimentos e pioram a situação. Quando se trata de conflitos, o tempo não cura nada; pelo contrário, as mágoas tornam-se mais profundas.

**Deus espera que você dê o primeiro passo.**

Agir rapidamente também evita que os danos espirituais sejam maiores. A Bíblia diz que o pecado, incluindo os conflitos não resolvidos, bloqueia a comunhão com Deus e impede que as orações sejam respondidas[11] além de nos tornar infelizes. Os amigos de Jó lembraram-no de que "ficar desgostoso e amargurado é loucura, é falta de juízo, que leva à morte". Disseram-lhe também: "Com a sua raiva, você só está se ferindo".[12]

Normalmente, o sucesso de uma conferência de paz depende da escolha do momento e do local adequado. Não se reúna se você estiver cansado, apressado ou tiver de ser interrompido. O melhor momento é quando ambos estiverem tranquilos.

**Demonstre compaixão pelos sentimentos dos outros.** Use mais os ouvidos que a boca. Antes de procurar solucionar qualquer desavença, você deve primeiro levar em consideração os sentimentos das pessoas. Paulo aconselha: "Que ninguém procure somente os seus próprios interesses, mas também os dos outros".[13] O verbo "procurar" é a tradução do grego *skopos*, do qual formamos as palavras "telescópio" e "microscópio". Significa estar alerta, observar! Concentre-se em seus sentimentos; não nos fatos. Comece pela compaixão; não pela solução do problema.

Não comece tentando arrancar das pessoas o que elas sentem. Ouça-as apenas, deixando que se descarreguem emocionalmente sem ficar na defensiva. Concorde com a cabeça, sinalizando que compreende, mesmo que tenha outra opinião.

Os sentimentos nem sempre são verdadeiros ou lógicos. Na verdade, os ressentimentos nos fazem agir e pensar como tolos. Davi admitiu certa vez: "O meu coração estava cheio de amargura, e eu fiquei revoltado. Eu não podia compreender, ó Deus; era como um animal, sem entendimento".[14] Todos agimos como bestas-feras quando estamos feridos.

Em contrapartida, a Bíblia diz: "A sabedoria do homem lhe dá paciência; sua glória é ignorar as ofensas".[15] A paciência tem origem na sabedoria, e a sabedoria tem origem no fato de ouvir a perspectiva dos outros. Quando ouve, você está dizendo: "Valorizo sua opinião, preocupo-me com nosso relacionamento e você é importante para mim". O ditado é verdadeiro: as pessoas não se importam com o que sabemos até que saibam que nos importamos.

Para restabelecer a comunhão, "é preciso carregar o peso de termos consideração para com as dúvidas e temores de outras pessoas — daqueles que sentem que essas coisas estão erradas. Agrademos ao outro, e não a nós mesmos, e façamos aquilo que é para o seu bem e assim o edificaremos no Senhor".[16] É torturante absorver pacientemente a raiva dos outros, sobretudo quando ela é infundada. Mas lembre-se: foi isso que Jesus fez por você. Ele suportou uma fúria infundada e maliciosa para salvá-lo, pois "não buscou sua própria satisfação, mas conforme está escrito: Os insultos dos que te injuriaram caíram sobre mim".[17]

**Confesse sua parte no conflito.** Se você realmente deseja restaurar um relacionamento, comece admitindo os próprios erros e transgressões. Jesus disse que esta é a forma de ver as coisas com mais clareza: "Primeiro tire a viga de seu olho, e então talvez você enxergará suficientemente bem para tirar o cisco do olho de seu amigo".[18]

Já que todos temos pontos cegos, você precisará pedir a uma terceira pessoa que o ajude a avaliar suas ações antes de se encontrar com quem tem um conflito. Também peça a Deus que lhe mostre quanto você mesmo contribuiu para o problema.

Pergunte: "Sou eu o problema? Estou sendo irrealista, insensível ou sensível demais?". A Bíblia diz: "Se afirmarmos que estamos sem pecado, enganamos a nós mesmos, e a verdade não está em nós".[19]

A confissão é uma ferramenta poderosa para a reconciliação. Não raro a forma de lidarmos com o conflito cria um problema ainda maior. Quando você começa admitindo humildemente os erros, isso neutraliza a raiva da outra pessoa e a deixa desarmada, porque ela provavelmente esperava que você ficasse na defensiva. Não dê desculpas nem transfira a culpa, apenas confesse sinceramente qualquer participação que tenha tido no conflito. Aceite a responsabilidade pelos erros e peça perdão.

**Invista contra o problema, não contra a pessoa.** Não há como solucionar o problema se você estiver preocupado em identificar a culpa. Você terá de fazer uma escolha. A Bíblia diz: "A resposta cortês abranda a fúria, mas a língua afiada incita a ira".[20] Você nunca se fará entender estando zangado, por isso escolha cuidadosamente as palavras. A resposta branda é sempre melhor que o sarcasmo.

Na solução de conflitos, a *maneira* de falar é tão importante quanto *o que* se fala. Se você se expressar de forma ofensiva, a outra pessoa ouvirá de forma defensiva. Deus nos diz: "Quem tem coração sábio é conhecido como uma pessoa compreensiva; quanto mais agradáveis são as suas palavras, mais você consegue convencer os outros".[21] Irritar as pessoas jamais funciona, e você nunca é persuasivo quando é rude.

Durante a Guerra Fria, ambos os lados concordaram em que algumas armas eram tão destrutivas que jamais deveriam ser usadas. Atualmente, as armas químicas e biológicas foram banidas, e os estoques de armas nucleares estão sendo reduzidos. Para o bem da comunhão, você deve destruir seu arsenal de armas nucleares relacionais, ou seja: condenar, menosprezar, comparar, rotular, insultar, ironizar, reagir com sarcasmo. Paulo resume tudo isso desta forma:

**Na solução de conflitos, a *maneira* de falar é tão importante quanto *o que* se fala.**

> Não digam palavras que fazem mal aos outros, mas usem apenas palavras boas, que ajudam os outros a crescer na fé e a conseguir o que necessitam, para que as coisas que vocês dizem façam bem aos que ouvem.[22]

**Coopere tanto quanto possível.** Paulo disse: "Façam todo o possível para viver em paz com todas as pessoas".[23] A paz sempre tem uma etiqueta de preço. Às vezes, custa nosso orgulho e quase sempre custa nosso egoísmo. Pelo bem da comunhão, faça o melhor que puder para chegar a um acordo, adapte-se aos outros e mostre preferência pelas necessidades deles.[24] Uma paráfrase da sétima bem-aventurança de Jesus diz: "Abençoados são vocês, que conseguem mostrar que cooperar é melhor que brigar ou competir. Desse modo, irão descobrir quem vocês realmente são e o lugar que ocupam na família de Deus".[25]

**A reconciliação atém-se ao relacionamento, já a solução está vinculada ao problema.**

**Enfatize a reconciliação, não a solução.** É ilusão esperar que todos concordem a respeito de tudo. A reconciliação atém-se ao relacionamento, já a solução está vinculada ao problema. Quando focamos a reconciliação, o problema perde importância e não raro se torna irrelevante.

Podemos restabelecer um relacionamento mesmo quando somos incapazes de resolver nossas diferenças. Os cristãos muitas vezes têm discordâncias sinceras e legítimas, além de anunciar suas divergências, mas podemos discordar sem ser desagradáveis. O mesmo diamante tem diferentes aspectos quando visto de diferentes ângulos. Deus espera unidade, não uniformidade. Podemos caminhar de braços dados sem concordar em tudo.

Isso não significa que você deva desistir de encontrar uma solução. Talvez você precise continuar conversando e até mesmo discutindo, mas faça isso com espírito de harmonia. Reconciliação significa fazer as pazes, não necessariamente esquecer o assunto.

Depois de ler este capítulo, com quem você acha que precisa entrar em contato? Com quem você precisa restaurar a comunhão? Não demore mais nem um segundo. Faça uma pausa agora mesmo e converse com Deus sobre essa pessoa. Em seguida, pegue o telefone e comece o processo. Esses sete passos são simples, mas não são fáceis. É necessário muito esforço para restaurar a comunhão com alguém. Foi por isso que Pedro recomendou: "Esforcem-se para viver em paz com os outros".[26] Quando você tenta promover paz, está fazendo o que Deus faria. É por isso que os pacificadores são chamados "filhos de Deus".[27]

## Dia 20 — Pensando sobre meu propósito de vida

**Tema para reflexão:**
Sempre vale a pena restaurar os relacionamentos.

**Versículo para memorizar:**
"Façam todo o possível para viver em paz com todas as pessoas". (Romanos 12.18, *NTLH*)

**Pergunta para meditar:**
Com quem estou precisando restaurar meu relacionamento?

Dia
21

# PROTEGENDO SUA IGREJA

*Vocês estão unidos na paz por meio do Espírito, portanto esforcem-se para continuar unidos desse modo.*

EFÉSIOS 4.3, *NCV*

*Acima de tudo, deixem que o amor dirija a vida de vocês, porque assim toda a igreja permanecerá unida em perfeita harmonia.*

COLOSSENSES 3.14, *NBV-P*

**É SUA FUNÇÃO PROTEGER A UNIDADE DE SUA IGREJA.**

A unidade da igreja é tão importante que o Novo Testamento dá mais importância a isso que ao céu e ao inferno. Deus deseja profundamente que experimentemos *unidade* e harmonia uns com os outros.

A unidade é a alma da comunhão. Destrua-a, e assim removerá o coração do corpo de Cristo. A unidade está no âmago daquilo que Deus deseja que experimentemos na vida conjunta da igreja. Nosso modelo supremo de unidade é a Trindade. O Pai, o Filho e o Espírito Santo são totalmente unidos em um. O próprio Deus é o maior de todos os exemplos de amor sacrifical, de humildade para com os outros e de perfeita harmonia.

Assim como qualquer pai, nosso Pai celestial tem prazer em ver os filhos em harmonia uns com os outros. Em seus últimos momentos, antes de ser preso, Jesus orou apaixonadamente por nossa unidade.[1] Era nossa união que estava em primeiro lugar em sua mente naquelas horas agonizantes. Isso mostra a importância do assunto.

Nada no mundo é mais valioso para Deus que sua Igreja. Ele pagou o mais alto preço por ela e a quer protegida, especialmente dos danos devastadores causados por divisões, conflitos e discordâncias. Se você faz parte da família de Deus, é sua responsabilidade proteger a unidade da comunidade da qual participa. Você foi encarregado por Jesus de fazer o possível para preservar a unidade, proteger a comunhão e promover a harmonia em sua igreja e entre todos os cristãos. A Bíblia diz: "Façam todo o esforço para conservar a unidade do Espírito pelo vínculo da paz".[2] Como fazer isso? A Bíblia nos dá algumas orientações.

**Concentre-se no que temos em comum, não em nossas diferenças.** Paulo recomenda: "Concentremo-nos nas coisas que contribuem para a harmonia e no crescimento de nossa comunhão conjunta".[3] Como fiéis, compartilhamos um Senhor, um corpo, um propósito, um Pai, um Espírito, uma esperança, uma fé, um batismo e um amor.[4] Partilhamos a mesma salvação, a mesma vida e o mesmo futuro — fatores muito mais importantes que as diferenças que poderíamos enumerar. É neles que devemos nos concentrar; não em nossas diferenças pessoais.

**Nada no mundo é mais valioso para Deus que sua Igreja.**

Lembre-se de que foi Deus quem escolheu nos dar diferentes personalidades, formações, raças e preferências. Logo, devemos apreciar essas diferenças, não simplesmente tolerá-las. Deus deseja unidade, não uniformidade. Contudo, para o bem da unidade, não devemos permitir que nossas diferenças, em circunstância alguma, nos separem. Precisamos nos manter concentrados no que mais importa — aprender a amar uns aos outros como Cristo nos amou e cumprir os cinco propósitos de Deus para cada um de nós e para sua Igreja.

O conflito é normalmente sinal de que o foco foi desviado para questões menos importantes, que a Bíblia chama "assuntos controvertidos".[5] Quando nos concentramos em personalidades, preferências, interpretações, estilos ou métodos, a divisão sempre acontece. Mas, se nos concentramos em amar uns aos outros e em cumprir os propósitos de Deus, alcançaremos a harmonia. Paulo implora por isso: "Irmãos, em nome de nosso Senhor Jesus Cristo suplico a todos vocês que concordem uns com os outros no que falam, para que não haja divisões entre vocês; antes, que todos estejam unidos num só pensamento e num só parecer".[6]

**Seja realista em suas expectativas.** Agora que você descobriu como Deus quer que seja a *verdadeira* comunhão, é fácil ficar desanimado pela disparidade entre o *ideal* e a *realidade* presenciada em sua igreja. Você deve amar apaixonadamente a igreja, apesar das imperfeições que ela tem. Ansiar pelo ideal enquanto critica o real é evidência de imaturidade. Em contrapartida, conformar-se com o real sem lutar pelo ideal é complacência. A maturidade está em conviver com essa tensão.

Outros fiéis *irão* decepcioná-lo e desiludi-lo, mas isso não é desculpa para deixar de ter comunhão com eles, pois são sua família, mesmo quando não agem como tal, e você não pode simplesmente abandoná-los. Em vez disso, Deus nos orienta: "Sejam pacientes uns com os outros, fazendo concessões às faltas uns dos outros, por causa do amor que há em vocês".[7]

**Você deve amar apaixonadamente a igreja, apesar das imperfeições que ela tem.**

As pessoas ficam desiludidas com a igreja local por muitas razões compreensíveis. A lista pode ser bastante longa: conflitos, mágoas, hipocrisia, negligência, mesquinharias, legalismo e outros pecados. Em vez de ficarmos abalados e surpresos, devemos recordar que a igreja é constituída de pecadores de verdade, entre os quais nos incluímos. Por sermos pecadores, magoamos uns aos outros, às vezes intencionalmente e às vezes sem querer. Mas, em vez de deixar a igreja, precisamos ficar ali e tentar de alguma forma solucionar o que for possível. A reconciliação — não a evasão — é a estrada para um caráter mais forte e para uma comunhão mais profunda.

Divorciar-se da igreja ao primeiro sinal de decepção ou desilusão indica imaturidade. Deus tem coisas que quer ensinar a você e aos outros também. Além do mais, não há igreja perfeita para onde você possa escapar. Toda igreja tem fraquezas e problemas, e você logo ficará desapontado novamente.

Groucho Marx ficou famoso por dizer que não gostaria de pertencer a um clube que o aceitasse como sócio. Se uma igreja tiver de ser perfeita para satisfazer você, essa mesma perfeição irá impedi-lo de pertencer a ela, porque você não é perfeito!

Dietrich Bonhoeffer, ministro alemão martirizado por resistir aos nazistas, escreveu um clássico sobre a convivência na igreja: *Vida em comunhão*. Nesse livro, sugere que a desilusão com a igreja local é algo bom, porque destrói nossas falsas expectativas de perfeição. Quanto mais cedo desistirmos da ilusão de que a igreja deve ser perfeita para que a amemos, mais cedo deixaremos de fingir e admitiremos que somos *todos* imperfeitos e precisamos da graça divina. Esse é o início da verdadeira comunidade.

Toda igreja deveria afixar uma placa: "Proibida a entrada de pessoas perfeitas. Este é um lugar somente para os que admitem que são pecadores, carecem da graça e desejam crescer".

Bonhoeffer disse:

> Aquele que ama seu sonho de uma comunidade mais que a comunidade cristã em si torna-se destruidor desta [...]. Se não dermos graças diariamente pela comunidade da qual fazemos parte, mesmo quando não há nenhuma grande experiência, nenhuma riqueza a ser descoberta, mas apenas muita fraqueza, pouca fé e dificuldades; se, ao contrário, continuamos nos queixando de que tudo é desprezível e insignificante, estamos impedindo que Deus permita que a nossa comunidade cresça.[8]

**Prefira incentivar a criticar.** É sempre mais fácil ficar de lado e atirar pedras naqueles que estão servindo a Deus que se envolver e contribuir. Deus nos adverte repetidamente que não critiquemos, nem comparemos ou julguemos uns os outros.[9] Criticar o trabalho que outro irmão está fazendo pela fé e com sincera convicção é interferir nos assuntos de Deus: "Que direito você tem de criticar o servo de alguém? Somente Deus pode decidir se ele está fazendo o que é certo".[10]

Paulo acrescenta que não devemos julgar nem desprezar irmãos com convicções distintas das nossas: "Por que [...] você critica as ações de seu irmão? Por que tenta fazê-lo parecer pequeno? Todos seremos julgados um dia, não com base nos padrões uns dos outros nem mesmo por nossos próprios padrões, mas pelo julgamento de Deus".[11]

Sempre que julgo um irmão, quatro coisas acontecem instantaneamente: perco minha comunhão com Deus, exponho meu orgulho e minha insegurança, predisponho-me em situação de ser julgado por Deus e prejudico a comunhão da igreja. O espírito crítico é um vício dispendioso.

Na Bíblia, Satanás é chamado "o acusador dos nossos irmãos".[12] Culpar, criticar e queixar-se dos membros da família de Deus é trabalho do Diabo. Se fazemos o mesmo, é porque fomos ludibriados e induzidos a fazer o trabalho de Satanás. Lembre-se de que outros cristãos, não importa quanto você discorde deles, não são o verdadeiro inimigo. O tempo que desperdiçamos comparando ou criticando outros irmãos deveria ser aplicado na edificação da unidade entre os irmãos. A Bíblia diz: "Assim estaremos empregando nosso esforço na boa convivência fraterna. Ajudem-se mutuamente com palavras de ânimo. Não ponham seu irmão lá embaixo, apontando os defeitos dele".[13]

**Recuse-se a dar ouvidos a fofocas.** Fofocar é transmitir informações quando você nem é parte do problema nem da solução. Você sabe que espalhar fofocas é errado e, se quiser proteger sua igreja, nem mesmo deve *dar ouvidos* a elas. Ouvir uma fofoca é como receptar mercadoria roubada: isso o faz igualmente culpado pelo crime.

Quando alguém começar a falar mal de alguém para você, tenha a coragem de dizer: "Por favor, pare! Não preciso saber disso. Você já falou diretamente com a pessoa?". Pessoas que trazem fofocas *a você* também irão espalhar fofocas *sobre* você. Tais pessoas não são confiáveis. Se você dá ouvidos a fofocas, para Deus você é um criador de casos.[14] "Criadores de caso dão ouvidos a criadores de caso".[15] "São esses os que dividem igrejas, pensando apenas em si mesmos. São egoístas, sem nenhuma evidência do Espírito".[16]

É triste constatar que, no rebanho de Deus, as maiores feridas sejam causadas por ovelhas, não por lobos. Paulo alerta sobre os "cristãos canibais", que "se devoram uns aos outros",[17] destruindo a comunhão. A Bíblia diz que esse tipo de pessoa deve ser evitada: "A difamação revela segredos. Portanto, fique longe de quem fala demais".[18] A maneira mais rápida de pôr fim a um conflito, seja numa igreja, seja num grupo, é enfrentar carinhosamente os fofoqueiros e convidá-los a mudar de atitude. Salomão lembra que: "Uma fogueira se apaga quando acaba a lenha; da mesma maneira, as brigas acabam quando o encrenqueiro e implicante é separado do grupo".[19]

**Pratique os métodos de Deus para a solução de conflitos.** Além dos princípios mencionados no capítulo anterior, Jesus ensina à igreja um processo simples, dividido em três etapas:

> "Se um dos que dizem ser seu irmão na fé prejudicar você, converse com ele. Consertem a situação entre vocês. Se ele ouvir, você fez um amigo. Se não ouvir, tome uma ou duas pessoas, para que a presença de testemunhas torne o ato legítimo, e tente de novo. Se ainda assim ele não ouvir, leve o caso à igreja".[20]

Em meio a um conflito, somos tentados a nos queixar a terceiros, em vez de corajosamente falar a verdade de maneira amorosa à pessoa com quem estamos aborrecidos. A primeira atitude só aumentará o problema. Assim, o correto é procurar diretamente a pessoa envolvida.

A conversa em particular é sempre o primeiro passo, e você deve fazê-lo o mais breve possível. Se vocês não forem capazes de resolver o assunto sozinhos, o passo seguinte é levar uma ou duas testemunhas para que tomem ciência do problema e ajudem na reconciliação. E o que fazer se a pessoa ainda se mostrar intransigente? Jesus ordena que apresente o assunto à igreja. Se a pessoa ainda assim se recusar a ouvi-lo, você deve tratá-la como descrente.[21]

**Apoie seu pastor e os outros líderes.** Não existe líder perfeito, mas Deus concede aos líderes responsabilidade e autoridade para que mantenham a unidade da igreja. Durante conflitos interpessoais, esse é um trabalho ingrato. O pastor tem a desagradável tarefa de agir como mediador entre membros ressentidos e imaturos que vivem em conflito. Ele também recebeu a impossível incumbência de fazer com que *todos* fiquem felizes, algo que nem Jesus conseguiu realizar!

A Bíblia é clara sobre a maneira com a qual devemos nos relacionar com os que nos servem:

> Sejam obedientes aos seus pastores. Ouçam o conselho deles. Eles estão atentos à condição da vida de vocês e trabalham sob a estrita supervisão de Deus. Contribuam para que a liderança deles seja alegre, não penosa. Por que tornar as coisas mais difíceis?[22]

**Protegemos a igreja quando honramos os que nos servem no papel de líderes.**

Os pastores um dia estarão diante de Deus para prestar contas sobre a responsabilidade de zelar por você. "Eles cuidam de vocês como quem deve prestar contas",[23] mas você também terá de se explicar. Você prestará contas a Deus sobre seu comportamento com relação a seus líderes.

A Bíblia instrui os pastores a como lidar com pessoas que promovem dissensão no meio da igreja. Eles devem evitar discussões e ensinar gentilmente o caminho inverso, enquanto oram para que os encrenqueiros mudem de atitude. Devem admoestar os que promovem polêmicas, rogar por harmonia e unidade, repreender os que desrespeitam a liderança e remover os perturbadores da igreja, caso não considerem os dois avisos mencionados.[24]

Protegemos a igreja quando honramos os que nos servem no papel de líderes. Os pastores e anciãos necessitam de nossas orações, incentivos, apreço e amor. Recebemos a seguinte orientação: "Agora, amigos, pedimos que vocês honrem os líderes que trabalham arduamente por vocês, a quem foi dada a responsabilidade de encorajar e orientar vocês na obediência. Tenham toda consideração e amor por eles!".[25]

Desafio você a aceitar a responsabilidade de proteger e promover a união em sua igreja. Empenhe-se nesse objetivo com todas as suas forças: Deus irá se agradar disso. Nem sempre será fácil. Em alguns momentos, terá de fazer o que é melhor para o corpo, não para você mesmo, mostrando preferência pelos outros. Este é um dos motivos pelos quais Deus nos pôs na família-igreja: para aprendermos o altruísmo. Em comunidade, aprendemos a dizer "nós", em vez de "eu"; "nosso", em vez de "meu". Deus diz: "Não pensem apenas no próprio bem. Pensem nos outros cristãos e no que é melhor para eles".[26]

Deus abençoa a igreja que permanece unida. Na Igreja Saddleback, cada membro assina um pacto que inclui a promessa de proteger a unidade de nossa comunhão. Consequentemente, a igreja jamais sofreu um conflito capaz de nos dividir. Tão importante quanto isso é o fato de que muitos *desejam* fazer parte dela, uma vez que se trata de uma comunidade unida e amorosa. Para se ter uma ideia, num período de sete anos, a igreja chegou a batizar alguns milhares de novos convertidos. Quando Deus tem um grupo de novos cristãos que deseja libertar, ele busca como incubadora a igreja mais carinhosa que puder encontrar.

O que você está fazendo no plano pessoal para tornar sua igreja local mais aconchegante e amorosa? Muitas pessoas em sua comunidade estão em busca de amor e de um lugar ao qual pertencer. A verdade é que *todo mundo* precisa e quer ser amado e, quando alguém encontra uma igreja cujos membros verdadeiramente amam uns aos outros e se importam uns com os outros, somente portas trancadas poderiam mantê-lo do lado de fora.

## Pensando sobre meu propósito de vida

*Dia* 21

**Tema para reflexão:**
Tenho a responsabilidade de proteger a unidade de minha igreja.

**Versículo para memorizar:**
"Portanto, concentremo-nos nas coisas que contribuem para a harmonia e no crescimento de nossa comunhão conjunta". (Romanos 14.19, *CH*)

**Pergunta para meditar:**
O que estou fazendo pessoalmente para proteger a unidade de minha família eclesiástica neste exato momento?

GUIA DE ESTUDOS

# Você foi formado para fazer parte da família de Deus

**PONTOS-CHAVE.** Deus criou um casal e deu ordem para que multiplicassem a semente, isto é, que tivessem filhos e filhas. Isso aconteceu há milhares de anos, e hoje há bilhões de pessoas vivendo em uma família dividida que segue diferentes "deuses". Deus contornou esse problema enviando seu Filho para constituir uma nova família que professa a fé nele.

**APLICAÇÃO.** Às pessoas Deus deu liberdade para seguirem seus próprios caminhos, desde que assumam os riscos que suas decisões acarretam. Como alternativa a esse caminho perigoso da autonomia, da vida à parte de Deus, o Senhor propôs à humanidade a fé na obra que seu Filho realizou e o caminho que conduz ao Pai. Ao manifestarmos essa fé, somos integrados à uma enorme família, a família de Deus, e temos o nosso estado modificado: passamos de amigos, de criação, a filhos adotados por Deus, e recebemos novos direitos como tais.

## PERGUNTAS

1. De que modo a pessoa abandona o afastamento de Deus e passa a pertencer à sua família, tornando-se filho de Deus?

2. É possível viver uma vida "livre", tomar as próprias decisões sem importar-se com um plano superior elaborado por Deus e seguir seus próprios caminhos. Por outro lado, é possível abrir mão temporariamente da vontade própria e ajustar-se aos planos de Deus, ter uma vida mais simples, mas desfrutar a vida eterna com Deus depois de terminarmos a jornada terrena. Em sua opinião, o que realmente importa e por quê? Justifique sua resposta.

3. Segundo o que você leu neste capítulo, que privilégios há em pertencer à família de Deus?

4. Como todas as famílias da Terra, a família de Deus tem distinções que caracterizam os filhos de Deus. Quais são as marcas que identificam aqueles que têm uma vida comum de fé em Jesus?

5. O que você entende ser sua parte na manutenção e na preservação dos traços da família de fé em Jesus? O que tem feito individualmente e coletivamente nesse sentido?

6. Como você cultiva e preserva a relação com Deus, nosso Pai?Você foi criado para se tornar semelhante a Cristo.

# PROPÓSITO 3

# Você foi criado para se tornar semelhante a Cristo

*Deixem que as raízes de vocês se aprofundem nele*
*e extraiam dele a nutrição. Cuidem de continuar a crescer*
*no Senhor, e tornem-se fortes e vigorosos na verdade.*
*E que a vida de vocês transborde de alegria e gratidão*
*por tudo quanto ele tem feito.*

COLOSSENSES 2.7, *NBV-P*

Dia 22

# CRIADO PARA SE TORNAR SEMELHANTE A CRISTO

*Deus sempre soube o que estava fazendo. Ele decidiu, desde o princípio, moldar a vida daqueles que o amam pelos mesmos padrões da vida do Filho. [...] Nele, vemos a vida humana em sua forma original.*

ROMANOS 8.29, *AM*

*Quando olhamos para o Filho [...] vemos o propósito original de Deus em toda a criação.*

COLOSSENSES 1.15, *AM*

**VOCÊ FOI CRIADO PARA SE TORNAR SEMELHANTE A CRISTO.**

Desde o princípio, o plano de Deus é fazê-lo semelhante a seu Filho, Jesus. Esse é seu destino e o terceiro propósito de vida. Deus anunciou esse intento já na criação: "Depois Deus disse: 'Façamos o ser humano à nossa imagem e semelhança'".[1]

Em toda a criação, somente o ser humano foi feito "à imagem de Deus". Esse é um grande privilégio, que muito nos honra. Não podemos absorver *tudo* que essa frase abrange, mas com certeza é possível analisar alguns aspectos: assim como Deus, somos *seres espirituais* — nosso espírito é imortal e sobreviverá nosso corpo terreno; somos *intelectuais* — podemos pensar, ponderar e solucionar problemas; como Deus, o ser humano é *relacional* — podemos dar e receber amor verdadeiro; somos dotados de *consciência moral* — podemos discernir entre o certo e o errado, o que nos torna responsáveis diante de Deus.

A Bíblia diz que todas as pessoas, não apenas os cristãos, detêm parte da imagem de Deus. Esse é o motivo pelo qual o assassinato e o aborto são um erro.[2] No entanto, a imagem está incompleta, além de ter sido danificada e distorcida pelo pecado. Então, Deus enviou Jesus para restaurar a imagem em sua plenitude, algo que havíamos perdido.

Com o que se parece a plena "imagem e semelhança" de Deus? Ela se parece com Jesus Cristo! A Bíblia diz que Jesus "é a imagem exata de Deus", "a imagem do Deus invisível" e "a expressão exata do seu ser".[3]

As pessoas usam frequentemente a expressão "tal pai tal filho" para se referir à semelhança entre ambos. Quando as pessoas percebem a semelhança entre mim e meus filhos, isso me agrada. Deus também quer que os filhos dele manifestem sua imagem e semelhança. A Bíblia diz: "Você foi [...] criado para ser semelhante a Deus em justiça e em santidade".[4]

Deixe-me ser absolutamente claro: você jamais se tornará Deus nem mesmo *um* deus. Essa mentira, impregnada de arrogância, é a mais antiga tentação de Satanás. Ele prometeu a Adão e Eva que, caso seguissem seu conselho, seriam "como deuses".[5] Muitas religiões e filosofias da Nova Era ainda promovem a velha mentira de que somos divinos e podemos nos tornar deuses.

**O supremo objetivo de Deus para sua vida aqui não é o conforto, e sim o desenvolvimento do caráter.**

O desejo de ser divino manifesta-se toda vez que tentamos controlar as circunstâncias, o futuro e as pessoas ao redor. Na condição de criaturas, porém, jamais seremos o *Criador*. Deus não quer que você se transforme num deus, e sim que se torne *como ele* — que assuma valores, atitudes e caráter próprios dele. A Bíblia diz:

> Agora é hora de ter um estilo de vida totalmente novo, zerado — uma vida planejada por Deus, renovada a partir de dentro; uma vida que muda para melhor a conduta de vocês e que faz o caráter de Deus tornar-se realidade em nossa vida.[6]

O supremo objetivo de Deus para sua vida aqui não é o conforto, e sim o desenvolvimento do caráter. Ele quer que você cresça espiritualmente e se torne semelhante a Cristo. Tornar-se semelhante a Cristo não significa perder a personalidade ou se tornar autômato. Deus criou em você um caráter único, portanto é óbvio que não pretende destruí-lo. Ser semelhante a Cristo consiste, em essência, na transformação do caráter, não da personalidade.

Deus quer que você desenvolva o tipo de caráter descrito nas bem-aventuranças de Jesus,[7] no fruto do Espírito,[8] no notável capítulo de Paulo sobre o amor[9] e nas características de uma vida produtiva e eficaz, descrita por Pedro.[10] Toda vez que se esquecer de que o caráter é um dos propósitos de Deus para sua vida, você ficará frustrado diante da situação que estiver enfrentando. Talvez você pense: "Por que isto está acontecendo comigo? Por que estou passando por momentos tão difíceis?". Uma resposta poderia ser que a vida é *necessariamente* difícil, pois é isso que nos possibilita crescer. Lembre-se de que aqui não é o céu!

Muitos cristãos interpretam erroneamente a promessa de Jesus acerca da "vida completa",[11] como se isso significasse saúde perfeita, estilo de vida confortável, felicidade ininterrupta, plena realização dos sonhos e alívio instantâneo dos problemas por meio da fé e da oração. Em suma, acreditam que a vida cristã seja fácil e vivem a expectativa de um céu terreno.

Essa perspectiva egocêntrica considera Deus uma espécie de gênio da lâmpada, que existe tão somente para nos servir em nossa busca egoísta de realização pessoal. Deus, porém, *não* é nosso criado, e, caso nos deixemos levar pela ideia de que a vida deve ser fácil, ficaremos grandemente desapontados ou viveremos uma constante recusa em aceitar a realidade.

Nunca se esqueça de que a vida não gira em torno de você! Você existe para os propósitos de Deus; não o contrário. Por que Deus lhe proporcionaria *um céu aqui*, quando ele já planejou o verdadeiro céu para você na eternidade? Deus concede nosso tempo aqui para construirmos e fortalecermos nosso caráter para viver no céu.

## A obra do Espírito Santo de Deus em você

É tarefa do Espírito Santo produzir um caráter semelhante ao de Cristo em você. A Bíblia diz: "À medida que o Espírito do Senhor trabalha em nós, tornamo-nos mais e mais semelhantes a ele e refletimos a sua glória ainda mais".[12] O processo pelo qual nos tornamos mais semelhantes a Jesus é chamado "santificação", que é o terceiro propósito de vida neste mundo.

Você não pode reproduzir o caráter de Jesus por esforço próprio. Decisões de ano-novo, força de vontade e as melhores intenções não são suficientes. Somente o Espírito Santo tem poder para realizar as transformações que Deus deseja em nossa vida.

A Bíblia diz: "Deus está operando em vocês, dando-lhes o desejo de obedecer-lhe e a capacidade de fazer o que lhe agrada".[13]

Mencione "o poder do Espírito Santo", e muitas pessoas imaginarão manifestações milagrosas e emoções intensas. Mas, na maioria das vezes, esse poder atua em sua vida de maneira discreta e silenciosa, de modo que você às vezes nem a percebe. Ele frequentemente nos toca como "uma brisa suave".[14]

As características de Cristo não são produzidas por imitação, mas por habitação: permitimos que Cristo viva por meio de nós. "Pois este é o segredo: Cristo vive em vocês".[15] Como isso acontece na vida real? Pelas escolhas que fazemos. Escolhemos fazer a coisa certa nas diversas situações de nossa vida, confiando que o Espírito Santo de Deus nos concederá força, amor, fé e sabedoria para agir. Uma vez que o Espírito de Deus vive em nós, essas coisas estão sempre à disposição quando necessárias.

**Devemos cooperar com a obra do Espírito Santo.** Por toda a Bíblia, vemos uma importante verdade ilustrada repetidamente: o Espírito Santo libera poder *no momento* em que você dá um passo de fé. Josué deparou com um obstáculo intransponível: as águas transbordantes do rio Jordão, que recuaram somente *depois* que os líderes pisaram na água corrente, num ato de obediência e fé.[16] A obediência libera o poder de Deus.

Deus espera que você aja primeiro. Não espere sentir-se poderoso ou confiante. Siga adiante na sua fraqueza, fazendo a coisa certa a despeito de seus medos e sentimentos. É assim que você coopera com o Espírito Santo; essa é a forma de seu caráter se desenvolver.

A Bíblia compara o crescimento espiritual a uma semente, a uma edificação e a uma criança que se desenvolve. Cada metáfora exige uma participação ativa: sementes devem ser plantadas e cultivadas, edificações devem ser construídas — elas não aparecem do nada — e crianças devem comer e se exercitar para crescer.

Embora o esforço não tenha efeito para a salvação, ele está relacionado com o crescimento espiritual. Pelo menos em oito ocasiões no Novo Testamento nos é dito para "fazermos todo o esforço"[17] em nosso crescimento até nos tornarmos semelhantes a Jesus. Você não pode apenas ficar esperando que isso aconteça.

Paulo explica em Efésios 4.22-24 as três coisas que devemos fazer para nos tornar semelhantes a Cristo. Em primeiro lugar, devemos abandonar nossa antiga maneira de agir: "Agora é hora de ter um estilo de vida totalmente novo, zerado — uma vida planejada por Deus, renovada a partir de dentro [...]".[18]

Em segundo lugar, devemos mudar nosso pensamento: "Deixe que o Espírito transforme sua maneira de pensar".[19] A Bíblia diz que somos "transformados" pela renovação de nossa mente.[20] A palavra grega para "transformado", *metamorphosis* (usada em Romanos 12.2 e 2 Coríntios 3.18), é hoje aplicada para descrever a fantástica metamorfose sofrida pela lagarta ao se tornar borboleta. É uma bela descrição do que acontece espiritualmente conosco quando permitimos que Deus dirija nossos pensamentos: somos transformados de dentro para fora, tornando-nos mais belos sendo liberados para voos mais altos.

Em terceiro lugar, precisamos "assumir" o caráter de Cristo ao desenvolvermos hábitos novos e dignos de Deus. O caráter é basicamente a soma dos hábitos: é como você *habitualmente* age. A Bíblia diz que devemos revestir-nos "[...] do novo homem, criado para ser semelhante a Deus em justiça e em santidade provenientes da verdade".[21]

**Deus usa sua Palavra, as pessoas e as circunstâncias para nos moldar.** São três fatores indispensáveis ao desenvolvimento do caráter. A Palavra de Deus proporciona a *verdade* de que precisamos para crescer, os filhos de Deus contribuem com o *apoio* de que necessitamos para crescer e as circunstâncias promovem o *ambiente* para pormos em prática as características de Cristo. Se você estudar e aplicar a Palavra de Deus, reunir-se regularmente com outros fiéis e aprender a confiar no Senhor nos momentos difíceis, garanto que se tornará mais parecido com Jesus. Veremos cada um desses fatores de crescimento nos capítulos a seguir.

Muitos presumem que estudo bíblico e oração é tudo de que necessitam para crescer espiritualmente. Mas algumas questões

**O caráter é basicamente a soma dos hábitos.**

da vida *nunca* serão transformadas somente pelo estudo bíblico e pela oração. Deus usa pessoas. Ele prefere agir por meio delas a realizar milagres; assim, passamos a depender uns dos outros para alcançar a comunhão. Ele quer que cresçamos juntos.

Em algumas religiões, as pessoas consideradas mais santas e maduras espiritualmente são aquelas que se isolam das outras em monastérios no topo de montanhas, afastadas do pernicioso contato com outros seres humanos. Trata-se de um erro grosseiro. A maturidade espiritual não é uma busca individual e solitária! Você não pode crescer à semelhança de Cristo em isolamento. Você deve ter pessoas ao redor e interagir com elas. Precisa fazer parte de uma igreja e de uma comunidade. Por quê? Porque a verdadeira maturidade espiritual diz respeito a aprender a amar como Jesus amou, e você não pode ser semelhante a Jesus na prática sem se relacionar com outras pessoas. Lembre-se: tudo consiste no amor — amar a Deus e amar os outros.

**Tornar-se semelhante a Cristo é um lento e longo processo de crescimento.** A maturidade espiritual não é instantânea nem automática: é um desenvolvimento que se prolonga por toda a vida. A respeito desse processo, Paulo afirma: "Isso irá continuar até que sejamos [...] maduros, como Cristo, e seremos totalmente semelhantes a ele".[22]

Você é uma obra em construção. Sua transformação espiritual, no que se refere a desenvolver o caráter de Jesus, durará o restante de sua vida e mesmo assim não será completada aqui. Só terminará quando você for para o céu ou quando Jesus voltar. Então, qualquer particularidade ainda não desenvolvida do caráter se resolverá. A Bíblia diz que, quando finalmente formos capazes de ver Jesus com perfeição, vamos nos tornar perfeitos como ele: "Não podemos sequer imaginar como seremos quando Cristo voltar. No entanto, sabemos que, quando ele chegar, seremos semelhantes a ele, pois o veremos como realmente é".[23]

Grande parte das confusões na vida cristã tem origem no desconhecimento da simples verdade de que Deus está muito mais interessado em edificar nosso caráter que em qualquer outra coisa. Preocupamo-nos quando Deus parece silencioso a respeito de determinados assuntos, como: "Que carreira devo escolher?". A verdade é: existem *muitas* carreiras diferentes que podem estar de acordo com a vontade de Deus para sua vida. O que mais importa para Deus é que, seja qual for sua escolha, você a desempenhe com a postura de Cristo.[24]

Deus está muito mais interessado em quem você é do que no que você faz. Somos *seres* humanos; não *fazeres* humanos. Deus se preocupa muito mais com seu caráter que com sua carreira, porque você levará seu caráter para a eternidade, mas não a carreira.

**Deus está muito mais interessado em quem você é do que no que você faz.**

A Bíblia adverte:

> Não se ajustem demais à sua cultura, a ponto de não poderem pensar mais. Em vez disso, concentrem a atenção em Deus. Vocês serão mudados de dentro para fora. Descubram o que ele quer de vocês e tratem de atendê-lo. Diferentemente da cultura dominante, que sempre os arrasta para baixo, ao nível da imaturidade, Deus extrai o melhor de vocês e desenvolve em vocês uma verdadeira maturidade.

É preciso tomar uma decisão contra sua formação cultural, para que você possa se concentrar em se tornar cada dia mais semelhante a Jesus. Caso contrário, outras forças — amigos, pais, colegas de trabalho e a cultura estabelecida — tentarão moldá-lo à imagem delas.

Lamentavelmente, uma rápida análise de diversos livros cristãos de sucesso revela que muitos fiéis abandonaram a finalidade de viver para o cumprimento dos grandes propósitos de Deus para se dedicar a obter estabilidade emocional e realização pessoal. Isso é narcisismo; não discipulado. Cristo não morreu na cruz apenas para que pudéssemos levar uma vida equilibrada e confortável. O propósito de Cristo é muito mais profundo: ele deseja nos tornar semelhantes a ele antes de nos levar para o céu. Esse é nosso grande privilégio, nossa responsabilidade direta e nosso destino.

Dia 22

# Pensando sobre meu propósito de vida

**Tema para reflexão:**

Fui criado para me tornar semelhante a Cristo.

**Versículo para memorizar:**

"Conforme o Espírito do Senhor trabalha em nós, tornamo-nos mais e mais como ele e refletimos ainda mais a sua glória". (Romanos 12.2, *AM*)

**Pergunta para meditar:**

Em que área de minha vida preciso hoje rogar pela operação do Espírito Santo para me tornar mais semelhante a Cristo?

Dia 23

# COMO CRESCEMOS

*Deus quer que cresçamos, [...] — à semelhança de Cristo, em tudo.*

EFÉSIOS 4.15, *AM*

*O propósito disposto para nós não é que continuemos como crianças.*

EFÉSIOS 4.14, *CH*

**DEUS QUER QUE VOCÊ CRESÇA.**

O objetivo do Pai celestial é que você amadureça e desenvolva as características de Jesus Cristo. Lamentavelmente, milhões de cristãos *envelhecem*, mas nunca *crescem*. Emperram numa perpétua infância espiritual, usando fraldas e sapatinhos de crochê. Isso ocorre porque nunca *pretenderam* crescer.

O crescimento espiritual não é automático. É necessário um compromisso intencional. Você deve *querer* crescer, *decidir* crescer, *esforçar-se* para crescer e *persistir* em crescer. O discipulado — processo de se tornar semelhante a Cristo — sempre começa com uma decisão. Jesus nos chama, e nós respondemos: "'Venha, seja meu discípulo', Jesus lhe disse. Então Mateus levantou-se e o seguiu".[1]

Quando os primeiros discípulos escolheram seguir Jesus, não compreendiam todas as implicações da decisão que haviam tomado. Simplesmente atenderam ao convite do Mestre. Isto é tudo que você precisa para começar: *decidir* tornar-se um discípulo.

Nada influencia mais sua vida que os compromissos que você escolhe assumir. Eles podem fazê-lo crescer ou destruí-lo, mas sempre serão determinantes para você. Diga-me com o que você está comprometido, e eu lhe direi onde você estará em vinte anos. Tornamo-nos aquilo com que estamos comprometidos.

É nesse estágio do comprometimento que a maioria das pessoas perde o propósito de Deus para a vida. Muitos têm medo de se comprometer com algo e simplesmente ficam vagando por aí. Outros assumem compromissos superficiais, com valores conflitantes, o que leva à frustração e à mediocridade. Outros se comprometem inteiramente com objetivos seculares, como enriquecer ou ficar famoso, e acabam desapontados e amargos. Toda escolha tem consequências eternas. Logo, é melhor que você escolha sabiamente. Pedro adverte: "Já que tudo ao nosso redor se derreterá, que vida santa e piedosa devemos viver!".[2]

**A parte de Deus e nossa parte.** Tornar-se semelhante a Cristo é o resultado de escolhas em conformidade com ele, na dependência do Espírito Santo para cumpri-las. Uma vez que tenha decidido seriamente se tornar semelhante a Cristo, você deve começar a agir de maneira diferente. Precisará se livrar de alguns procedimentos antigos, desenvolver novos hábitos e intencionalmente mudar o modo de pensar. Esteja certo de que o Espírito Santo o ajudará nessas mudanças. A Bíblia diz: "[...] ponham em ação a salvação de vocês com temor e tremor, pois é Deus quem efetua em vocês tanto o querer quanto o realizar, de acordo com a boa vontade dele".[3]

**Tornamo-nos aquilo com que estamos comprometidos.**

Esse versículo mostra as duas partes do crescimento espiritual: *pôr em ação* e *efetuar*. A primeira é nossa responsabilidade; a segunda é o papel de Deus. O crescimento espiritual é um esforço de cooperação entre você e o Espírito Santo. O Espírito de Deus trabalha *conosco*, não apenas em nós.

Esse versículo, direcionado aos cristãos, não se refere à salvação, mas ao crescimento na fé. Ele não aconselha "empenho" pela salvação, porque você não pode acrescentar nada ao que Jesus já realizou. Quando "põe em ação" o corpo, você se exercita para desenvolvê-lo, não para conseguir um corpo.

Quando sua mente é "posta em ação" para resolver um quebra-cabeça, você já possui todas as peças — sua tarefa é juntá-las. Fazendeiros "agem" sobre a terra não para *obter* terra, mas para desenvolver o que já possuem. Deus deu a você uma nova vida, e agora é responsabilidade sua desenvolvê-la "com temor e tremor". Isso significa levar seu crescimento espiritual a sério! Quando alguém se mostra negligente com o crescimento espiritual, isso demonstra que ele não entendeu as implicações eternas desse ato (como vimos nos capítulos 4 e 5).

O modo de *pensar* determina o modo de *sentir*, e o modo de sentir influencia a maneira de *agir*.

**Reprogramando o piloto automático.** Para mudar a vida, você deve mudar seu modo de pensar. Por trás de tudo que você faz, há um pensamento. Todo comportamento é motivado por uma crença, e toda ação é induzida por uma atitude. Deus revelou isso milhares de anos antes de os psicólogos chegarem à mesma conclusão: "Tenha cuidado com o que você pensa, pois a sua vida é dirigida pelos seus pensamentos".[4] Imagine-se viajando de lancha, num lago, com o piloto automático ajustado para o leste. Se você decidir dar a volta e rumar para oeste, há duas formas possíveis de mudar a direção do barco. A primeira é agarrar a roda do leme e *forçá-la* manualmente a virar para o lado oposto do que está programado no piloto automático. Com total autocontrole, você até poderá dominar o piloto automático, mas sentiria constante resistência. Seus braços acabariam por se cansar do esforço e soltaria a roda do leme, e a lancha instantaneamente voltaria a rumar para leste, conforme o programado.

É isso que acontece quando você tenta mudar de vida pelo autocontrole. Você diz: "Vou me *esforçar* para comer menos, fazer mais exercícios, deixar de me atrasar e de ser desorganizado". Sim, o autocontrole *pode* produzir mudanças no curto prazo, mas cria uma constante pressão interna, já que você não tratou a raiz do problema. A mudança não é natural, então você acaba por desistir, abandona a dieta, deixa de se exercitar e rapidamente retorna aos antigos padrões.

A segunda maneira é mais rápida e fácil: altere o ajuste do piloto automático — sua forma de pensar. A Bíblia diz: "Permita que Deus o transforme em uma nova pessoa, mudando a maneira de você pensar".[5] O primeiro passo em direção ao crescimento espiritual é mudar o modo de pensar. Toda mudança deve sempre ocorrer primeiro na mente. O modo de *pensar* determina o modo de *sentir*, e o modo de sentir influencia a maneira de *agir*. Paulo diz: "Deve haver uma renovação espiritual de seus pensamentos e atitudes".[6]

Para ser semelhante a Cristo, você precisa desenvolver a mente de Cristo. O Novo Testamento chama a essa mudança mental "arrependimento", que no original grego quer dizer literalmente "mudar de ideia". Você se arrepende sempre que muda a maneira de pensar, ao adotar o mesmo modo de pensar de Deus — sobre você mesmo, sobre o pecado, sobre Deus, sobre as outras pessoas, sobre a vida, sobre seu futuro e sobre tudo o mais. Você assume a perspectiva e o enfoque de Cristo.

Recebemos a seguinte ordem: "Pensem da mesma maneira que Cristo Jesus pensa".[7] Esse processo consiste em duas etapas. O primeiro estágio dessa alteração mental é deixar de ter pensamentos *imaturos*, que são egocêntricos e egoístas. A Bíblia diz: "Irmãos, deixem de pensar como crianças. Com respeito ao mal, sejam crianças; mas, quanto ao modo de pensar, sejam adultos".[8] Os bebês são por natureza egoístas: só pensam em si mesmos e em suas necessidades. São incapazes de dar: só conseguem receber. Isso é um modo imaturo de pensar. Infelizmente, muitas pessoas jamais vão além desse tipo de pensamento. A Bíblia diz que o pensamento egoísta é a fonte do comportamento pecaminoso: "Os que vivem segundo a própria natureza pecaminosa só pensam nas coisas que essa natureza pecaminosa deseja".[9]

O segundo estágio da mudança que leva a pensar como Jesus é *começar* a ter pensamentos *maduros*, concentrados nos outros; não em nós mesmos. Em seu notório capítulo sobre o verdadeiro amor, Paulo conclui que pensar nos outros é a marca da maturidade: "Quando eu era menino, falava como menino, pensava como menino e raciocinava como menino. Quando me tornei homem, deixei para trás as coisas de menino".[10]

Hoje, muitos presumem que a maturidade espiritual é medida pela quantidade de informação bíblica e de doutrinas que conhecem. Embora o conhecimento seja *uma* das maneiras de medir a maturidade, isso não é tudo. A vida cristã é muito mais que um conjunto de credos e convicções: ela inclui conduta e caráter. Nossos atos devem ser coerentes com nossa fé, e nossas crenças devem ser confirmadas por um comportamento semelhante ao de Cristo.

O cristianismo não é uma religião nem uma filosofia, mas um relacionamento e um estilo de vida. A essência desse estilo de vida, como vemos no exemplo de Jesus, é pensar nos outros; não em nós mesmos. A Bíblia diz: "Devemos pensar no bem deles e tentar ajudá-los, fazendo coisas que lhes agradam. Nem mesmo Cristo tentou agradar a si mesmo".[11]

Pensar nos outros é a base para se tornar semelhante a Cristo e a melhor evidência de crescimento espiritual. Esse tipo de pensamento não é natural; é contracultural, raro e árduo. Felizmente, temos ajuda: "Deus nos deu o seu Espírito. Por isso, não pensamos como pensam as outras pessoas deste mundo".[12] Em alguns capítulos mais adiante, veremos as ferramentas que o Espírito Santo usa para nos ajudar a crescer.

## Dia 23 — Pensando sobre meu propósito de vida

**Tema para reflexão:**
Nunca é tarde demais para começar a crescer.

**Versículo para memorizar:**
"Deixem que Deus os transforme por meio de uma completa mudança da mente de vocês. Assim vocês conhecerão a vontade de Deus, isto é, aquilo que é bom, perfeito e agradável a ele". (Romanos 12.2b, *NTLH*)

**Pergunta para meditar:**
Em que área preciso parar de pensar *do meu* jeito e começar a pensar do jeito *de Deus*?

Dia 24

# TRANSFORMADO PELA VERDADE

*As pessoas precisam mais que de pão para sua vida; elas precisam se alimentar de cada palavra proveniente de Deus.*

MATEUS 4.4, *NLT*

*"Agora me entrego a Deus, ao nosso Deus maravilhoso, cuja Palavra poderá moldar vocês para que sejam o que ele quer e conceder a vocês tudo de que precisem nesta comunidade de santos amigos."*

ATOS 20.32, *AM*

**A VERDADE NOS TRANSFORMA.**

O crescimento espiritual é o processo pelo qual substituímos as mentiras pelas verdades. Jesus orou: "Santifica-os na verdade; a tua palavra é a verdade".[1] Santificação exige revelação. O Espírito de Deus usa a Palavra de Deus para nos tornar semelhantes ao Filho de Deus. Para tornar-nos semelhantes a Jesus, devemos preencher nossa vida com a Palavra. A Bíblia diz: "Por meio da Palavra, somos unidos e moldados para as tarefas que Deus deseja nos incumbir".[2]

A Palavra de Deus é diferente de qualquer outra. Ela é viva.[3] Jesus disse: "[...] As palavras que eu disse são espírito e vida".[4] Quando o Senhor fala, as coisas mudam. Tudo a seu redor — toda a criação — existe porque "Deus disse". Foi pelas palavras dele que tudo veio a existir. Sem elas, você nem estaria vivo. Tiago observa: "Deus decidiu nos dar vida pela palavra da verdade, por isso somos a mais importante de todas as coisas que ele criou".[5]

A Bíblia é muito mais que um manual de doutrinas. A Palavra de Deus gera a vida, produz a fé, promove mudanças, afugenta o Diabo, realiza milagres, cura feridas, edifica o caráter, transforma as circunstâncias, transmite alegria, supera a adversidade, derrota a tentação, inspira esperança, libera poder, esclarece a mente, cria coisas e nos garante o futuro eterno! Não podemos viver sem a Palavra de Deus, cujo valor nunca deve ser subestimado! Você deve considerá-la tão essencial à sua vida quanto o alimento. Jó disse: "[...] dei mais valor às palavras de sua boca do que ao meu pão de cada dia".[6]

A Palavra de Deus é o alimento espiritual do qual você deve se alimentar, para cumprir seu propósito. A Bíblia é chamada "mel", "pão", "alimento sólido" e "leite".[7] Essa refeição completa é o menu do Espírito Santo para o fortalecimento e para o crescimento espirituais. Pedro aconselha: "[...] desejem de coração o leite espiritual puro, para que por meio dele cresçam para a salvação".[8]

### Permanecendo na Palavra de Deus

Existem mais Bíblias impressas hoje em dia do que jamais houve no passado, mas de nada vale uma Bíblia na estante. Milhões de fiéis são assolados pela anorexia espiritual, morrendo de fome com a alma subnutrida. Para se tornar um saudável discípulo de Jesus, alimentar-se da Palavra de Deus deve ser sua prioridade máxima. Jesus chama a isso "permanecer". Ele disse: "Se vocês permanecerem firmes na minha palavra, verdadeiramente serão meus discípulos".[9] Na vida cotidiana, "permanecer na palavra de Deus" inclui três atitudes.

**O Espírito de Deus usa a Palavra de Deus para nos tornar semelhantes ao Filho de Deus.**

**Devo aceitar sua autoridade.** A Bíblia deve se tornar o critério definitivo para minha vida, a bússola na qual confio para saber a direção, o conselho a que dou ouvidos a fim de tomar decisões sábias e o parâmetro que utilizo para avaliar todas as coisas. A Bíblia deve sempre ter a primeira e a última palavra em minha vida.

Muitos de nossos problemas ocorrem porque baseamos nossas escolhas em critérios duvidosos: cultura ("Todos estão fazendo isso"); tradição ("Sempre fizemos isso"); razão ("Isso parece lógico"); emoção ("Para mim, é a coisa certa"). Todos esses critérios foram corrompidos pela entrada do pecado no mundo. O que precisamos é de um critério perfeito, que jamais nos aponte a direção errada. Somente a Palavra de Deus supre essa necessidade. Salomão lembra: "'Cada palavra de Deus é comprovadamente pura'".[10] E Paulo explica que "tudo nas Escrituras é Palavra de Deus. Tudo nela é útil para ensinar e ajudar as pessoas e para corrigi-las e mostrar-lhes como viver".[11]

Nos primeiros anos de seu ministério, Billy Graham atravessou um período em que lutava com suas dúvidas sobre a veracidade e a autoridade da Bíblia. Numa noite enluarada, ele caiu de joelhos e disse a Deus que, apesar das passagens confusas que não compreendia, daquele momento em diante depositaria confiança total na Bíblia como a única autoridade para sua vida e seu ministério. Daquele dia em diante, a vida de Billy Graham foi abençoada com extraordinário poder e eficácia.

A decisão mais importante que você pode tomar hoje é estabelecer o que exercerá a autoridade máxima sobre sua vida. Decida que, independentemente de cultura, tradição, razão ou emoção, você escolhe a Bíblia como a autoridade definitiva para sua vida. Estabeleça que antes de tomar qualquer decisão você perguntará: "O que a Bíblia diz a respeito?". Determine que, quando Deus lhe mandar fazer alguma coisa, você confiará em sua Palavra e seguirá em frente, quer a ordem faça sentido para você, quer não, independentemente de sua vontade. Adote a declaração de Paulo como sua afirmação pessoal de fé: "[...] Creio em tudo o que concorda com a Lei e no que está escrito nos Profetas".[12]

**Devo assimilar sua verdade.** Não basta acreditar na Bíblia: devemos impregnar nossa mente de seus ensinamentos, de forma que o Espírito Santo possa nos transformar com a verdade. Existem cinco maneiras de fazer isso: receber, ler, pesquisar, memorizar e refletir sobre ela.

Primeira: você *recebe* a Palavra de Deus quando a ouve e a aceita sem reservas. A parábola do semeador ilustra como nossa receptividade determina se a Palavra de Deus irá ou não criar raízes em nossa vida e dar frutos. Jesus identifica três atitudes de rejeição — mente fechada (à beira do caminho), mente superficial (solo pedregoso) e mente distraída (entre os espinhos) —; em seguida, adverte: "'Considerem atentamente como vocês estão ouvindo'".[13]

Toda vez que sentir que não está aprendendo nada com o sermão ou com seu professor de Bíblia, você deve examinar sua atitude, especialmente em relação ao orgulho. Deus pode falar até mesmo por meio do professor mais enfadonho, se você for humilde e receptivo. Tiago aconselha: "Num espírito humilde (gentil, modesto), receba de bom grado a palavra que, implantada e arraigada no coração, tem o poder de salvar a sua alma".[14]

Segunda: por mais de dois mil anos na história da igreja, somente o líder da comunidade eclesiástica podia *ler* a Bíblia pessoalmente, mas agora milhões de pessoas têm acesso a ela. Apesar disso, muitos fiéis são mais dedicados à leitura do jornal diário que à leitura da Bíblia. Não é de admirar que não cresçamos. Não se pode assistir à televisão durante três horas e esperar crescimento lendo a Bíblia apenas três minutos.

**Muitos dos que afirmam crer na Bíblia "de capa a capa" jamais a leram de uma capa a outra.**

Muitos dos que afirmam crer na Bíblia "de capa a capa" jamais a leram de uma capa a outra. Mas, se você separar quinze minutos de seu dia para ler a Bíblia, em um ano terá lido toda ela. Se você eliminar algum programa de televisão de trinta minutos todos os dias e substituí-lo pela leitura bíblica, completará duas leituras das Escrituras no período de um ano!

A leitura diária da Bíblia o manterá ao alcance da voz de Deus. Por isso, Deus orientou os reis de Israel a sempre manterem por perto uma cópia da Lei: "Ele deverá guardá-la consigo todo o tempo e lê-la todos os dias de sua vida".[15] Mas não se limite a mantê-la perto de você: leia-a regularmente! Uma ferramenta simples, mas de grande auxílio, é um plano de leitura diária da Bíblia. Evitará que você fique saltando de uma parte a outra arbitrariamente, negligenciando outras.

Terceira: *pesquisar* ou estudar a Bíblia é outra forma prática de permanecer na Palavra de Deus. A diferença entre ler e estudar a Bíblia implica duas atividades adicionais: fazer perguntas sobre o texto e anotar suas impressões. Você não terá estudado realmente a Bíblia se não anotar seus pensamentos no papel ou no computador.

O espaço não me permite explicar os diferentes métodos de estudo bíblico. Mas existem diversos livros que podem ser de grande utilidade nessa tarefa, incluindo um de minha autoria, publicado há algum tempo.[16] O segredo de um bom estudo bíblico consiste simplesmente em aprender a fazer as perguntas certas. Métodos diferentes usam perguntas diferentes. Você descobrirá muito mais se parar e fizer perguntas simples como: "Quem?"; "O quê?"; "Quando?"; "Onde?"; "Por quê?"; "Como?". A Bíblia diz:

> Verdadeiramente as pessoas felizes são as que cuidadosamente estudam a perfeita lei de Deus, a qual as torna livres, e continuam a estudá-la. Elas não esquecem o que ouviram, antes obedecem ao ensinamento de Deus. Todos os que fazem isso serão felizes.[17]

Quarta: *memorizar* a Palavra de Deus. A sua capacidade de memorizar é uma dádiva concedida por Deus. Você pode achar que tem memória fraca, mas a verdade é que memorizou milhões de ideias, verdades, fatos e imagens. O comum é que você se lembre do que é *importante* para você. Se a Palavra de Deus é importante, você usará seu tempo para memorizá-la.

Existem enormes benefícios na memorização de versículos bíblicos. Eles o ajudam a resistir à tentação, tomar decisões sábias, reduzir o estresse, ganhar confiança, dar bons conselhos e compartilhar sua fé com outros.[18]

A memória é como um músculo. Quanto mais a exercita, mais forte ela se torna, e memorizar as Escrituras ficará cada vez mais fácil. Comece selecionando alguns dos versículos bíblicos transcritos neste livro que falaram a seu coração, escrevendo-os em um pequeno cartão que possa levar sempre com você. Releia o trecho *em voz alta* durante o dia. Você pode memorizar as Escrituras em qualquer lugar: enquanto estiver trabalhando, fazendo exercícios físicos, dirigindo, esperando algo ou na hora de dormir. Os três elementos essenciais para a memorização das Escrituras são: repassar, repassar e repassar! A Bíblia diz: "Lembrem-se do que Cristo ensinou, e que as suas palavras enriqueçam a vida de vocês e os tornem sábios".[19]

Quinta: *refletir* sobre a Palavra de Deus — o que a Bíblia chama "meditação". Para muitos, a ideia de meditar evoca imagens de alguém provocando um estado de consciência neutra, deixando a mente fluir. Isso é exatamente o oposto da meditação bíblica. Meditação é pensamento *concentrado*. É necessário esforço verdadeiro. Você escolhe um versículo e pondera longamente a respeito dele.

Como dito no capítulo 11, se você sabe se preocupar, já sabe meditar. Preocupação é o pensamento concentrado em algo negativo. A meditação tem a mesma característica, mas está voltada para a Palavra de Deus, não para um problema.

Não há outro hábito tão eficaz para a transformação de sua vida e para torná-lo mais semelhante a Jesus que a reflexão diária sobre as Escrituras. À medida que utilizamos nosso tempo para contemplar a verdade de Deus, espelhando-nos realmente no exemplo de Cristo: "segundo a sua imagem estamos sendo transformados com glória cada vez maior".[20]

Se você pesquisar todas as vezes que Deus fala em meditação na Bíblia, ficará maravilhado com os benefícios que ele prometeu aos que dedicam algum tempo para refletir na Palavra durante o dia. Um dos motivos pelos quais Deus chamou Davi "homem segundo o meu coração"[21] é que Davi tinha prazer em meditar na Palavra de Deus. Ele disse: "Como amo os teus ensinamentos! Medito neles o dia inteiro".[22] Refletir seriamente na verdade de Deus é a chave para obter resposta às orações e o segredo para uma vida bem-sucedida.[23]

**Devo pôr em prática os princípios das Escrituras.** Podemos receber, ler, pesquisar, memorizar refletir a Palavra de Deus, mas tudo será inútil se falharmos em pô-la em prática. Devemos nos tornar "praticantes da palavra".[24] Esse é o passo mais difícil, porque Satanás luta contra ele com muita intensidade. Ele não se importa se você frequenta ou não estudos bíblicos, mas sim que não pratique nada do que aprendeu.

Enganamos a nós mesmos quando presumimos que assimilamos a verdade apenas por tê-la ouvido, lido ou estudado. O fato é que, ocupado em frequentar aulas, seminários e conferências bíblicas, você pode não ter tempo de pôr em prática o que aprendeu. Ou seja, esquece-se do que aprendeu enquanto se prepara para o estudo seguinte. Sem a prática, o estudo bíblico é inútil. Jesus disse: "'Portanto, quem ouve estas minhas palavras e

**A verdade *vai* libertá-lo, mas no começo poderá fazê-lo sentir-se miserável!**

as pratica é como um homem prudente que construiu a sua casa sobre a rocha'".[25] Jesus também destacou que as bênçãos de Deus provêm da obediência à verdade, mas não apenas por conhecê-la. Ele disse: "'Agora que vocês sabem estas coisas, felizes serão se as praticarem'".[26]

Outra razão que nos faz evitar a aplicação pessoal da Palavra de Deus é a possibilidade de que isso seja difícil, até mesmo doloroso. A verdade *vai* libertá-lo, mas no começo poderá fazê-lo sentir-se miserável! A Palavra de Deus expõe nossas motivações, aponta nossas faltas, repreende nosso pecado e espera que nos transformemos. Faz parte da natureza humana resistir a mudanças; por isso, a prática da Palavra de Deus é uma tarefa difícil. Essa é a razão de ser tão importante discutir com outras pessoas como aplicar seus ensinos à própria vida.

Não há como enfatizar suficientemente o valor de fazer parte de um grupo de estudo bíblico. Sempre aprendemos com a verdade compartilhada pelos outros e jamais aprenderíamos por conta própria. Outras pessoas vão ajudá-lo a discernir coisas que você teria deixado passar e vão ajudá-lo a praticar a verdade de Deus.

A melhor maneira de se tornar um "praticante da palavra" é colocando no papel uma atitude resultante da leitura, do estudo ou da reflexão sobre a Palavra de Deus. Desenvolva o hábito de anotar de forma precisa o que você pretende fazer. Essa atitude efetiva deverá ser *pessoal* (envolvendo apenas *você*), *prática* (algo que você possa *fazer*) e *verificável* (com um *prazo final* para ser realizada). Toda aplicação deve envolver tanto seu relacionamento com Deus — ou com os outros — quanto seu caráter.

Antes de ler o próximo capítulo, passe algum tempo pensando sobre esta questão: "O que Deus *já* lhe pediu por meio da Palavra que você ainda não começou a fazer?". Então escreva algumas medidas práticas que o ajudarão a executar aquilo que você identificou. Você pode, por exemplo, pedir a um amigo que não o deixe vacilar. Assim disse D. L. Moody: "A Bíblia não nos foi concedida para aumentar nosso conhecimento, mas para mudar nossa vida".

Dia 24

# Pensando sobre meu propósito de vida

**Tema para reflexão:**
A verdade me transforma.

**Versículo para memorizar:**
"Se vocês permanecerem em minha palavra, serão realmente meus discípulos. E conhecerão a verdade, e a verdade os libertará". (João 8.31,32; *KJV*)

**Pergunta para meditar:**
O que Deus já me disse em sua Palavra que ainda não comecei a fazer?

# Dia 25

# TRANSFORMADO PELA PROVAÇÃO

*[...] pois os nossos sofrimentos leves e momentâneos estão produzindo para nós uma glória eterna que pesa mais do que todos eles.*

2 CORÍNTIOS 4.17, *NVI*

*É o fogo do sofrimento que produz o ouro da santidade.*

MADAME GUYON

**DEUS TEM UM PROPÓSITO POR TRÁS DE CADA ADVERSIDADE.**

Ele usa as circunstâncias para desenvolver nosso caráter. Na verdade, ele se utiliza mais das circunstâncias para nos tornar semelhantes a Jesus que da leitura da Bíblia. A razão é óbvia: você se defronta com as circunstâncias da vida nas 24 horas do dia.

Jesus alertou-nos de que teríamos aflições no mundo.[1] Ninguém está imune à dor ou livre de sofrer, e ninguém tem a oportunidade de atravessar a vida sem problemas. A vida é uma série de problemas. Toda vez que se resolve um, já existe outro aguardando a vez. Nem todos são graves, mas todos são importantes para o processo de crescimento que Deus planejou para você. Pedro nos assegura de que os problemas são normais: "Queridos amigos, não se assustem nem se admirem quando vocês passarem pelas provas ardentes que estão por vir, pois não é coisa estranha nem fora do comum o que lhes vai acontecer".[2]

Deus utiliza os problemas para que você se aproxime dele. A Bíblia diz: "O Senhor está perto dos que têm o coração quebrantado; ele resgata os de espírito abatido".[3] As mais íntimas e profundas experiências de adoração ocorrerão provavelmente nos dias mais sombrios — quando o coração estiver partido; quando você se sentir abandonado; quando não tiver mais nenhuma opção; quando a dor for intensa —, nos dias em que você decide buscar somente a Deus. É durante os períodos de sofrimento que aprendemos a fazer orações mais sinceras, autênticas e honestas a Deus. Quando sentimos dor física ou emocional, não temos disposição para orações superficiais.

Joni Eareckson Tada[4] observa: "Quando a vida é um mar de rosas, podemos passar o tempo adquirindo conhecimentos sobre Jesus, imitando-o, citando-o e falando sobre ele. Mas apenas quando sofremos é que o *conheceremos*".[5] No sofrimento, aprendemos coisas a respeito de Deus que não podemos aprender de nenhuma outra forma.

Deus poderia ter livrado José da prisão[6] e Daniel da cova dos leões,[7] poupado Jeremias de ser lançado no poço de lama,[8] impedido os três naufrágios de Paulo[9] e evitado que os três jovens hebreus fossem jogados na fornalha em chamas,[10] mas não o fez. Ele permitiu que tais problemas acontecessem, e, em decorrência deles, cada um desses homens foi trazido para mais perto de Deus.

**As mais íntimas e profundas experiências de adoração ocorrerão provavelmente nos dias mais sombrios.**

Os problemas obrigam-nos a olhar para Deus e a depender dele, em vez de confiar em nós mesmos. Paulo dá testemunho desse benefício:

> Sentimos que estávamos condenados à morte e percebemos que éramos fracos demais para confiarmos em nós mesmos; isso, porém, foi bom, porque assim nós colocamos tudo nas mãos de Deus, o único que ressuscita os mortos.[11]

Você nunca saberá que Deus é tudo que você precisa até que ele seja tudo que você tiver.

Independentemente da causa, nenhum problema acontece sem a permissão de Deus. Tudo que ocorre na vida de um filho de Deus é *filtrado pelo Pai*, e ele pretende usar isso para o bem, mesmo que Satanás e outros tencionem usá-lo para o mal.

Se o Senhor tem controle total da situação, os acidentes são apenas circunstâncias do plano dele para sua vida. Como todos os dias de sua existência foram escritos no calendário de Deus antes que você nascesse,[12] *tudo* que acontece com você tem significado espiritual. Tudo! Paulo explica por quê:

> Sabemos que Deus determina que tudo coopere para o bem de todos aqueles que amam a Deus e são chamados

segundo o propósito que tem para eles. Porque Deus conhecia os seus de antemão e os escolheu para se tornarem semelhantes ao seu Filho.[13]

## Compreendendo Romanos 8.28,29

*Tudo* **que acontece com você tem significado espiritual.**

Essa é uma das passagens bíblicas mais incompreendidas e equivocadamente citadas. Ela não diz: "Deus faz com que tudo saia da forma que eu quero". É óbvio que isso não pode ser verdade. Também não diz: "Deus faz que tudo neste mundo tenha um final feliz". Isso também não é verdade: há muitos finais infelizes neste mundo.

Vivemos num mundo caído. Somente no céu tudo é perfeito, da forma que Deus quer. É por isso que somos orientados a orar: "Seja feita a tua vontade na terra, assim como no céu".[14] Para compreender inteiramente Romanos 8.28,29, você deve examinar frase por frase (na *NVI*):

**"Sabemos** [...]" Nossa esperança em tempos difíceis não é fundamentada em pensamentos positivos, em anseios ou em otimismo natural. É uma certeza que se fundamenta na verdade de que Deus tem pleno controle do Universo e ama todos nós.

"[...] **que Deus age** [...]" Há um Grande Projetista por trás de tudo. Nossa vida não é resultado do acaso, do destino ou da sorte. Existe um plano principal. A história consiste na *história de Deus*. É Deus quem controla o leme. *Nós* cometemos erros; Deus, porém, jamais se engana. Ele *não pode* cometer erros — porque é Deus.

"[...] **em todas as coisas** [...]" O plano de Deus para sua vida envolve *tudo* que acontece a você — incluindo erros, pecados e mágoas. Também inclui doenças, dívidas, acontecimentos infelizes, divórcio e a morte de pessoas queridas. Deus pode fazer o bem aflorar na pior adversidade. Ele fez isso no Calvário. Nada acontece de forma isolada ou independente. Os fatos de sua vida *agem em conjunto*, conforme o plano de Deus. Não são atos isolados, mas partes interdependentes do processo que o tornarão semelhante a Cristo. Para fazer um bolo, você utiliza farinha, fermento, ovos, açúcar e óleo. Comidos isoladamente, os ingredientes podem ter sabor bastante desagradável. Mas, se misturá-los e levá-los ao forno juntos, eles se tornarão deliciosos. Se você entregar a Deus todas as suas experiências horríveis e desagradáveis, ele as misturará para que se tornem agradáveis.

"[...] **para o bem** [...]" Isso não quer dizer que tudo na vida seja bom. Grande parte do que acontece no nosso mundo pode ser caracterizada como mau e cruel, mas Deus é especialista em extrair o bem de tudo isso. Deus converte o mal em bem. O propósito de Deus é maior que nossos problemas, nosso sofrimento e até mesmo nossos pecados.

"[...] **daqueles que o amam, dos que foram chamados** [...]" Essa promessa é somente para os filhos de Deus, não para todos. Todas as coisas contribuem *para o mal* daqueles que vivem em oposição a Deus, insistindo em seguir seu próprio caminho.

"[...] **de acordo com o seu propósito** [...]" Que propósito é esse? Que sejamos "semelhantes a seu Filho". Tudo que Deus permite que aconteça em nossa vida é por causa desse propósito!

## Edificando um caráter semelhante ao de Cristo

Somos joias moldadas pelo martelo e pelo cinzel da adversidade. Se o martelo do Joalheiro não tiver peso suficiente para aparar nossas arestas, ele usará uma marreta. Se formos realmente obstinados, ele utilizará uma britadeira. Ele usará o que for necessário.

Cada problema é uma oportunidade para a edificação do caráter, e, quanto mais difícil a situação, maior o potencial de desenvolvimento dos músculos espirituais e da fibra moral. Paulo disse: "Sabemos que essas tribulações produzem paciência. E a paciência produz caráter".[15] O que acontece exteriormente em sua vida não é tão importante quanto o que acontece *dentro* de você. As circunstâncias da vida são temporárias, mas o caráter é eterno.

A Bíblia frequentemente compara as provações ao fogo que refina o metal, queimando as impurezas. Pedro diz: "Essas dificuldades lhes sobrevêm para provar que a sua fé é pura. Essa pureza de fé vale mais que ouro".[16] Foi feita a seguinte pergunta a um ourives: "Como você sabe que a prata é pura?". Ele respondeu: "Quando vejo meu reflexo nela". Quando você é refinado pelas provações, as pessoas podem ver o reflexo de Jesus em você. Tiago declara: "Amigos, quando lutas e aflições os atingirem em cheio, saibam que isso é um presente especial. Vocês verão como a fé será fortalecida e como terão forças para continuar até o fim".[17]

Deus pretende torná-lo semelhante a Jesus, por isso o fará passar pelas mesmas experiências que Jesus passou: solidão, tentação, estresse, críticas, rejeição e muitos outros problemas. A Bíblia diz que Jesus aprendeu a obedecer por meio do sofrimento, pelo qual também foi aperfeiçoado.[18] Por que Deus nos eximiria de passar por aquilo que permitiu que o próprio Filho passasse? Paulo afirma: "Iremos passar pelo que Cristo passou. Se enfrentamos momentos difíceis com ele, então é certo que com ele passaremos momentos inesquecíveis!".[19]

## Reagindo aos problemas como Jesus reagiria

Os problemas não produzem automaticamente o que é pretendido por Deus. Muitas pessoas tornam-se ainda mais amargas em vez de melhorar, e nunca crescem. Você deve reagir da forma que Jesus reagiria.

**Lembre-se de que o plano de Deus é bom.** Ele sabe o que é melhor para você e visa apenas a seu bem. O Senhor disse a Jeremias: "'Porque sou eu que conheço os planos que tenho para vocês', diz o SENHOR, 'planos de fazê-los prosperar e não de causar dano, planos de dar a vocês esperança e um futuro'".[20] José compreendeu essa verdade quando, falando aos irmãos que o haviam vendido como escravo, disse: "Vocês planejaram o mal contra mim, mas Deus o tornou em bem, para que hoje fosse preservada a vida de muitos".[21] Ezequias expressou o mesmo sentimento em relação à doença que ameaçava tirar-lhe a vida: "Foi para o meu próprio bem que passei esse período difícil".[22] Sempre que Deus disser não a seu pedido de alívio, lembre-se de que

**O que acontece exteriormente em sua vida não é tão importante quanto o que acontece *dentro* de você.**

ele "está fazendo o que é melhor para nós. Está nos treinando para que possamos viver de acordo com seu santo propósito".[23]

É vital que você se mantenha concentrado no plano de Deus; não no problema ou no sofrimento. Foi assim que Jesus suportou a dor na cruz, e somos exortados a seguir seu exemplo: "Mantenham o olhar firme em Jesus, autor e consumador da nossa fé. Ele esteve pronto a padecer uma morte vergonhosa na cruz por causa da alegria que sabia que teria depois".[24] Corrie ten Boom, que sofreu num campo de concentração nazista, explica o poder do foco: "Se você olhar para o mundo, ficará aflito. Se olhar para você mesmo, ficará deprimido. Mas se olhar para Cristo, descansará!". O foco determinará seus sentimentos.

O segredo da resistência é lembrar-se de que o sofrimento é temporário, mas a recompensa será eterna. Moisés suportou uma vida de tribulações "porque contemplava a sua recompensa".[25] Paulo suportou as adversidades da mesma forma. Ele declarou: "Nossas presentes aflições são muito pequenas e não durarão muito — e ainda produzem para nós glória imensurável, que durará para sempre".[26]

Não se renda às considerações de curto prazo. Mantenha o foco no resultado: "Se participamos da sua glória, precisamos participar também do seu sofrimento. O que sofremos agora não é nada, comparado com a glória que ele nos dará adiante".[27]

**Exulte e agradeça.** A Bíblia diz: "Deem graças em todas as circunstâncias, pois esta é a vontade de Deus para vocês em Cristo Jesus".[28] Como isso é possível? Observe que Deus nos manda dar graças "*em* todas as circunstâncias", mas não "*por* todas as circunstâncias". Deus não espera que você seja agradecido *pelo* mal, *pelo* pecado, *pelo* sofrimento ou *pelas* consequências dolorosas próprias deste mundo. Em vez disso, ele quer que você demonstre gratidão pelo fato de usar os problemas que o afligem para o cumprimento dos propósitos dele.

A Bíblia diz: "Alegrem-se sempre no Senhor".[29] Ela não diz: "Alegrem-se no seu sofrimento". Isso é masoquismo. Você se alegra "no Senhor". Não importa o que aconteça, você pode se alegrar no amor, na atenção, na sabedoria, no poder e na fidelidade de

Deus. Jesus disse: "Alegrem-se quando isso ocorrer, pois há uma grande recompensa esperando por vocês no céu".[30]

Nós também podemos nos alegrar ao saber que o Senhor passa pelo sofrimento junto conosco. Não servimos a um Deus alienado, que se mantém distante de nós, tentando nos motivar com frases feitas. Ao contrário, ele participa de nosso sofrimento. Jesus fez isso na encarnação, e hoje é seu Espírito quem realiza isso em nós. Deus jamais nos deixará sozinhos.

**Recuse-se a desistir.** Seja paciente e persistente. A Bíblia diz:

> Entendam que [os problemas] vêm para lhes testar a fé e gerar em vocês perseverança. Mas deixem que esse processo continue até que a perseverança se desenvolva completamente, e descobrirão que se tornaram homens de caráter maduro, de integridade, sem nenhum ponto fraco.[31]

A construção do caráter é um processo lento. Sempre que tentamos evitar ou escapar das dificuldades da vida, criamos um atalho no processo, atrasamos nosso crescimento e, na verdade, acabamos experimentando um sofrimento ainda pior — algo inútil, que acompanha a negação e a rejeição. Quando você compreende as consequências eternas do desenvolvimento do caráter, faz menos orações do tipo "consola-me" ("faz que eu me sinta melhor") e mais do tipo "renova-me" ("usa esta situação para tornar-me mais semelhante a ti").

Você sabe que está amadurecendo quando começa a perceber a mão de Deus nos acontecimentos aleatórios e confusos e nas circunstâncias da vida aparentemente sem sentido.

Se você estiver enfrentando algum problema neste momento, não pergunte: "Por que eu?". Em vez disso, pergunte: "O que queres que eu aprenda?". Então confie em Deus e siga fazendo o que é certo. "Vocês precisam perseverar, permanecer firmes na aliança de Deus para alcançar o aperfeiçoamento prometido".[32] Não desista, cresça!

Dia 25

# Pensando sobre meu propósito de vida

**Tema para reflexão:**

Existe um propósito por trás de cada adversidade.

**Versículo para memorizar:**

"Sabemos que Deus age em todas as coisas para o bem daqueles que o amam, dos que foram chamados de acordo com o seu propósito". (Romanos 8.28, *NVI*)

**Pergunta para meditar:**

Que problema em minha vida permitiu que eu experimentasse um crescimento significativo?

Dia 26

# CRESCENDO POR MEIO DA TENTAÇÃO

*Feliz é o homem que não cede e continua fiel*
*quando é provado, porque depois*
*receberá como recompensa a coroa da vida*
*que Deus prometeu àqueles que o amam.*

TIAGO 1.12, *NBV-P*

*Minhas tentações têm sido minhas*
*mestras em teologia.*

MARTINHO LUTERO

**TODA TENTAÇÃO É UMA OPORTUNIDADE PARA FAZER O BEM.**

No caminho do amadurecimento espiritual, até mesmo a tentação se torna um degrau, em vez de uma pedra de tropeço, quando você percebe que ela é uma oportunidade tanto para fazer a coisa certa quanto para agir de maneira errada. A tentação apenas apresenta uma escolha. Embora seja a principal arma de Satanás para destruir você, Deus quer utilizá-la para fortalecê-lo. Toda vez que você escolhe fazer o bem, em vez de pecar, está desenvolvendo o caráter de Cristo.

Para compreender isso, você deve primeiro identificar as qualidades do caráter de Jesus. Uma das mais concisas descrições de seu caráter é o fruto do Espírito: "Quando o Espírito Santo controla a nossa vida, ele produz os seguintes frutos em nós: amor, alegria, paz, paciência, bondade, benignidade, fidelidade, mansidão e domínio próprio".[1]

Essas nove qualidades são uma expansão do grande mandamento e constituem uma bela descrição de Jesus Cristo: ele concentra de modo *perfeito* numa única pessoa o amor, a alegria, a paciência e todas as outras virtudes mencionadas. Ter o fruto do Espírito Santo é ser semelhante a Cristo.

Como, porém, o Espírito Santo produzirá em sua vida esse fruto com nove qualidades? Ele as cria de modo instantâneo? Será que um dia, ao se levantar pela manhã, você será repentinamente abastecido de forma plena com essas características? Não! O fruto sempre se desenvolve e amadurece *lentamente.*

Esta afirmação é uma das mais importantes verdades espirituais que você poderá aprender: Deus desenvolve o fruto do

Espírito em sua vida, permitindo que você vivencie situações nas quais será tentado a exteriorizar uma *qualidade exatamente oposta*! O desenvolvimento do caráter sempre envolve uma escolha, e a tentação propicia essa oportunidade.

Por exemplo: Deus nos ensina a *amar*, pondo pessoas *desagradáveis* a nosso redor. Amar pessoas agradáveis e que ainda por cima são amáveis conosco não exige nenhum caráter. O Senhor nos ensina a verdadeira *alegria* no meio da aflição quando nos voltamos para ele. A felicidade depende de circunstâncias externas, mas a alegria fundamenta-se no relacionamento com Deus.

**Deus desenvolve o fruto do Espírito em sua vida, permitindo que você vivencie situações nas quais será tentado a exteriorizar uma *qualidade exatamente oposta!***

O Senhor promove a verdadeira *paz* dentro de nós — não fazendo que tudo saia como planejamos, mas permitindo períodos de confusão e insegurança. Qualquer um pode se sentir tranquilo observando um belo pôr do sol ou relaxando durante as férias, mas aprendemos a verdadeira paz quando optamos por confiar em Deus em situações nas quais somos tentados a ceder à preocupação e ao medo. Da mesma forma, a *paciência* é desenvolvida em situações nas quais somos forçados a esperar, enfrentando a tentação de nos entregarmos à ira por causa de nosso pavio curto.

Deus recorre à situação oposta de cada fruto para nos permitir escolher. Você não pode afirmar que é bom se jamais foi tentado a ser mau. Não pode dizer que é fiel, se nunca foi tentado a ser infiel. A integridade é construída ao se derrotar a tentação da desonestidade; a humildade cresce quando nos recusamos a ser arrogantes; a perseverança desenvolve-se sempre que resistimos à tentação de desistir. Cada vez que você derrota uma tentação, torna-se um pouco mais semelhante a Jesus!

## Como a tentação se manifesta

É bom saber que Satanás é absolutamente previsível. Ele tem usado a mesma estratégia e os velhos truques desde que o mundo foi criado. Todas as tentações seguem um padrão idêntico. É por isso que Paulo declara: “Estamos bem familiarizados

**Costumamos pensar que a tentação está ao nosso redor, mas Deus diz que ela começa *dentro* de nós.**

com os seus esquemas malignos".[2] A Bíblia ensina que a tentação segue um processo de quatro etapas, que Satanás fez uso tanto na tentação de Adão e Eva quanto na de Jesus.

Na primeira etapa, Satanás identifica um *desejo* dentro de você. Pode ser um desejo pecaminoso, como o de vingança ou o de controlar os outros; pode ser um desejo normal e legítimo, como o de ser amado, ser valorizado e sentir prazer. A tentação começa quando Satanás sugere (com um pensamento) que você ceda a um desejo maléfico ou realize um desejo legítimo da maneira errada ou na hora errada. Cuidado com os atalhos: frequentemente são tentações! Satanás sussurra: "Você merece isso! Você deve ter isso agora! Será emocionante, gratificante e fará que você se sinta melhor".

Costumamos pensar que a tentação está ao nosso redor, mas Deus diz que ela começa *dentro* de nós. Se você não tiver o desejo interiorizado, a tentação não tem como atraí-lo. Ela sempre começa na mente, não por meio de circunstâncias. Jesus disse: "'Pois do interior do coração dos homens vêm os maus pensamentos, as imoralidades sexuais, os roubos, os homicídios, os adultérios, as cobiças, as maldades, o engano, a devassidão, a inveja, a calúnia, a arrogância e a insensatez. Todos esses males vêm de dentro e tornam o homem impuro'".[3] Tiago afirma que "existe um exército inteiro de maus desejos dentro de vocês".[4]

A segunda etapa é a *dúvida*. Satanás tenta fazê-lo duvidar do que Deus disse sobre o pecado: "Será que é mesmo errado? Será que Deus realmente proibiu fazer isso? Não é possível que Deus tenha proibido isso para outro povo, em outra época? Deus não quer que eu seja feliz?". A Bíblia adverte: "Cuidado! Não deixem os maus pensamentos e as dúvidas levarem algum de vocês a se afastar do Deus vivo".[5]

A terceira etapa é o *engano*. Satanás é incapaz de falar a verdade, por isso é chamado "pai da mentira".[6] Tudo que ele lhe disser será falso ou nada além de meia-verdade. Ele oferece a mentira em substituição ao que Deus já diz em sua Palavra. Satanás diz: "Você não vai morrer. Você será mais sábio do que Deus.

Você pode não ser punido por isso. Ninguém vai saber. Isso vai resolver seus problemas. Além do mais, todos estão fazendo isso. É um pecado insignificante". Mas um "pecadinho" é como uma gravidez recente: acabará aparecendo.

A quarta etapa é a *desobediência*. Você acaba agindo de acordo com a ideia que vinha cogitando na mente. O que começou como uma ideia nasce como conduta. Você cede a qualquer coisa que chamar sua atenção. Acredita nas mentiras de Satanás e cai na armadilha sobre a qual Tiago nos alerta: "As pessoas são tentadas quando são atraídas e enganadas pelos seus próprios maus desejos. Então esses desejos fazem com que o pecado nasça, e o pecado, quando já está maduro, produz a morte. Não se enganem, meus queridos irmãos".[7]

## Superando a tentação

Compreender como a tentação se manifesta é bastante proveitoso, mas alguns passos são necessários para que você venha a superá-la.

**Recuse-se a ser intimidado.** Muitos cristãos são aterrorizados e aviltados por pensamentos tentadores, sentindo-se culpados por não estarem "fora do alcance" da tentação. Eles sentem vergonha pelo simples fato de terem sido tentados, sinal de que não entendem o verdadeiro significado de maturidade espiritual. Você *jamais* se livrará da tentação.

Em certo sentido, você pode considerar a tentação um elogio. Satanás não precisa tentar aqueles que já fazem a vontade dele, pois já lhe pertencem. A tentação é um indício de que Satanás odeia você, mas não um sinal de fraqueza ou de vida profana. Isso também faz parte de nossa natureza, pois somos humanos e vivemos num mundo destituído de Deus. Não fique surpreso, abalado ou intimidado por isso. Seja realista quanto à inevitabilidade da tentação: você jamais poderá evitá-la completamente. A Bíblia diz: "... quando chega a tentação", e não "... *se* chega a tentação". Paulo orienta: "Lembrem-se de que as tentações que surgem na vida de vocês não são diferentes das que os outros enfrentam".[8]

Ser tentado não é pecado. Jesus sofreu tentação, embora nunca tenha cometido pecado.[9] A tentação só se torna pecado quando você se entrega. Lutero afirmava: "Não podemos evitar que os pássaros voem sobre nossa cabeça, mas podemos evitar que façam ninho sobre ela". Você não pode impedir o Diabo de lhe sugerir pensamentos, mas *pode* escolher não assimilá-los ou agir de acordo com eles.

**A tentação é um indício de que Satanás odeia você, mas não um sinal de fraqueza ou de vida profana.**

Por exemplo: muitos não sabem a diferença entre atração física, ou excitação sexual, e lascívia. *Não* são a mesma coisa. Deus fez de cada um de nós um ser sexuado, e isso é bom. Atração e excitação são reações naturais e espontâneas: uma inclinação afetiva concedida por Deus como resposta à beleza física. Já a lascívia é uma *atitude deliberada do desejo*: é a escolha de comprometer sua mente com algo que você gostaria de fazer com seu corpo. Você pode se sentir atraído, sem escolher pecar pela lascívia. Os homens cristãos, principalmente, sentem-se culpados quando os hormônios, que foram concedidos por Deus, exercem o devido efeito fisiológico. Quando reparam numa mulher atraente, presumem que isso já é lascívia e sentem-se envergonhados e culpados. No entanto, atração não equivale a desejo sexual ilícito até que você comece a insistir nisso.

Na verdade, quanto mais próximo de Deus você fica, mais Satanás se esforça para tentá-lo. No instante em que você se torna filho de Deus, Satanás, como assassino de aluguel, fecha um "contrato" para acabar com você. Você é agora inimigo; por isso, conspira para sua derrocada.

Às vezes, enquanto você está orando, Satanás sugere um pensamento mau ou bizarro, apenas para distraí-lo e envergonhá-lo. Não fique assustado ou envergonhado com isso. Entenda que Satanás teme suas orações e tentará de tudo para interrompê-las. Em vez de ficar se condenando com indagações do tipo: "Como pude pensar uma coisa dessas?", considere isso uma distração provocada por Satanás e volte imediatamente a se concentrar em Deus.

**Reconheça seu padrão de tentação e prepare-se.** Há situações que o deixam mais vulnerável a tentações do que outras.

Algumas circunstâncias farão você tropeçar quase imediatamente, enquanto outras não incomodarão muito. São situações preparadas para atacar seus pontos fracos, e você precisa também identificá-los, pois Satanás certamente os conhece! Ele sabe *exatamente* o que pode fazer você cair e trabalha incessantemente para cercá-lo com essas circunstâncias. Pedro adverte: "[...] estejam sempre atentos. O Diabo está querendo atacar, e não quer outra coisa senão apanhar vocês desprevenidos".[10]

Pergunte a você mesmo: "*Quando* sou mais tentado? Em que dia da semana? A que hora do dia?". Pergunte: "*Em que lugar* sou mais tentado? No trabalho? Em casa? Na casa do vizinho? Num bar? No aeroporto? Num hotel fora da cidade?".

Pergunte: "*Quem está comigo* nos momentos em que sou mais tentado? Amigos? Colegas de trabalho? Uma multidão de estranhos? Sou mais tentado quando estou só?". Pergunte também: "*Como normalmente estou me sentindo* quando sou mais tentado?". Pode ser quando você está cansado, solitário, entediado, deprimido ou sob pressão. Ou talvez quando está magoado, zangado, preocupado. Ou ainda após um grande sucesso ou momento de enlevo espiritual.

Você deve identificar seu padrão de tentação e então se preparar, a fim de evitar tais situações tanto quanto possível. A Bíblia nos adverte continuamente em nos prevenirmos para enfrentar a tentação.[11] Paulo admoesta: "Não deem ao Diabo oportunidade para tentar vocês".[12] O planejamento prudente reduz a tentação. Siga o conselho de Provérbios: "Pense bem no que você vai fazer [...]. Evite o mal e caminhe sempre em frente; não se desvie nem um só passo do caminho certo";[13] "O povo de Deus evita os maus caminhos e se protege, observando o lugar por onde vai".[14]

**Peça ajuda a Deus.** O céu tem uma linha direta 24 horas para emergências. Deus quer que você peça ajuda quando a tentação estiver muito forte. Ele diz: "'e clame a mim no dia da angústia; eu o livrarei, e você me honrará'".[15]

Chamo isso "oração micro-ondas", porque é rápida e objetiva: "Socorro!". Quando bate a tentação, você não tem tempo para uma conversa longa com Deus: simplesmente clama por socorro. Davi, Daniel, Pedro, Paulo e milhões de outros fizeram esse tipo de oração instantânea, pedindo ajuda na hora da aflição.

A Bíblia garante que nosso pedido de socorro será ouvido, porque Jesus se compadece de nossa luta. Ele enfrentou as mesmas tentações que nos afligem. Cristo "compreende as nossas fraquezas, pois ele enfrentou as mesmas tentações que enfrentamos, ainda que não tenha cometido pecado".[16]

Se Deus está aguardando para nos ajudar a derrotar as tentações, por que não pedimos sua ajuda com mais frequência? Falando com franqueza, às vezes *não queremos* ser ajudados! *Queremos* ceder à tentação, embora saibamos que é errado. Nesses momentos, achamos que sabemos mais do que Deus o que é melhor para nós.

Em outras ocasiões, ficamos envergonhados de pedir o auxílio divino, porque continuamos a ceder à mesma tentação repetidas vezes. Deus, porém, jamais se irrita, nem se aborrece ou perde a paciência se continuamos recorrendo a ele. A Bíblia diz: "Tenhamos confiança e cheguemos perto do trono divino, onde está a graça de Deus. Ali receberemos misericórdia e encontraremos graça sempre que precisarmos de ajuda".[17]

O amor de Deus não se esgota, e sua paciência permanece para sempre. Se você tiver de clamar pela ajuda de Deus mil vezes por dia a fim de derrotar uma tentação em particular, ele ainda estará ansioso por lhe demonstrar misericórdia e graça. Portanto, apresente-se corajosamente diante de Deus. Peça-lhe forças para fazer a coisa certa e depois espere, que ele proverá.

As tentações mantêm-nos dependentes de Deus. Assim como as raízes crescem mais fortes quando o vento sopra contra a árvore, você se torna mais semelhante a Jesus toda vez que enfrenta uma tentação. Quando você tropeça — o que certamente ocorrerá —, isso não representa o fim. Em vez de ceder ou desistir, busque Deus, confie que ele o ajudará e lembre-se da recompensa que espera por você: "Quando as pessoas são tentadas e ainda continuam fortes, devem ficar felizes. Depois de provada a sua fé, Deus as recompensará com vida para sempre".[18]

Dia 26

# Pensando sobre meu propósito de vida

**Tema para reflexão:**
Toda tentação é uma oportunidade para fazer o bem.

**Versículo para memorizar:**
"Deus abençoa as pessoas que pacientemente suportam a provação. No final, receberão a coroa da vida que Deus prometeu a todos os que o amam". (Tiago 1.12, *NLT*)

**Pergunta para meditar:**
Que atributo do caráter cristão posso desenvolver para derrotar minha maior tentação?

Dia

27

# DERROTANDO A TENTAÇÃO

*Fuja dos pensamentos impuros da mocidade e aproxime-se de qualquer coisa que o leve a querer fazer o bem.*

2 TIMÓTEO 2.22, *NBV-P*

*Lembrem-se de que as tentações que surgem na vida de vocês não são diferentes das que os outros enfrentam. E Deus é fiel. Ele impedirá que a tentação se torne tão forte que vocês não possam suportá-la. Quando forem tentados, ele lhes mostrará uma saída, de modo que vocês não venham a ser vencidos por ela.*

1 CORÍNTIOS 10.13, *NLT*

**SEMPRE HÁ UMA SAÍDA.**

A tentação às vezes pode parecer irresistível, impossível de reprimir, mas isso é uma mentira de Satanás. Deus prometeu jamais permitir que algo que venha *de fora* prevaleça sobre o que ele colocou *dentro* de você. Ele não deixará que você seja tentado além de suas forças. Entretanto, você também deve fazer sua parte, praticando quatro fundamentos bíblicos para derrotar a tentação.

**Redirecione sua atenção para outra coisa.** Pode parecer estranho, mas *em parte alguma* da Bíblia você encontra instruções sobre como "resistir à tentação". Somos orientados a resistir ao Diabo,[1] mas isso é *muito* diferente, como explicarei mais adiante. Em vez disso, somos aconselhados a redirecionar nossa atenção, pois resistir a um pensamento não produz o resultado pretendido. Isso só aumenta nossa concentração na coisa errada e fortalece a sedução. Deixe-me explicar.

Toda vez que você tenta bloquear um pensamento, acaba implantando-o ainda mais fundo em sua memória. Resistindo, você na verdade o fortalece. Isso realmente ocorre com a tentação. Você não consegue derrotá-la combatendo a sensação que ela traz. Quanto mais você combate um sentimento, mais ele o consome e controla. Você o fortalece cada vez que pensa nele.

Como a tentação sempre começa com um pensamento, a maneira mais rápida de neutralizar seu fascínio é desviar a atenção para outra coisa. Não combata o pensamento; apenas mude o canal de sua mente e concentre seu interesse em outra ideia. Esse é o primeiro passo para derrotar a tentação.

A batalha contra o pecado é ganha ou perdida na mente. O que prende sua atenção também o aprisiona; por isso Jó declara:

"Fiz um pacto com os meus olhos: jamais olhar com cobiça para uma jovem".[2] Davi orou: "Não me deixes ficar pensando em coisas sem valor".[3]

Já se sentiu subitamente faminto depois de assistir a um anúncio de comida na televisão? Já ouviu alguém tossir e imediatamente sentiu vontade de limpar a garganta? Já presenciou alguém dando um grande bocejo e sentiu o impulso de bocejar? (Você talvez esteja bocejando enquanto lê isto!) É o poder da sugestão. Movemo-nos naturalmente para onde dirigimos nossa atenção. Quanto mais você pensa a respeito de alguma coisa, com mais força ela se apodera de você.

**A batalha contra o pecado é ganha ou perdida na mente. O que prende sua atenção também o aprisiona.**

É por isso que ficar repetindo: "Preciso parar de comer tanto [de fumar/de me entregar ao desejo sexual ilícito]" é uma estratégia contraproducente. Ela o mantém concentrado no que você não quer. É como anunciar: "Nunca vou fazer o que minha mãe fez". Dizendo isso, você está apenas se programando para repetir o que foi feito.

As dietas em geral não são eficazes porque o mantêm pensando em comida o tempo todo: é a garantia de que você estará sempre faminto. De igual modo, o orador que fica repetindo para si mesmo: "Não fique nervoso!" está contribuindo para manter o nervosismo. Ele deveria concentrar os pensamentos em qualquer outra coisa, exceto nas sensações. Poderia concentrar-se em Deus, na importância do discurso ou nas necessidades dos que irão ouvi-lo.

A tentação começa capturando sua atenção. E o que prende a atenção desperta emoções. Estas, por sua vez, estimulam seu comportamento e você age de acordo com o que sente. Quanto mais você se concentra em não querer algo, com mais força isso o envolverá em sua teia.

Ignorar a tentação é muito mais eficaz que combatê-la. Se a mente estiver focada em outra coisa, a tentação perde o domínio. Então, quando a tentação o chamar ao telefone, não discuta com ela; apenas desligue!

Às vezes, isso significa sair fisicamente de uma situação tentadora. Trata-se de uma ocasião em que não é errado fugir.

Levante-se e desligue a televisão. Afaste-se do grupo que está fofocando. Saia do cinema no meio do filme. Para evitar o ferrão, afaste-se das abelhas. Faça o que for necessário para desviar a atenção e concentrá-la em algo legítimo.

Da perspectiva espiritual, a mente é o órgão mais vulnerável. Para reduzir a tentação, mantenha-se ocupado com a Palavra de Deus e com pensamentos bons. Você derrota os maus pensamentos pensando em algo melhor. É o princípio da substituição. Você vence o mal com o bem.[4] Satanás não pode atrair sua atenção quando sua mente está preocupada com outra coisa. É por isso que a Bíblia insiste em que mantenhamos a mente direcionada: "[...] fixem os seus pensamentos em Jesus",[5] "Lembre-se de Jesus Cristo"[6] e "encham a mente de vocês com tudo o que é bom e merece elogios, isto é, tudo o que é verdadeiro, digno, correto, puro, agradável e decente".[7] Se você realmente pretende derrotar a tentação, então deve controlar a mente e avaliar o que absorve da mídia. O homem mais sábio que já viveu advertia: "Tenha cuidado com o que você pensa, pois a vida é dirigida pelos pensamentos".[8] Não permita que indignidades penetrem-lhe a mente por falta de critério. Seja seletivo. Escolha cuidadosamente em que pensar. Siga o exemplo de Paulo: "Mantemos cativo todo pensamento e, dominando-o, fazemos com que ele obedeça a Cristo".[9] Isso exige uma vida inteira de prática, mas com a ajuda do Espírito Santo você pode estabelecer sua forma de pensar.

**Revele sua luta a um amigo espiritual ou a um grupo de apoio.** Não será necessário contar a todo o mundo, mas você precisa pelo menos de uma pessoa com quem possa abertamente compartilhar sua luta. A Bíblia diz: "É melhor ter um amigo que ficar sozinho [...] se você cai, seu amigo pode ajudá-lo a levantar-se. Mas, se você cai sem ter um amigo por perto, está realmente em dificuldades".[10]

Deixe-me ser claro: se você está perdendo a batalha contra um mau hábito, contra um vício ou uma tentação constantes e está tolhido num ciclo repetitivo de "intenção-fracasso-culpa", entenda que não irá se recuperar por conta própria! Você precisa da ajuda de outras pessoas. Algumas tentações são vencidas somente com o auxílio de alguém que ore por você, que o incentive e que o responsabilize por seus atos.

O plano de Deus para seu crescimento e libertação inclui outros cristãos. A comunhão honesta e verdadeira é o antídoto para a luta solitária contra os pecados, que não dão trégua. Deus diz que essa é a única maneira de escapar: "[...] confessem os seus pecados uns aos outros e façam oração uns pelos outros, para que vocês sejam curados".[11]

**A verdade é que qualquer assunto sobre o qual você não possa falar já está fora de controle.**

Você realmente quer ser curado daquela tentação recorrente que o derrota continuamente? A solução de Deus é simples: não a reprima, confesse! Não a oculte, revele. Expor os sentimentos é o início da cura.

Esconder a dor só a intensifica. Os problemas crescem na escuridão, tornando-se cada vez maiores, mas retrocedem quando expostos à luz da verdade. As enfermidades têm a medida dos segredos. Então tire a máscara, pare de fingir ser perfeito e venha para a liberdade.

Na Igreja Saddleback, temos visto o impressionante poder desse princípio para destruir o domínio de tentações constantes e de vícios aparentemente incorrigíveis por meio do programa que desenvolvemos chamado Celebrando a Recuperação. É um processo bíblico de recuperação em oito etapas, baseado nas bem-aventuranças de Jesus e construído em torno de pequenos grupos de apoio. Nos últimos dez anos, mais de 5 mil pessoas foram libertas de todo tipo de hábitos obsessivos, danos emocionais e vícios. Hoje, o programa é utilizado em milhares de igrejas. Recomendo-o enfaticamente à sua igreja.

Satanás quer que você pense que seu pecado e sua tentação são exclusivos e que por isso deve mantê-los em segredo. A verdade é que estamos todos no mesmo barco. Todos combatemos as mesmas tentações[12] e "todos pecaram".[13] Milhões de pessoas sentem o que você está sentindo e enfrentam as mesmas lutas que você está enfrentando.

O motivo pelo qual escondemos nossos pecados é o orgulho. Queremos que os outros pensem que temos tudo "sob controle". A verdade é que qualquer assunto sobre o qual você não possa falar já está fora de controle: problemas financeiros, casamento, crianças, pensamentos, sexualidade, hábitos secretos ou qualquer outra coisa. Se você pudesse resolvê-los sozinho, já o teria feito. Mas não pode. Nessa situação, decisões pessoais e força de vontade não são suficientes.

Alguns problemas estão profundamente arraigados, tornaram-se rotineiros e cresceram demais: não há como solucioná-los por conta própria. Você precisa de um grupo de apoio ou de um parceiro que se sinta responsável por você, que o incentive e apoie, que ore por você, que o ame incondicionalmente e que o mantenha na linha. Depois, você pode fazer o mesmo por ele (ou por eles).

Sempre que alguém confia em mim, dizendo: "Nunca contei isso a ninguém", fico entusiasmado com aquela pessoa, porque sei que ela está para experimentar um grande alívio e libertação. A válvula de pressão está para ser aberta, e pela primeira vez se vislumbra uma esperança. Isso sempre acontece quando fazemos o que Deus nos manda fazer, quando admitimos a um amigo cristão e temente a Deus que temos um problema.

Deixe-me fazer uma pergunta difícil. O que você finge não ser um problema em sua vida? De que assunto você tem medo de falar? Você não irá resolver esse problema sozinho. Sim, é humilhante admitir fraquezas perante outra pessoa, mas é exatamente a falta de humildade que o impede de melhorar. A Bíblia diz: "Deus se opõe aos orgulhosos, mas favorece os humildes. Portanto, humilhem-se diante de Deus".[14]

**Resista ao Diabo.** Depois de nos humilhar e nos submeter a Deus, somos orientados a desafiar o Diabo. A parte final de Tiago 4.7 diz: "Resistam ao Diabo, e ele fugirá de vocês".[15] Não nos resignemos passivamente diante de seus ataques. Devemos contra-atacar.

O Novo Testamento descreve muitas vezes a vida cristã como uma batalha espiritual contra as forças do mal, utilizando termos que aludem à guerra, como: "batalha", "conquistar", "luta" e "superar". Os cristãos são muitas vezes comparados a soldados que atuam em território inimigo.

Como podemos resistir ao Diabo? Paulo explica: "Revista-se da salvação como seu capacete e tomem a espada do Espírito, que é a palavra de Deus".[16] O primeiro passo é aceitar a salvação de Deus. Você não será capaz de dizer não ao Diabo, a menos que tenha dito sim a Cristo. Sem Cristo, não temos defesas contra o Diabo, mas com o "capacete da salvação" nossa mente é protegida por Deus. Lembre-se disto: se você é cristão, Satanás não pode obrigá-lo a fazer coisa alguma. Pode apenas sugerir.

O segundo passo é usar a Palavra de Deus como arma contra Satanás. Jesus deu o exemplo quando foi tentado no deserto. Sempre que Satanás apresentava uma tentação, Jesus reagia citando as Escrituras. Ele não discutiu com Satanás. Ele não disse: "Não estou com fome", quando foi tentado a usar seu poder para suprir uma necessidade pessoal. Ele simplesmente citou as Escrituras, que havia memorizado. Devemos fazer o mesmo. Há poder na Palavra de Deus, e Satanás a teme.

Jamais tente argumentar com o Diabo. Ele argumenta melhor que você, pois teve milhares de anos para praticar. Você não pode blefar com Satanás, nem o convencer com sua lógica, nem lhe impor sua opinião, mas pode usar a arma que o faz tremer: a verdade de Deus. É por isso que memorizar as Escrituras é absolutamente essencial para derrotar as tentações. Você poderá acessá-la rapidamente quando for tentado. Assim como Jesus, você terá a verdade guardada no coração, pronta para ser usada.

Se você não sabe nenhum versículo bíblico de cor, sua arma está sem munição! Convido-o a memorizar um versículo por semana, até o fim de sua vida. Imagine como você ficará mais forte!

**Esteja ciente de sua vulnerabilidade.** Somos advertidos de nunca ficarmos arrogantes ou confiantes demais: essa é a receita para o desastre. Jeremias declara: "O coração é mais enganoso que qualquer outra coisa e sua doença é incurável [...]".[17] Isso significa que somos bons em enganar a nós mesmos. Nas circunstâncias adequadas, qualquer um de nós é capaz de qualquer pecado. Não devemos jamais baixar a guarda e imaginar que somos imunes à tentação.

Não se ponha por descuido em situações que atraiam tentações. Evite-as.[18] Lembre-se de que é mais fácil manter-se fora das tentações que sair delas. A Bíblia diz: "Não sejam tão ingênuos e autoconfiantes. Vocês não são diferentes. Podem fracassar tão facilmente como qualquer um. Nada de confiar em vocês mesmos. Isso é inútil! Mantenham a confiança em Deus".[19]

## Dia 27 — Pensando sobre meu propósito de vida

**Tema para reflexão:**
Sempre há uma saída.

**Versículo para memorizar:**
"Deus é fiel. Ele impedirá que a tentação se torne tão forte que vocês não possam suportá-la. Quando forem tentados, ele lhes mostrará uma saída, de modo que vocês não venham a ser vencidos por ela". (1 Coríntios 10.13, *NLT*)

**Pergunta para meditar:**
A quem posso pedir que seja meu parceiro espiritual, para me ajudar em oração a derrotar uma tentação constante?

# Dia 28

# ISSO LEVA TEMPO!

*Tudo na terra tem seu tempo próprio,*
*seu momento apropriado.*

ECLESIASTES 3.1, *CEV*

*Eu tenho a certeza de que Deus, que começou a boa obra em vocês,*
*continuará ajudando-os a crescer em sua graça até quando sua tarefa*
*em vocês estiver finalmente terminada naquele dia quando Jesus Cristo voltar.*

FILIPENSES 1.6, *NBV-P*

**NÃO EXISTEM ATALHOS PARA CHEGAR À MATURIDADE.**

Levam-se anos para chegarmos à idade adulta, e é necessária toda uma estação para que um fruto cresça e amadureça. O mesmo se dá com o fruto do Espírito. O desenvolvimento do caráter cristão não pode ser apressado. O crescimento espiritual, assim como o físico, exige tempo.

Quando você tenta proporcionar um amadurecimento mais rápido a um fruto, ele perde o sabor. Nos Estados Unidos, os tomates são normalmente colhidos antes do amadurecimento, para evitar a deterioração durante o transporte até o varejista. Então, antes de serem vendidos, os tomates verdes são pulverizados com gás carbônico, que os torna vermelhos instantaneamente. Tomates pulverizados são comestíveis, mas não são páreo para o sabor de um tomate devidamente amadurecido no pé.

Enquanto nos preocupamos com a *rapidez* de nosso crescimento, Deus se preocupa em ver-nos crescer *fortes*. Deus vê nossa vida *desde* a eternidade e *para* a eternidade, por isso nunca está com pressa.

Lane Adams certa vez comparou o processo de crescimento espiritual com a estratégia usada pelos aliados durante a Segunda Guerra Mundial na libertação das ilhas do Pacífico Sul. A primeira ação era "preparar o terreno" da ilha, enfraquecendo a resistência, lançando bombas dos navios contra os fortes ao longo da costa. A seguir, um pequeno grupo de fuzileiros desembarcava e estabelecia uma cabeça de praia (minúscula parte da ilha que podiam controlar). Depois que a cabeça de praia estava segura, começavam o longo processo de libertação do restante da ilha, pouco a pouco.

Com o tempo, toda a ilha ficaria sob controle dos aliados, mas sempre à custa de violentas batalhas.

Adams estabelece a seguinte analogia: antes de Cristo alcançar a nossa vida no momento da conversão, ele algumas vezes precisa "preparar o terreno", permitindo, assim, a ocorrência de alguns problemas com os quais não podemos lidar. Embora algumas pessoas abram a vida para Cristo tão logo ele bata na porta, a maioria de nós resiste e fica na defensiva. A experiência mais comum antes da conversão é ouvir Jesus dizendo: "Eis que estou à porta e bombardeio"!

**Enquanto nos preocupamos com a *rapidez* de nosso crescimento, Deus se preocupa em ver-nos crescer *fortes*.**

No instante em que você abre um espaço para Cristo, Deus estabelece uma "cabeça de praia" em sua vida. Você pode até imaginar que já entregou a vida *inteiramente* a ele, mas a verdade é que há uma boa parte dela que você nem mesmo conhece. Só se pode entregar a Deus aquela parte que consegue compreender. Ótimo! Uma vez que Cristo estabelece uma "cabeça de praia", ele começa a campanha para conquistar mais e mais território, até que sua vida seja completamente dele. Batalhas se seguirão, mas a vitória é certa. Temos a promessa de que "[...] aquele que começou boa obra em vocês, vai completá-la até o dia de Cristo Jesus".[1]

Discipulado é o processo no qual se toma a forma de Cristo. A Bíblia diz: "[...] a fim de que o corpo todo seja edificado até chegar o tempo em que, na unidade da fé em comum e do conhecimento em comum do Filho de Deus, alcancemos a verdadeira maturidade — aquela medida de desenvolvimento implícita na expressão 'a plenitude de Cristo'".[2] Tornar-se semelhante a Cristo é seu destino, mas a jornada durará toda uma vida.

Até aqui, vimos que essa jornada envolve *acreditar* (pela adoração), *pertencer* (pela comunhão) e *transformar-se* (pelo discipulado). Deus deseja que você se torne cada dia mais parecido com ele: "Você começou a viver uma nova vida, na qual está sendo feito de novo e se tornando como aquele que o criou".[3]

Hoje somos obcecados por rapidez, mas Deus se interessa mais pela resistência e pela constância. Preferimos o jeitinho, o atalho, a solução imediata. Queremos um sermão, um seminário ou uma experiência que resolva instantaneamente todos os nossos problemas, que retire todas as nossas tentações e nos alivie o sofrimento. Mas a verdadeira maturidade jamais será resultado de uma única experiência, por mais contundente e emocionante que seja. Crescer é um processo gradual. A Bíblia diz: "Somos transfigurados como o Messias, e nossa vida se torna cada vez mais deslumbrante e bela à medida que Deus entra em nossa vida e nos tornamos como ele".[4]

## Por que demora tanto tempo?

Embora Deus *possa* nos transformar instantaneamente, ele optou por desenvolver cada um de nós vagarosamente. Jesus é cauteloso no desenvolvimento de seus discípulos. Assim como Deus permitiu que os israelitas se apoderassem da terra prometida "aos poucos",[5] para que não fossem prejudicados, ele prefere trabalhar progressivamente em nossa vida.

Por que levamos tanto tempo para mudar e crescer? Há vários motivos.

**Nosso aprendizado é lento.** É comum termos de repetir uma lição 40 ou 50 vezes até realmente assimilá-la. Os problemas repetem-se periodicamente e pensamos: "De novo, não! Já aprendi isso!". Deus, porém, é quem de fato sabe do que precisamos. A história de Israel demonstra quão depressa nos esquecemos das lições que Deus nos ensina e a rapidez com que retornamos aos velhos padrões de comportamento. Precisamos de reiteradas explicações.

**Temos muito a desaprender.** Muitos procuram o psicólogo por causa de um problema pessoal ou relacional que levou *anos* para se desenvolver e dizem: "Preciso que você resolva isso. Tenho uma hora". Ingenuamente, esperam receber uma solução instantânea para uma dificuldade arraigada há anos. Como a maioria de nossos problemas — e todos os nossos hábitos ruins — não se desenvolvem da noite para o dia, é impraticável imaginar que possam desaparecer num piscar de olhos. Não há pílula, oração ou teoria que desfaça instantaneamente os danos causados por um longo período. É necessário um trabalho comprometido, para todas as remoções e substituições necessárias. A Bíblia chama a isso "despir-se do velho homem [e] revestir-se do novo homem".[6] Embora tenha recebido uma natureza inteiramente nova no momento da conversão, você ainda preserva antigos hábitos, padrões e práticas que precisam ser eliminados e substituídos.

**Temos medo de humildemente encarar a verdade acerca de nós mesmos.** Já destaquei que a verdade nos libertará, mas com frequência ela nos torna, antes de tudo, infelizes. O medo do que podemos descobrir se encararmos honestamente os defeitos de nosso caráter nos mantém no cárcere da negação. Somente depois de permitir que Deus resplandeça a luz de sua verdade sobre nossas faltas, nossos fracassos e traumas é que podemos começar a trabalhar neles. É por isso que não podemos crescer sem uma postura humilde e receptiva ao ensino.

**Não há crescimento sem mudanças, não existem mudanças sem medo ou perdas, e não há perda sem dor.**

**Crescer é quase sempre doloroso e assustador.** Não há crescimento sem mudanças, não existem mudanças sem medo ou perdas, e não há perda sem dor. Toda mudança envolve algum tipo de perda. Você deve se livrar dos velhos hábitos para experimentar os novos. Tememos essas perdas, mesmo que nossos antigos costumes estejam fadados ao fracasso, pois, como um par de sapatos usados, eram ao menos confortáveis e pessoais.

É comum as pessoas destacarem sua identidade em torno dos defeitos. Elas dizem: "É meu jeito de ser"; "Eu sou desse jeito". A preocupação inconsciente é que, livres de um hábito, de uma dor ou de uma inibição, não sabem em quem irão se tornar. Esse medo pode certamente atrasar o crescimento.

**Hábitos levam tempo para se desenvolver.** Lembre-se de que seu caráter é a soma total de seus hábitos. Você não pode se dizer gentil, a menos que seja *habitualmente* gentil, isto é, alguém que demonstre gentileza sem nem mesmo pensar nisso. Você não pode afirmar que é íntegro, a menos que tenha o *hábito* de ser honesto.

O marido fiel à mulher apenas na *maior parte* do tempo não é de modo nenhum fiel! Os hábitos definem o caráter.

Só há uma maneira de desenvolver os hábitos que resultam num caráter semelhante ao de Cristo: *praticando* — e isso leva tempo! Não existem *hábitos instantâneos.* Paulo exorta Timóteo: "Pratique essas coisas. Dedique sua vida a elas, para que todos possam ver o seu progresso".[7]

Com o tempo, você fica bom em qualquer coisa que pratique. A repetição é a mãe do caráter e da habilidade. Os hábitos que constroem o caráter são em geral chamados "disciplinas espirituais", e existem dezenas de ótimos livros que ensinam a aplicá-las.

### Não se apresse

À medida que você cresce rumo à maturidade espiritual, pode cooperar com Deus nesse processo de várias maneiras.

**Creia que Deus está operando em sua vida, mesmo quando você não o sente.** O crescimento espiritual às vezes é tedioso, porque avança um passo de cada vez. Assim, espere uma melhora também progressiva. A Bíblia diz: "Tudo na terra tem seu tempo próprio, seu momento apropriado".[8] Na vida espiritual, também existem estações, e pode haver uma curta e intensa explosão de crescimento (primavera), seguida por um período de estabilidade e provações (outono/ inverno).

E quanto aos problemas, hábitos e mágoas que você gostaria de eliminar milagrosamente? Não há nada de errado em orar por um milagre, mas não fique decepcionado se a resposta for uma mudança gradual. Com o tempo, uma correnteza lenta e firme desgastará a mais dura rocha e transformará penhascos gigantes em seixos. Com o tempo, um pequeno broto pode se transformar numa sequoia gigante com mais de cem metros de altura.

**Mantenha um registro das lições aprendidas.** Não se trata de um diário dos acontecimentos, mas do registro daquilo que você aprendeu. Anote esclarecimentos e lições de vida que

**Deus nunca
é apressado,
embora seja
sempre pontual.**

Deus lhe transmite a respeito dele, de você, da vida, dos relacionamentos e de tudo o mais. Registre-os para que possa revisá-los, relembrá-los e transmiti-los para a próxima geração.[9] A razão pela qual devemos reaprender as lições é que costumamos esquecê-las. Reler o diário espiritual regularmente pode lhe poupar muito sofrimento e desgosto. A Bíblia diz: "É fundamental que nos apeguemos com firmeza ao que ouvimos, para que não nos desviemos".[10]

**Seja paciente com Deus e com você mesmo.** Uma das frustrações da vida é que o cronograma de Deus raramente é igual ao nosso. Estamos quase sempre apressados, mas Deus não está. Talvez você se sinta frustrado com o progresso aparentemente lento que está fazendo. Não se esqueça de que Deus nunca é apressado, embora seja sempre pontual. Ele usará todo o seu tempo de vida a fim de prepará-lo para sua função na eternidade.

A Bíblia é cheia de exemplos em que Deus utiliza longos processos para desenvolver o caráter, especialmente o dos líderes. Ele levou oitenta anos para preparar Moisés, incluindo quarenta no deserto. Por 14.600 dias, Moisés ficou esperando e matutando: "Será que está na hora?", mas Deus continuava dizendo: "Ainda não".

Ao contrário do que anunciam os títulos de livros que fazem sucesso, não existem *Passos suaves para a maturidade* nem *Segredos da santidade instantânea.*

Quando Deus quer fazer um cogumelo, ele o faz da noite para o dia, mas, quando quer fazer um carvalho gigante, leva cem anos. Grandes almas são desenvolvidas por meio de lutas, tempestades e períodos de sofrimento. Tenha paciência com o processo. Tiago aconselha: "Por isso, não desistam facilmente. Essa perseverança os ajudará a amadurecer e a desenvolver plenamente o caráter de vocês".[11]

**Não desanime.** Quando Habacuque ficou deprimido por achar que Deus não estava agindo rápido o suficiente, Deus lhe respondeu:

> Essas coisas que planejei, porém, não acontecerão imediatamente. Devagar, mas com determinação, certamente vai se aproximando o tempo em que a visão será cumprida. Se aparentemente está demorando muito, não se desespere, porque tudo vai acontecer mesmo! Seja paciente! O cumprimento dessa promessa certamente ocorrerá e não se atrasará![12]

O atraso não é uma negativa de Deus.

Lembre-se de quanto você já passou, não de quanto terá de passar. Você não está onde deseja estar, mas também não está onde costumava estar. Tempos atrás, alguns cristãos americanos usavam um broche com as letras "PBPGINFWMY". Que (em português) significam: "Por favor, seja paciente. Deus ainda não concluiu a obra dele em mim". Deus também ainda não concluiu a obra dele em você; então, siga em frente! Até mesmo a lesma alcançou a arca por perseverar!

## Pensando sobre meu propósito de vida

*Dia* 28

**Tema para reflexão:**
Não existem atalhos para chegar à maturidade.

**Versículo para memorizar:**
"Deus começou a fazer uma boa obra em vocês,
e tenho certeza de que ele a continuará até que
seja concluída, quando Jesus Cristo voltar outra vez".
(Filipenses 1.6, *NCV*)

**Pergunta para meditar:**
Em que área de meu crescimento espiritual preciso
ser mais paciente e persistente?

## GUIA DE ESTUDOS

# Você foi criado para se tornar semelhante a Cristo

**PONTOS-CHAVE.** Vimos como a criação de Deus tem harmonia, significado, equilíbrio e coerência, ou, em uma palavra, propósito. Do ponto de vista da coroa da criação, que é o ponto alto das obras de Deus, o ser humano é a única parte da criação que tem uma referência: Jesus.

**APLICAÇÃO.** Especialmente os evangelhos nos dão diversos exemplos da vida de Jesus, bem como as epístolas escritas pelos apóstolos, sobre o ministério da igreja como prática de vida transformada por Deus e serviço cristão em favor do próximo. Esses textos e o testemunho de homens e mulheres santos do passado devem nos inspirar a uma vida de piedade, de santidade e de serviço pela igreja e pelo mundo, a exemplo do que Jesus fez. Ele é a nossa referência.

**PERGUNTAS**

1. Depois de admitidos na família de Deus, precisamos ser moldados pelo Espírito à semelhança de Cristo. Como isso deverá acontecer segundo lemos no Novo Testamento e como ensinado neste capítulo?
2. Há um papel especial do Espírito Santo em nosso favor, que é nos conduzir a toda a verdade. Essa verdade, conforme disse Jesus, deverá mudar a nossa vida a partir de dentro. Como você entende que a verdade muda o homem interiormente e faz dele uma nova pessoa criada à imagem de Deus?
3. O sofrimento em forma de provação tem o poder de aperfeiçoar nossa experiência de fé. Relembre alguma experiência pessoal em que você dependeu da fé em Cristo e como isso melhorou sua vida e de que modo (ou em que área)?
4. Uma vez que a vida no Espírito nos leva à inclinação para as coisas de Deus, como Paulo escreveu em Romanos, reflita como tem sido essa experiência em sua própria vida cristã?
5. Que exercícios espirituais você pode fazer ou que versículos bíblicos pode memorizar a fim de que você possa resistir às tentações?
6. O processo de santificação e tudo o que o Senhor, por meio do Espírito, pode fazer em nosso favor leva tempo. Por isso, dizemos que se trata de um processo. Considerando o início de sua vida cristã e o fim que aguardamos, a volta do Senhor, em que ponto da jornada você considera estar? Quais são os próximos passos nessa caminhada?

# PROPÓSITO 4

# Você foi moldado para servir a Deus

*Somos somente servidores de Deus* [...]. *Cada um de nós faz o trabalho que o Senhor lhe deu para fazer: Eu plantei, e Apolo regou a planta, mas foi Deus quem a fez crescer.*

1 CORÍNTIOS 3.5,6, *NTLH*

Dia 29

# ACEITANDO SUA MISSÃO

*Foi o próprio Deus quem fez de nós o que somos e nos deu uma vida nova da parte de Cristo Jesus para que realizássemos as boas obras que ele planejou para nós há muito tempo atrás.*

EFÉSIOS 2.10, *NBV-P*

*"Eu te glorifiquei na terra, ao cumprir até o último detalhe tudo que me mandaste fazer."*

JOÃO 17.4, *AM*

**VOCÊ FOI POSTO NO MUNDO PARA FAZER UMA CONTRIBUIÇÃO.**

Você não foi criado apenas para consumir recursos — comer, respirar e ocupar espaço. Deus o criou para que sua vida fizesse diferença. Apesar de muitos livros de sucesso oferecerem conselhos sobre como *extrair* o máximo da vida, não foi para isso que Deus fez você. Você foi criado para *acrescentar* alguma coisa à vida neste mundo, não apenas para usufruir. Deus quer que você retribua com algo. Esse é o quarto propósito de Deus para sua vida, denominado "ministério" ou "serviço". A Bíblia fornece os detalhes.

**Você foi criado para servir a Deus.** A Bíblia diz: "Ele nos criou para que fizéssemos as boas obras que ele já havia preparado para nós".[1] Essas "boas obras" são o serviço. Sempre que você serve a alguém, de alguma forma, está na verdade servindo a Deus[2] e cumprindo um de seus propósitos. Nos dois próximos capítulos, você verá como Deus cuidadosamente o *formou* para esse propósito. O que Deus disse a Jeremias vale para você também: "Antes de o formar no útero de sua mãe, eu o escolhi. Antes que você nascesse, eu o separei para uma obra especial".[3] Você foi posto neste mundo para uma missão especial.

**Você foi salvo para servir a Deus.** A Bíblia diz:

> Foi ele quem nos salvou e nos escolheu para o seu santo trabalho, não porque merecêssemos, mas porque esse era o seu plano.[4]

Deus o redimiu, assim você pode realizar a "obra santa" de Deus. Você não foi salvo *pelo* serviço, mas *para* o serviço. No

Reino de Deus, há um lugar, um propósito, um papel e uma função a cumprir. Isso dá à sua vida enorme importância e valor.

Comprar nossa salvação custou a Jesus a própria vida. A Bíblia nos faz recordar: "Deus pagou um alto preço por vocês. Portanto, usem seu corpo para honrar a Deus".[5] Não servimos a Deus movidos por culpa, medo ou mesmo obrigação, mas pela alegria e profunda gratidão pelo que ele fez por nós. Devemos-lhe a vida. Pela salvação, nosso passado foi perdoado, nosso presente ganhou sentido e nosso futuro está garantido. À luz dessas incríveis vantagens, Paulo conclui: "Por causa da grande misericórdia divina, peço que vocês se ofereçam completamente a Deus como um sacrifício vivo, dedicado ao seu serviço".[6]

**Se não sinto amor pelos outros nem desejo de ajudar as pessoas e me preocupo somente com minhas necessidades, devo questionar se Cristo está realmente em minha vida.**

O apóstolo João ensina que nossos préstimos amorosos às outras pessoas demonstram que somos verdadeiramente salvos: "Nosso amor uns pelos outros dá testemunho de que já passamos da morte para a vida".[7] Se não sinto amor pelos outros nem desejo de ajudar as pessoas e me preocupo somente com minhas necessidades, devo questionar se Cristo está realmente em minha vida. O coração salvo deseja servir.

Outro termo relativo a servir a Deus e mal compreendido pela maioria das pessoas é "ministério". Quando a maioria das pessoas escuta a palavra "ministério", pensa logo em pastores, padres e outros clérigos, mas Deus diz que cada membro de sua família é um ministro. Na Bíblia, as palavras "servo" e "ministro" são sinônimas, assim como "serviço" e "ministério". Se você é cristão, então é um ministro e, quando está servindo, está ministrando.

Quando a sogra de Pedro foi curada por Jesus, ela imediatamente "se levantou e começou a servi-lo",[8] usando o novo dom da saúde. É exatamente isso que devemos fazer. Somos curados para ajudar outros. Somos abençoados para ser uma bênção. Somos salvos para servir, mas não para ficar sentados esperando pelo céu.

Você nunca se perguntou por que Deus não nos leva para o céu imediatamente após aceitarmos sua graça? Por que nos deixa em um mundo decadente? Ele nos deixa aqui para que cumpramos os propósitos dele. Depois que você é salvo, o Senhor tenta usá-lo para cumprir os objetivos que ele traçou. Deus tem para você um ministério na igreja e uma *missão* no mundo.

**Você é chamado para servir a Deus.** Enquanto cresce, você deve pensar que ser "chamado" por Deus é algo que somente missionários, pastores, freiras e outros trabalhadores ou obreiros "de tempo integral" experimentam, mas a Bíblia diz que todo cristão é chamado para servir.[9] O chamado para a salvação inclui o chamado para servir: ambos são o mesmo chamado. Independentemente de seu emprego ou carreira, você é chamado para ser um cristão que sirva em tempo integral. Um "cristão não servo" é uma contradição.

A Bíblia diz: "Deus nos salvou e nos chamou para sermos o seu povo. Não foi por causa do que temos feito, mas porque este era o seu plano e por causa da sua graça".[10] Pedro acrescenta: "Vocês foram escolhidos para falar acerca das excelentes qualidades de Deus, que os chamou".[11] Sempre que faz uso das habilidades que Deus lhe concedeu para ajudar os outros, você está cumprindo seu chamado.

A Bíblia diz: "Vocês [...] agora pertencem a ele [...] para [...] viver uma vida útil no serviço de Deus".[12] Quanto de seu tempo vem sendo utilizado no serviço de Deus? Em algumas igrejas da China, dão-se as boas-vindas aos novos convertidos dizendo: "Jesus agora tem um novo par de olhos para ver, de ouvidos para escutar, de mãos para ajudar e um novo coração para amar os demais".

Uma razão pela qual você precisa estar vinculado a uma igreja é o cumprimento do chamado divino para servir outros fiéis de maneira prática. A Bíblia diz: "Todos vocês, reunidos, são o corpo de Cristo, e cada um de vocês é um membro separado e necessário desse corpo".[13] Seu serviço é desesperadamente necessário no corpo de Cristo. Basta perguntar em qualquer igreja local. Cada um de nós tem um papel a desempenhar, e cada função é importante. Não existe serviço pequeno para Deus: todos são importantes.

De igual modo, não existem ministérios insignificantes na igreja. Alguns são visíveis e outros são desempenhados nos bastidores, mas todos são importantes. Ministérios pequenos ou velados podem fazer grande diferença. Em minha casa, a luminária mais importante não é o enorme lustre da sala de jantar, mas a pequena luz noturna que me impede de tropeçar quando me levanto à noite. Não há uma correlação exata entre tamanho e importância. Todo ministério é importante, pois todos dependemos uns dos outros para atuar.

**A maturidade espiritual jamais será um fim em si mesma [...]. Crescemos para nos doar.**

O que acontece quando uma parte de seu corpo deixa de funcionar? Você adoece. O restante do corpo sofre. Imagine se o fígado decidisse começar a viver por conta própria: "Estou cansado! Não quero mais servir este corpo! Quero um ano de folga, só me alimentando. Tenho que pensar no que é melhor para mim! Deixe que outra parte do corpo assuma minha tarefa". O que aconteceria? O corpo morreria. Milhares de igrejas locais hoje estão morrendo por causa de cristãos que não têm vontade de servir. Eles se portam como meros espectadores, e o corpo sofre.

**A ordem é servir a Deus.** Jesus foi categórico: "A atitude de vocês deve ser igual ao Filho do Homem que não veio para ser servido, mas para servir, e dar a sua vida para salvar a muitos".[14] Para os cristãos, servir não é opção, tampouco algo a ser encaixado em nossa agenda quando há tempo disponível. Servir é a essência da vida cristã. Jesus veio para "servir" e para "dar" — esses dois verbos também devem orientar nossa vida. Serviço e doação resumem o quarto propósito de Deus para nossa vida. Madre Tereza disse certa vez: "Viver em santidade consiste em realizar a obra de Deus com um sorriso".

Jesus ensinou que a maturidade espiritual jamais será um fim em si mesma. A maturidade é para o ministério! Crescemos para nos doar. Seguir aprendendo mais e mais não é o suficiente. Precisamos agir de acordo com o que sabemos e pôr em prática o que afirmamos acreditar. *Impressão* sem *expressão* causa *depressão*. Estudar sem trabalhar leva à estagnação espiritual. A antiga comparação entre o mar da Galileia e o mar Morto ainda é verdadeira: o mar da Galileia é cheio de vida porque recebe água e também deságua; no mar Morto, nada sobrevive, pois, ao contrário do primeiro, não deságua.

A *última* coisa que muitos cristãos precisam hoje em dia é participar de outro estudo bíblico. Eles já sabem muito mais do que têm posto em prática. O que necessitam é de experiências em *servir*, nas quais possam exercitar seus músculos espirituais.

Servir é contrário à nossa inclinação natural. Na maior parte do tempo, estamos mais interessados em *ser servidos* que em *servir*. Dizemos: "Estou procurando uma igreja que atenda às minhas necessidades e me abençoe", em vez de: "Estou procurando um lugar onde eu possa servir e *ser* uma bênção". Esperamos sempre que os outros nos sirvam; não o contrário. Mas, à medida que amadurecemos em Cristo, o foco de nossa vida é mudado progressivamente para o serviço ao próximo. Um seguidor maduro de Jesus deixa de perguntar: "Quem irá prover *minhas* necessidades?". E começa a perguntar: "De quem irei suprir as necessidades?". Você alguma vez já fez essa pergunta?

## Preparando-se para a eternidade

Terminada sua vida aqui, você comparecerá diante de Deus, e ele avaliará como você serviu aos demais com sua vida. A Bíblia diz: "Cada um de nós prestará contas pessoalmente a Deus".[15] Pense nas implicações disso. Um dia, Deus vai comparar o tempo e a energia que gastamos com nós mesmos em relação ao que utilizamos para servir a outros.

Nesse momento, todas as desculpas para o egoísmo soarão vazias: "Eu estava muito ocupado"; ou: "Eu tinha objetivos próprios"; ou: "Eu estava preocupado em trabalhar, me divertir e em preparar minha aposentadoria". A todas as desculpas Deus responderá: "Sinto muito; resposta errada. Eu o criei, salvei, chamei e comissionei para que você vivesse servindo. *Qual parte* você não entendeu?". A Bíblia alerta os que não creem: "Ele derramará a sua ira e o seu castigo sobre os que vivem para si mesmos".[16] Para o cristão, isso significará a perda das recompensas eternas.

Só estamos plenamente vivos quando estamos ajudando outros. Jesus disse: "Se você insistir em salvar a sua própria vida, você a perderá. Somente aqueles que põem de lado a sua vida por minha causa e por causa da boa-nova é que a salvarão".[17] Essa verdade é tão importante que é repetida cinco vezes nos evangelhos. Se você não está servindo, está apenas existindo, porque a vida foi feita para o ministério. Deus quer que você aprenda a amar e servir às pessoas de forma altruísta.

**Servir é o caminho para quem quiser ser importante.**

## Serviço e importância

Você dará a vida por algo. O que será? Uma carreira, um esporte, um passatempo, fama, riquezas? Nenhuma dessas coisas terá relevância eterna. Servir é o caminho para quem quiser ser importante. É por meio do ministério que descobrimos o sentido da vida. A Bíblia diz: "Cada um de nós encontra significado e função como parte desse corpo".[18] Quando servimos juntos na família de Deus, a vida assume uma importância eterna. Paulo diz: "Quero que vocês pensem como tudo isso torna vocês mais importantes, não menos [...] por causa daquilo de que vocês são parte".[19]

Deus quer usá-lo para que você faça diferença no mundo dele. Ele quer atuar por seu intermédio. O que importa não é a *duração* de sua vida, mas a *contribuição* que você ofereceu. Não *quanto* viveu, mas *como* viveu.

Se você não está envolvido em algum serviço ou ministério, que desculpa tem dado? Abraão era velho, Jacó era inseguro, Lia não tinha atrativos, José foi maltratado, Moisés gaguejava, Gideão era pobre, Sansão era codependente, Raabe era imoral, Davi teve uma amante e todo tipo de problemas familiares, Elias tinha ideias autodestrutivas, Jeremias era depressivo, Jonas era relutante, Noemi era viúva, João Batista era no mínimo excêntrico, Pedro era impulsivo e temperamental, Marta se preocupava demais, a samaritana teve vários casamentos fracassados, Zaqueu era indesejado, Tomé tinha dúvidas, Paulo tinha saúde fraca e Timóteo era tímido. Aí está uma boa variedade de pessoas desajustadas, mas Deus usou cada uma delas em sua obra. Ele também o usará, se você parar de apresentar desculpas.

Dia 29

# Pensando sobre meu propósito de vida

**Tema para reflexão:**
Servir não é uma opção.

**Versículo para memorizar:**
"Porque somos criação de Deus realizada em Cristo Jesus para fazermos boas obras, as quais Deus preparou antes para nós as praticarmos".(Efésios 2.10, *NVI*)

**Pergunta para meditar:**
O que está me impedindo de aceitar o chamado de Deus para servi-lo?

Dia
30

# FORMADO PARA SERVIR A DEUS

*"Foram as tuas mãos que me formaram e me fizeram."*

JÓ 10.8, *NVI*

*O povo que formei para mim proclamará o meu louvor.*

ISAÍAS 43.21, *BJ*

**VOCÊ FOI FORMADO PARA SERVIR A DEUS.**

Deus formou cada criatura neste planeta com uma qualificação especial. Alguns animais correm, outros saltam, alguns nadam, outros escavam e alguns voam. Cada um tem um papel especial a desempenhar conforme foi moldado por Deus. O mesmo ocorre com os humanos. Cada um de nós foi concebido — ou "formado" — com exclusividade para a realização de determinadas tarefas.

Antes de os arquitetos projetarem um novo prédio, eles primeiro perguntam: "Para que propósito? Como será usado?". A função pretendida sempre determina o formato do prédio. Antes de Deus criar você, ele decidiu que papel queria que você desempenhasse no mundo e o moldou com as características essenciais ao cumprimento dessas tarefas. Você tem essa constituição porque foi formado para exercer um ministério específico.

A Bíblia diz que "[...] somos criação de Deus realizada em Cristo Jesus para fazermos boas obras".[1] A palavra "poema" vem do termo grego que também é traduzido por "criação", "manufatura". Você é uma obra de arte feita manualmente por Deus, não é produto de linha de montagem, em série, feito sem nenhum cuidado especial. Você é uma obra-prima original, exclusiva e criada sob medida.

Deus propositadamente o formou para que você lhe servisse de um modo que tornasse seu ministério singular. Ele cuidadosamente misturou o coquetel de DNA que o criou. Davi louva ao Senhor por essa magnífica personalização: "Tu fizeste tudo com delicadeza, as partes interiores de meu corpo, e as uniste no ventre de minha mãe. Obrigado por me teres feito de maneira tão maravilhosamente complexa! O teu trabalho é maravilhoso".[2] Como disse Ethel Waters: "Deus não cria sucata".

O Senhor não apenas o moldou antes de seu nascimento, mas planejou cada dia de sua vida para favorecer o processo de formação. Davi continua: "Cada dia da minha vida foi registrado no teu livro. Cada momento foi determinado antes mesmo que um só dia houvesse passado".[3] Isso significa que nada em sua vida é insignificante. Deus usa tudo que acontece visando moldá-lo para o ministério e torná-lo habilitado para a obra do Senhor. Deus jamais desperdiça alguma coisa. Ele não lhe daria habilidades, interesses, talentos, dons, personalidade e experiência de vida, a menos que pretendesse usá-los para a glória dele. Identificando e compreendendo esses fatores, você pode descobrir a vontade de Deus para sua vida.

Deus jamais desperdiça alguma coisa.

A Bíblia diz que você é "maravilhosamente complexo". Você é uma combinação de múltiplos fatores. Para ajudar a lembrá-lo de cinco desses fatores, criei um acróstico simples: FORMA. Neste capítulo e no próximo, conheceremos esses cinco fatores, e, em seguida, explicarei como descobrir e usar sua FORMA.

## Como Deus lhe dá FORMA para o ministério

Toda vez que Deus nos dá uma missão, ele nos capacita com o que precisamos para realizá-la. Essa combinação sob medida de suas capacidades é a FORMA:

**F**ormação espiritual
**O**pções do coração
**R**ecursos pessoais
**M**odo de ser
**Á**reas de experiência

## FORMA: esclarecendo sua formação espiritual

Deus dá a cada cristão dons espirituais para serem usados no ministério.[4] São habilidades especiais, exclusivas dos que creem, concedidas por Deus para que o sirvamos. A Bíblia diz:

"Quem não tem o Espírito de Deus não pode receber os dons que vêm do Espírito".[5]

Não podemos adquirir dons espirituais nem mesmo merecê-los; por isso, são chamados "dons"! Eles são a expressão da graça de Deus para conosco. "Cristo generosamente repartiu seus dons conosco".[6] Não é você quem escolhe os dons que gostaria de ter; é Deus quem os determina. Paulo explica: "É o mesmo e único Espírito Santo quem distribui esses dons. Ele sozinho decide que dom cada pessoa deve receber".[7]

Deus aprecia a diversidade e deseja que sejamos especiais; desse modo, não há dom que seja concedido a todos,[8] e ninguém recebe *todos* os dons. Se você possuísse todos os dons, não teria necessidade de mais ninguém, e isso destruiria um dos propósitos de Deus — ensinar-nos a amar uns aos outros e a depender uns dos outros.

Seus dons espirituais não foram concedidos para seu benefício, mas para benefício de *outros*, exatamente como outros cristãos receberam dons para beneficiar você. A Bíblia diz: "Um dom espiritual é dado a cada um de nós como meio de ajudarmos toda a igreja".[9] Deus planejou dessa forma para que necessitássemos uns dos outros. Quando usamos nossos dons em conjunto, todos são beneficiados. Se os outros não usarem os dons, você será frustrado; se você não usar seus dons, eles serão frustrados. Por isso, foi-nos dada a ordem para descobrir e desenvolver os dons espirituais. Você já parou para descobrir seus dons espirituais? De nada vale um dom não descoberto.

Toda vez que esquecemos essas verdades básicas sobre os dons, ocorrem problemas na igreja. Dois problemas comuns são a "inveja de dom" e a "projeção de dom". O primeiro ocorre quando comparamos nossos dons com os dos outros cristãos e nos sentimos insatisfeitos com o que Deus nos deu, tornando-nos ressentidos e ciumentos do modo em que Deus usa os outros. O segundo ocorre quando esperamos que alguém mais tenha nossos dons, faça o que fomos chamados para fazer e se sinta tão entusiasmado quanto nós a respeito desse dom. A Bíblia diz:

"Há diferentes tipos de serviço na igreja, mas é ao mesmo Senhor que estamos servindo".[10]

Os dons espirituais são às vezes exageradamente enfatizados, contribuindo para a negligência de outros fatores que Deus utiliza a fim de nos preparar para o serviço. Os dons espirituais revelam uma *chave que nos permite descobrir* a vontade de Deus para nosso ministério, mas eles, em particular, não formam o quadro completo. Deus também formou você de quatro outras maneiras.

**De nada vale um dom não descoberto.**

## FORMA: atentando para as opções do coração

A Bíblia usa o termo "coração" para descrever o conjunto de desejos, esperanças, interesses, ambições, sonhos e afeições que você possui. O coração representa a fonte de todos os estímulos — o que você gosta de fazer e o que mais lhe interessa. Ainda hoje, usamos a palavra nesse sentido quando dizemos: "Eu te amo de todo o meu coração".

A Bíblia diz: "Assim como a água reflete o rosto, o coração reflete quem somos nós".[11] Seu coração revela o você *verdadeiro* — o que você verdadeiramente é, não o que os outros *pensam* que você é ou o que as circunstâncias o forçam a ser. Seu coração determina o porquê de você *dizer* as coisas que diz, *sentir*-se como se sente e *agir* da forma que age.[12]

Fisicamente, cada um de nós tem um batimento cardíaco único. Assim como temos impressões digitais e padrões de íris e de voz singulares, cada coração bate de maneira diferente. Impressiona saber que, apesar dos bilhões de pessoas que já viveram, ninguém jamais teve um batimento cardíaco exatamente igual ao seu.

Do mesmo modo, Deus concedeu a cada um de nós um "compasso" *emocional* único, que dispara quando pensamos em assuntos, atividades ou circunstâncias que nos interessam. Instintivamente, importamo-nos com algumas coisas e desconsideramos outras. São pistas sobre onde deveríamos estar servindo.

Outra palavra para coração é "paixão". Existem certos assuntos que despertam nossa paixão, enquanto outros nos são indiferentes. Algumas experiências nos entusiasmam e prendem a atenção, enquanto outras nos desanimam ou entediam profundamente. Elas revelam a natureza de nosso coração.

Enquanto você crescia, deve ter descoberto que se interessava intensamente por alguns assuntos que não despertavam o menor interesse em sua família. De onde vieram esses interesses? Vieram de Deus. Ele tinha um propósito em lhe dar esses interesses inatos. Seu compasso emocional é a segunda chave para a compreensão de sua capacitação para o serviço. Não ignore seus interesses. Tente descobrir como podem ser usados para a glória de Deus. Há uma razão para que você goste de fazer essas coisas.

A Bíblia nos manda continuamente servir a Deus "de todo o coração".[13] Ele quer que você o sirva apaixonadamente; não por obrigação. As pessoas raramente se destacam em tarefas que não apreciam ou que não lhes despertam paixão. Deus quer que você use os interesses naturais para servir a ele e aos outros. Atentar para os impulsos internos pode indicar o ministério que Deus pretende que você desenvolva.

Como você sabe quando está servindo a Deus de coração? O primeiro sinal revelador é o *entusiasmo*. Quando você está fazendo o que gosta de fazer, ninguém precisa motivá-lo, desafiá-lo ou inspecioná-lo. Você o faz com prazer. Não precisa de recompensas, aplausos ou pagamento, porque ama servir dessa forma. O oposto também é verdade: quando você não se entusiasma com o que faz, é facilmente desestimulado.

A segunda característica de quem serve a Deus com o coração é a *eficiência*. Quando você faz o que Deus o condicionou a *gostar* de fazer, você se torna bom nisso. A paixão leva à perfeição. Se você não dá importância a uma tarefa, é improvável que se destaque nela. Em contrapartida, os maiores realizadores, em qualquer campo, são movidos pela paixão; não por lucro ou obrigação.

**Quando você está fazendo o que gosta de fazer, ninguém precisa motivá-lo.**

Todos já ouvimos dizer: "Arranjei um emprego que odeio para ganhar bastante dinheiro; um dia, vou deixá-lo para fazer o que gosto". Isso é um grande erro. Não desperdice a vida num trabalho que não combine com o que há em seu coração. Lembre-se: as maiores coisas da vida não são as *coisas*. Aquilo que é significativo é muito mais importante que o dinheiro. O homem mais rico do mundo certa vez afirmou: "É melhor uma vida simples no temor do Eterno que uma vida rica cheia de 'pepinos' e 'abacaxis'".[14]

Não se conforme em apenas alcançar "uma boa vida", porque uma boa vida não é boa o suficiente. No final das contas, ela não satisfaz. Você pode ter muito *de que* viver e ainda assim não ter *para que* viver. Em vez disso, almeje "a vida melhor" — servir a Deus de acordo com o que está no coração. Descubra o que você gosta de fazer — o que Deus lhe pôs no coração — e faça isso, para a glória do Senhor.

## Dia 30 — Pensando sobre meu propósito de vida

**Tema para reflexão:**
Fui formado para servir a Deus.

**Versículo para memorizar:**
"Deus age por intermédio de homens e maneiras diferentes, mas é o mesmo Deus que atinge seus propósitos mediante todos eles". (1 Coríntios 12.6, *CH*)

**Pergunta para meditar:**
De que modo posso me ver servindo a outras pessoas e gostando disso?

Dia 31

# ENTENDENDO SUA FORMA

*Ah, sim! Tu me moldaste por dentro e por fora;*
*tu me formaste no útero da minha mãe.*

SALMOS 139.13, *AM*

**SOMENTE VOCÊ PODE SER VOCÊ MESMO.**

Deus projetou cada um de nós de modo que não houvesse réplica em todo o mundo. Ninguém tem exatamente a mesma composição de fatores que tornam você tão único. Isso significa que ninguém mais no mundo será capaz de desempenhar o papel que Deus planejou para você. Se você não fizer sua contribuição individual para o corpo de Cristo, ela não será feita por mais ninguém. A Bíblia diz: "Existem tipos diferentes de dons [...]. Existem maneiras diferentes de servir [...]. Há diferentes habilidades para realizar o trabalho".[1] No capítulo anterior, vimos as duas primeiras: os dons espirituais (formação espiritual) e o coração (opções do coração). Agora veremos o restante de sua FORMA para servir a Deus.

## FORMA: aplicando os recursos pessoais

Os recursos pessoais são os talentos com os quais você nasceu. Algumas pessoas têm habilidade natural com as palavras: já nascem falando! Outras têm habilidades atléticas inatas, destacando-se pela coordenação motora. Outras ainda são boas em matemática, música ou mecânica.

Quando Deus quis construir o tabernáculo e fabricar todos os utensílios para a adoração, providenciou artistas e artesãos que possuíam "destreza, habilidade e plena capacidade artística para desenhar e executar trabalhos em ouro, prata e bronze, para talhar e esculpir pedras, para entalhar madeira e executar todo tipo de obra artesanal".[2] O Senhor ainda hoje concede essas habilidades — e milhares de outras — para que possamos servir a ele.

**As habilidades vêm de Deus.** Até mesmo as habilidades usadas para pecar foram dadas por Deus; estão apenas sendo mal utilizadas ou corrompidas. A Bíblia diz: "Deus dá a cada um de nós habilidade para fazer bem determinadas coisas".[3] Visto que as capacidades naturais provêm de Deus, elas são tão importantes e "espirituais" quanto os dons espirituais. A única diferença é que você as recebeu no nascimento.

Uma das desculpas mais comuns que as pessoas apresentam para não servir é: "Eu simplesmente não tenho nenhuma aptidão a oferecer". É uma afirmação ridícula. Você tem dezenas, provavelmente centenas, de habilidades inexploradas, desconhecidas e ociosas que estão adormecidas dentro de você. Vários estudos revelaram que uma pessoa comum possui entre 500 e 700 habilidades — muito mais do que você imagina.

Por exemplo: o cérebro pode armazenar 100 trilhões de fatos. A mente pode lidar com 15 mil decisões por segundo, como ocorre quando seu sistema digestivo está trabalhando. O olfato pode perceber até 10 mil odores diferentes. O tato pode detectar um elemento com um mícron de espessura e a língua pode detectar o gosto de uma parte de quinino em 2 milhões de partes de água. Você é um conjunto de habilidades incríveis, uma criação maravilhosa de Deus. Parte da responsabilidade da igreja é identificar e disponibilizar essas habilidades para servir ao Senhor.

**Qualquer habilidade pode ser usada para a glória de Deus.** Paulo orienta: "Assim, quer vocês comam, quer bebam, quer façam qualquer outra coisa, façam tudo para a glória de Deus".[4] A Bíblia está cheia de exemplos de diferentes capacidades que o Senhor usou para sua glória. Aqui estão apenas algumas delas: capacidade artística, capacidade arquitetônica, administração, culinária, construção de navios, produção de doces, capacidade para debates, desenho, embalsamamento, bordado, escultura, agricultura, pesca, jardinagem, liderança, gerenciamento, trabalho em alvenaria, composição musical, produção de armas, trabalho com agulhas, pintura, plantio, filosofia, maquinarias, invenções, carpintaria, navegação, vendas, atividades militares, alfaiataria, ensino, literatura e poesia. A Bíblia diz: "Há diferentes habilidades para realizar o trabalho, mas é o mesmo Deus quem dá a cada um a habilidade para fazê-lo".[5]

O Senhor tem um lugar na igreja onde sua habilidade pode se distinguir e você pode fazer diferença. Cabe a você achar esse lugar.

Deus concede a algumas pessoas a habilidade de ganhar dinheiro. Moisés disse aos israelitas: "Mas, lembrem-se do SENHOR, o seu Deus, pois é ele que dá a vocês a capacidade de produzir riqueza [...]".[6] Pessoas com essa capacidade são boas em fazer prosperar os negócios, em fechar acordos ou vendas e em obter lucro. Se você possui habilidade para os negócios, deve usá-la para a glória de Deus. Como? Primeiro: compreenda que sua habilidade provém de Deus e dê todo o crédito a ele. Segundo: use sua empresa ou seu negócio para atender à necessidade de alguém e compartilhe sua fé com os que não creem. Terceiro: devolva ao menos o dízimo (10%) do lucro para Deus, como ato de adoração.[7] Por fim, estabeleça para você mesmo a meta de ser um *construtor do Reino*; não um *construtor de riquezas*. Explicarei isso melhor no capítulo 34.

**Deus quer que eu faça aquilo que sou capaz de fazer.** Você é a única pessoa neste mundo que pode empregar suas habilidades. Ninguém mais pode assumi-las, porque ninguém mais possui a constituição exclusiva que Deus lhe deu. A Bíblia diz que o Senhor supre você de tudo que é necessário para fazer a sua vontade e dele".[8] Para descobrir a vontade de Deus para sua vida, faça um autoexame minucioso, a fim de entender em que você é bom e identificar as áreas nas quais você não tem habilidade.

Se Deus não lhe deu a capacidade de cantar bem, ele não espera que você seja cantor de ópera. Ele jamais lhe pedirá que dedique a vida a uma tarefa para a qual você não tem talento. No entanto, as habilidades que você *efetivamente* possui são um forte indício do que o Senhor quer que você faça. São pistas para que você conheça a vontade de Deus para sua vida. Se você for bom em projetar, recrutar, desenhar ou organizar, é seguro supor que os planos dele para sua vida incluem tal habilidade, de alguma forma. Deus não desperdiça capacidade; ele combina nosso chamado com nossas habilidades.

As habilidades não foram concedidas apenas para que você as empregasse em sua profissão. O Senhor as concedeu para que você exercesse um ministério. Pedro disse: "Deus deu a cada um de vocês algumas capacidades especiais; estejam certos de que as estão utilizando para se ajudarem mutuamente, transmitindo aos outros as muitas formas da graça de Deus".[9]

Enquanto este livro estava sendo escrito, aproximadamente sete mil pessoas usavam habilidades para o ministério na Igreja Saddleback, suprindo todo tipo de serviço que você possa imaginar: consertando carros recebidos em doação para que sejam, por sua vez, doados aos que necessitam, encontrando os melhores negócios para as aquisições da igreja, trabalhando com paisagismo, organizando arquivos, divulgando arte, elaborando programas, projetando prédios, fornecendo tratamento de saúde, preparando refeições, compondo músicas, ensinando música, escrevendo propostas de subvenções, treinando times, fazendo pesquisas para sermões ou traduzindo-os e realizando centenas de outras tarefas que requerem especialização. Dizemos aos novos membros: "Não importa no que você é bom, use essa habilidade em favor de sua igreja!".

**Deus quer que eu faça aquilo que sou capaz de fazer.**

**FORMA: usando seu modo de ser**

Não nos damos conta de como cada um de nós é verdadeiramente único. As moléculas de DNA podem se reunir em um número infinito de formas. A possibilidade de você algum dia vir a encontrar alguém exatamente igual a você é de 1 para 10 elevado à 2.400.000.000ª potência. Se você fosse escrever esse número com cada zero da espessura de uma polegada, seria necessário uma tira de papel de 60 mil quilômetros!

Para que você tenha ideia do que isso significa, alguns cientistas acreditam que o número de todas as partículas do Universo não passa de 10 seguido de 76 zeros — muito menor que as possibilidades de seu DNA. Sua singularidade é um fato científico da vida. Quando Deus o fez, ele quebrou o molde. Nunca houve nem haverá alguém exatamente igual a você.

É óbvio que Deus aprecia a diversidade — basta olhar em volta! Ele criou cada um de nós com uma combinação exclusiva de traços de personalidade. Deus fez os *introvertidos* e os *extrovertidos*. Fez as pessoas que gostam de *rotina* e as que gostam de *diversificar*.

Fez os "racionais" e os "emocionais". Algumas pessoas trabalham melhor em tarefas individuais, ao passo que outras têm melhor desempenho em equipe. A Bíblia diz: "Deus age por intermédio de homens e maneiras diferentes, mas é o mesmo Deus que atinge seus propósitos mediante todos eles".[10]

A Bíblia apresenta provas suficientes de que Deus usa todos os tipos de personalidade. Pedro era *sanguíneo*. Paulo era *colérico*. Jeremias era *melancólico*. Quando você vê as diferenças de personalidade entre os 12 discípulos, fica fácil entender a razão de alguns conflitos interpessoais.

Não existe temperamento "certo" ou "errado" para o ministério. Todos os tipos de personalidade são necessários para equilibrar a igreja e dar-lhe "sabor". O mundo seria um lugar muito chato se fôssemos a versão feijão com arroz. Felizmente, as pessoas apresentam muito mais variedades.

Seu modo de ser, isto é, sua personalidade, influenciará de maneira direta a *maneira* e o *lugar* em que você usa suas habilidades e seus dons espirituais. Por exemplo: duas pessoas podem ter o dom de evangelização, mas, se uma é introvertida e a outra é extrovertida, esse dom será expresso de formas distintas.

O marceneiro sabe que é mais fácil trabalhar no sentido das fibras da madeira que de modo perpendicular a elas. De igual maneira, quando você é forçado a atuar de certo modo "fora das características" de seu temperamento, cria-se tensão e desconforto, e ainda se fazem necessárias quantidades extras de esforço e energia, sem falar que os melhores resultados não são atingidos. É por isso que imitar o ministério de alguém jamais produz resultados: você não tem a personalidade da *outra pessoa*. Além do mais, Deus criou você para ser você mesmo! Você pode *aprender* com o exemplo de alguém, mas deve filtrar o que aprende por meio de sua FORMA. Temos hoje muitos livros e ferramentas que podem ajudá-lo a compreender sua personalidade, a fim de que você possa determinar como usá-la para Deus.

Como num vitral, nossas diferentes personalidades refletem a luz de Deus em uma diversidade de cores e padrões.

Isso abençoa a família do Senhor com intensidade e variedade e também nos abençoa pessoalmente. É *agradável* fazer aquilo para o qual Deus nos preparou. Quando atua de forma coerente com a personalidade que ele lhe deu, você se sente realizado, satisfeito e produtivo.

**FORMA: utilizando suas áreas de experiência**

Você foi formado pelas experiências que teve na vida, estando a maioria delas além de seu controle. Mas Deus permitiu que acontecessem para cumprir o propósito de sua formação.[11] Ao determinar sua FORMA para servir a Deus, você deve examinar ao menos seis tipos ou áreas de experiência de seu passado:

- Experiências *familiares*: O que você aprendeu vivendo com sua família?
- Experiências *educacionais*: Quais eram as matérias favoritas na escola?
- Experiências *vocacionais*: Em quais empregos você foi mais eficiente e mais gostou de trabalhar?
- Experiências *espirituais*: Qual foi a época mais relevante com Deus?
- Experiências *ministeriais*: Como você serviu a Deus no passado?
- Experiências *dolorosas*: Com quais problemas, mágoas, espinhos e provações você aprendeu?

É a última categoria — experiências *dolorosas* — que Deus mais usa a fim de prepará-lo para o ministério. *Deus jamais desperdiça uma dor!* Na verdade, é muito provável que seu ministério *mais significativo* surja de sua dor mais significativa. Quem poderia testemunhar melhor aos pais de uma criança com síndrome de Down que outro casal cujo filho apresente as mesmas características? Quem poderia ajudar melhor na recuperação de um alcoólatra que alguém que tenha combatido o demônio do alcoolismo e alcançado a liberdade? Quem poderia confortar melhor uma esposa trocada por uma amante que uma mulher que tenha passado pela mesma agonia?

**É *agradável* fazer aquilo para o qual Deus nos preparou.**

Deus intencionalmente permite que você passe por experiências dolorosas, a fim de capacitá-lo a trabalhar com outras pessoas. A Bíblia diz: "Ele nos conforta em todas as nossas aflições, de modo que podemos confortar os outros. Quando alguém estiver aflito, seremos capazes de lhe proporcionar o mesmo conforto que recebemos de Deus".[12]

Se você realmente deseja ser usado por Deus, deve entender uma verdade poderosa: as mesmas experiências que lhe trouxeram mais arrependimento e ressentimento na vida — aquelas que você gostaria de esconder e esquecer — são as que Deus quer usar para ajudar os outros. Elas *são* seu ministério!

**Para que Deus utilize suas experiências dolorosas, você deve, antes de tudo, desejar compartilhá-las.**

Para que Deus utilize suas experiências dolorosas, você deve, antes de tudo, desejar compartilhá-las. Você precisa parar de encobri-las e deve admitir honestamente as faltas, os fracassos e os temores. Fazer isso provavelmente tornará seu ministério mais eficiente. As pessoas são sempre mais encorajadas quando lhes contamos que a graça de Deus nos ajudou no momento de fraqueza do que quando fazemos alarde de nossa força.

Paulo compreendeu essa verdade, por isso era honesto sobre seus acessos de depressão. Ele admitiu:

> Vocês devem saber, amados irmãos, que passamos por tempos difíceis na província da Ásia. Fomos realmente esmagados e oprimidos, a tal ponto que perdemos a esperança de conseguir sobreviver. Sentimos que estávamos condenados à morte e percebemos que éramos fracos demais para confiarmos em nós mesmos; isso, porém, foi bom, porque assim nós colocamos tudo nas mãos de Deus, o único que ressuscita os mortos. E ele nos livrou e nos salvou de uma morte terrível; sim, nele temos colocado a nossa esperança e esperamos que ele continuará a livrar-nos.[13]

Se Paulo tivesse mantido em segredo esse momento de dúvida e depressão, milhões de pessoas jamais haveriam se beneficiado dela. Somente experiências compartilhadas podem beneficiar os demais. Aldous Huxley disse: "Experiência não é o que acontece com você. É o que você faz com o que acontece com você". O que você fará com suas experiências? Não desperdice a dor; use-a para ajudar outros.

Após analisar as cinco vias que Deus utiliza a fim de moldá-lo para o ministério, espero que você chegue a um profundo reconhecimento da soberania de Deus e obtenha uma ideia clara de como ele o preparou para o propósito de servir-lhe. Utilizar sua FORMA é o segredo tanto da frutificação quanto da realização no ministério.[14] Você será realmente eficiente quando utilizar seus *dons espirituais* e suas *habilidades* na área *de interesse de seu coração*, de modo que obtenha a melhor expressão de sua *personalidade* e de suas *experiências*. Quanto mais adequada a combinação, mais bem-sucedido você será.

## *Dia* 31 Pensando sobre meu propósito de vida

**Tema para reflexão:**
Ninguém mais pode ser eu.

**Versículo para memorizar:**
"Deus deu a cada um de vocês algumas capacidades especiais;
estejam certos de que as estão utilizando para se ajudarem mutuamente,
transmitindo aos outros as muitas formas da graça de Deus".
(1 Pedro 4.10, *NBV-P*).

**Pergunta para meditar:**
Que capacidade dada por Deus ou experiência pessoal posso
oferecer à minha igreja?

Dia 32

# USANDO O QUE DEUS DEU A VOCÊ

*Então, desde que estejamos ligados às outras partes constituídas de maneira genial e funcionando maravilhosamente no corpo de Cristo, sejamos o que fomos feitos para ser.*

ROMANOS 12.5, *AM*

*O que você é constitui o presente de Deus para você; o que você faz com você mesmo é o seu presente para Deus.*

PROVÉRBIO DINAMARQUÊS

**DEUS MERECE O MELHOR DE VOCÊ.**

Ele o formou para um propósito e espera que você faça o máximo com o que recebeu. O Senhor não quer que você se preocupe ou ambicione talentos que não possui. Em vez disso, quer que você se concentre em utilizar os talentos que ele já lhe concedeu.

Tentar servir a Deus de modo conflitante com sua FORMA é como ser um peixe fora da água. É frustrante, e os resultados são limitados. Também é desperdício de tempo, talento e energia. O melhor uso para sua vida é servir a Deus de acordo com sua formação. Para isso, você deve descobrir sua FORMA, aprender a aceitá-la e apreciá-la para depois desenvolvê-la a seu potencial máximo.

## Descubra sua FORMA

A Bíblia diz: "Não procedam imprudentemente, mas procurem descobrir e fazer tudo o que o Senhor quer que vocês façam".[1] Não deixe que se passe outro dia. Comece hoje a averiguar e a esclarecer quem Deus quer que você seja e o que ele quer que você faça.

**Comece avaliando seus dons e habilidades.** Analise de forma demorada e honesta em que você é bom e em que não é. Paulo aconselha: "Procurem fazer um juízo correto de suas capacidades".[2] Faça uma lista. Solicite a outras pessoas uma opinião sincera. Diga-lhes que está tentando descobrir a verdade — não buscando elogios. Dons espirituais e habilidades naturais são sempre confirmados por outros. Se você pensa ter talento para ensinar ou cantar, e ninguém mais concorda, adivinhe! Se você quiser saber se tem o dom da liderança, basta olhar por cima do ombro! Se ninguém o estiver seguindo, você não é líder.

Faça perguntas como: "Em que situações pude ver frutos em minha vida *que foram confirmados por outras pessoas*? Em que situações fui bem-sucedido?". Uma avaliação dos dons espirituais e uma lista das habilidades podem ajudar, mas sua função é limitada.

Em primeiro lugar, elas são padronizadas; logo, não levam em conta seu caráter exclusivo. Em segundo lugar, não existem definições de dons espirituais na Bíblia; logo, qualquer definição será arbitrária e quase sempre representará uma tendência denominacional. Outro problema é que, quanto mais maduro você se torna, maiores são as probabilidades de se manifestarem características de vários dons. Você pode servir, ensinar ou se dedicar a algum ministério em virtude de sua maturidade, mas não por causa de um dom espiritual.

A melhor maneira de descobrir seus dons e capacidades é *experimentar* diferentes áreas de trabalho. Eu poderia ter feito uma centena de testes para dons e habilidades quando era jovem, mas jamais descobriria que tinha o dom do ensino, porque era algo que eu nunca havia feito! Somente *depois de* aceitar alguns convites para palestras foi que vi os resultados — e a confirmação das pessoas — e então percebi: "Deus me capacitou para isso!".

Muitos livros apresentam esse processo de descobrimento de trás para a frente. Eles dizem: "Descubra seu dom espiritual, e, então, saberá a que ministério se dedicar". Isso na verdade funciona de forma exatamente oposta. Comece a servir, experimentando diferentes ministérios, e, então, descobrirá seus dons. Enquanto não estiver efetivamente envolvido em servir, não descobrirá sua aptidão.

Você possui dezenas de habilidades escondidas e dons que desconhece porque nunca os pôs à prova. Por isso, incentivo-o a tentar coisas que nunca fez anteriormente. A despeito de sua idade, devo exortá-lo a nunca deixar de experimentar. Conheci muitas pessoas que descobriram talentos escondidos depois dos 70 ou dos 80 anos de idade. Conheço uma mulher na casa dos

90 anos que corre e vence corridas de 10 mil metros, e ela não percebeu que gostava de correr até completar 78 anos!

Não tente entender seus dons até que se apresente para servir voluntariamente em algum lugar. Apenas comece a servir. Você descobre seus dons ao se envolver no ministério. Tente ensinar, liderar, organizar, tocar um instrumento ou trabalhar com adolescentes. Você não conhecerá suas aptidões enquanto não tentar. Quando não der certo, chame isso "experiência", não "fracasso". Em algum momento, irá descobrir o que é capaz de fazer bem.

**Você não conhecerá suas aptidões enquanto não tentar.**

Leve em consideração seu coração e sua personalidade. Paulo aconselha: "Cada um examine com cuidado a si mesmo e a maneira segundo a qual está cumprindo a missão que recebeu e dedique atenção total a ela".[3] Mais uma vez, é proveitoso ouvir comentários de quem o conhece melhor. Faça perguntas a você mesmo: "O que realmente mais gosto de fazer? Em que momentos me sinto mais vivo? Que tipo de trabalho estou fazendo quando perco a noção de tempo? Gosto de rotina ou de variedade? Prefiro trabalhar em equipe ou sozinho? Sou introvertido ou extrovertido? Sou racional ou emocional? De que gosto mais: de competir ou de cooperar?".

**Examine suas experiências e extraia lições já aprendidas.** Analise sua vida e pense em como ela o formou. Moisés disse aos israelitas: "Pensem hoje na grandeza de Deus e naquilo que aprenderam a respeito do seu poder e da sua força".[4] Experiências esquecidas são inúteis — eis uma boa razão para manter um diário espiritual. Paulo ficou preocupado com a possibilidade de os cristãos da Galácia terem esquecido o sofrimento pelo qual haviam passado. Ele disse: "Todas as suas experiências foram desperdiçadas? Espero que não!".[5]

É raro percebermos o bom propósito de Deus na dor, no fracasso ou na vergonha enquanto vivemos a experiência. Quando lavou os pés de Pedro, Jesus disse: "'Você não compreende agora o que estou fazendo a você; mais tarde, porém, entenderá'".[6] Somente em retrospecto compreenderemos como Deus planejou um problema para o bem.

Extrair lições das experiências leva tempo. Sugiro que você reserve um final de semana para um "retiro de análise da vida", em que se dedicará unicamente a descobrir como Deus trabalhou em vários momentos decisivos de sua vida e como ele deseja usar essas lições para ajudar os outros. Existem recursos que podem auxiliá-lo a fazer isso.[7]

Aceite e desfrute sua FORMA.

Deus sabe o que é melhor para você, por isso aceite com gratidão a FORMA que ele lhe deu. A Bíblia diz: "Quem és tu, ó homem, para discutires com Deus? Acaso pode a obra dizer ao artífice: Por que me fizeste assim? O oleiro não pode formar da sua massa seja um utensílio para uso nobre, seja outro para uso vil?".[8]

**Deus quer que eu faça aquilo que sou capaz de fazer.**

Sua FORMA foi determinada soberanamente por Deus, para o propósito *dele*; portanto, você não deve se ressentir ou rejeitá-la. Em vez de tentar tomar outra FORMA para ser como outra pessoa, você deve celebrar a FORMA que Deus confiou somente a você! "Entretanto, Cristo concedeu aptidões especiais a cada um — qualquer coisa que ele deseja que recebamos do seu rico depósito de dons".[9]

Parte da aceitação de sua FORMA está no reconhecimento de suas limitações. Ninguém é bom em tudo que faz, e ninguém é chamado para ser tudo. Todos temos papéis definidos. Paulo compreendeu que seu chamado não era para realizar todas as coisas ou agradar a todos, mas para se concentrar no ministério específico para o qual Deus o havia formado.[10] Ele disse: "Nosso alvo é ficar dentro dos limites do que Deus planejou para nós".[11]

A palavra "limite" faz referência ao fato de Deus haver destinado cada um de nós para um campo ou esfera de serviço. Sua FORMA determina sua especialidade. Quando tentamos estender nosso ministério acima da capacidade que Deus nos deu, experimentamos o estresse. Assim como em uma corrida cada competidor recebe uma raia, "corramos com perseverança a corrida que Deus propôs para nós".[12] Não sinta inveja do corredor da raia ao lado: simplesmente se concentre em terminar *sua* corrida.

Deus quer que você tenha prazer na FORMA que ele lhe deu. A Bíblia diz: "Esteja certo de estar fazendo o que deveria, pois assim você desfrutará a satisfação pessoal de ter realizado bem o seu trabalho e não precisará se comparar com ninguém".[13] Satanás tentará lhe roubar a alegria do serviço de duas formas: tentando-o a *comparar* seu ministério com o dos outros e induzindo-o a *adaptar* seu ministério às expectativas dos outros. Ambas são armadilhas mortais e irão distraí-lo do serviço tal como definido por Deus. Toda vez que começar a perder a alegria no exercício de seu ministério, verifique se uma dessas tentações é a causa.

A Bíblia nos adverte em jamais nos compararmos com os outros: "Faça bem o seu trabalho e então terá algo de que se orgulhar. Mas não se compare com os outros".[14] Existem duas razões pelas quais você jamais deve comparar sua FORMA, seu ministério ou os resultados de seu trabalho com o de qualquer outro. Primeira: você sempre encontrará alguém que pareça realizar um trabalho melhor que o seu, e isso irá desencorajá-lo. Segunda: você sempre encontrará alguém que não pareça ser tão eficiente quanto você, e correrá o risco de se tornar arrogante. Ambas as atitudes são prejudiciais a seu trabalho e lhe roubarão a alegria.

Paulo afirma que é tolice nos compararmos com os outros: "Não temos a pretensão de nos igualar ou de nos comparar com alguns que se recomendam a si mesmos. Quando eles se medem e se comparam consigo mesmos, agem sem entendimento".[15] A paráfrase da parte final desse versículo diz: "Com toda essa comparação, medição e competição, eles se desviaram totalmente do que é importante".[16]

Você descobrirá que pessoas que não compreendem sua FORMA vão criticá-lo e tentar forçá-lo a trabalhar da maneira que *eles* imaginam ser a correta. Ignore-os. Paulo tinha de lidar constantemente com os críticos que não compreendiam seu trabalho e o denegriam. Sua resposta era sempre a mesma: evitar comparações, resistir aos exageros e desejar elogios somente de Deus.[17]

Uma das razões de Paulo ter sido usado tão poderosamente por Deus foi sua recusa a ser distraído por críticas ou por comparações de seu ministério com o de outras pessoas e por debates contraproducentes sobre seu trabalho. Como declarou John Bunyan: "Se minha vida é infrutífera, não importa quem me enaltece; se minha vida é frutífera, não importa quem me critica".

## Continue desenvolvendo sua FORMA

A parábola dos talentos, contada por Jesus, demonstra que Deus quer que façamos o máximo com o que ele nos concede. Devemos cultivar nossos dons e nossas habilidades, manter nosso coração em chamas, desenvolver nosso caráter e nossa personalidade e ampliar nossas experiências para que sejamos cada vez mais eficientes em nosso serviço. Paulo recomenda aos crentes de Filipos: "Continuem crescendo em conhecimento e entendimento".[18] E relembra a Timóteo: "Mantenha viva a chama do dom de Deus que está em você".[19]

Se você não exercitar os músculos, eles enfraquecem e atrofiam. De igual modo, se não utilizar as habilidades que Deus lhe deu, você vai perdê-las. Jesus contou a parábola dos talentos para enfatizar essa verdade. Referindo-se ao servo que falhou em utilizar seu único talento, aquele mestre disse: "'Tirem o talento dele e entreguem-no ao que tem dez'".[20] Deixe de usar aquilo que lhe foi dado, e você vai perdê-lo. Use a habilidade que possui, e Deus vai aumentá-la. Paulo diz a Timóteo: "Não deixe de usar o dom que Deus lhe deu [...]. Ponha essas coisas em ação".[21]

Quaisquer que sejam os dons que lhe tenham sido concedidos, eles podem ser ampliados e desenvolvidos pela prática. Por exemplo: ninguém tem o dom de ensino completamente desenvolvido. Mas, com estudo, avaliações e prática, um "bom" professor pode tornar-se um professor *melhor* e, com o tempo, um professor *mestre*. Não se acomode com dons desenvolvidos pela metade. Esforce-se e aprenda o máximo possível. "Concentre-se em fazer o melhor para Deus, trabalhe direito, para não ter do que se envergonhar".[22] Aproveite todas as oportunidades de treinamento para desenvolver sua FORMA e aguce suas habilidades para o serviço de Deus.

No céu, serviremos a Deus para sempre. Mas esta é a hora de nos prepararmos para o serviço eterno, praticando na esfera terrena. Como atletas que se preparam para a Olimpíada, continuamos treinando para o grande dia: "Eles fazem isso por uma medalha de ouro, que perde o brilho e o valor, mas vocês estão atrás da medalha que nunca envelhecerá".[23]

Estamos nos preparando para as responsabilidades e as recompensas *eternas*.

## Dia 32 Pensando sobre meu propósito de vida

**Tema para reflexão:**
Deus merece o melhor de mim.

**Versículo para memorizar:**
"Procure apresentar-se a Deus aprovado, como obreiro que não tem do que se envergonhar e que maneja corretamente a palavra da verdade". (2 Timóteo 2.15, *NVI*)

**Pergunta para meditar:**
Qual é a melhor maneira de usar o que Deus me concedeu?

*Dia*

33

# COMO AGEM OS VERDADEIROS SERVOS

*Quem quiser ser o maior deve se tornar servo.*

MARCOS 10.43, *AM*

*Vocês podem dizer o que eles são pelo que eles fazem.*

MATEUS 7.16, *CEV*

**SERVIMOS A DEUS AO SERVIR OUTROS.**

O mundo define grandeza em termos de poder, posses, prestígio e posição. Se há muitas pessoas a servir-lhe, então você conseguiu chegar lá. Em nossa cultura egoísta, com a mentalidade do "eu primeiro", agir como servo não é uma noção apreciada.

Jesus, entretanto, mediu a grandeza em termos de serviço; não de posição social. Deus determina nossa grandeza pela quantidade de pessoas às quais servimos, não pela quantidade de pessoas que nos servem. Isso é tão contrário à ideia de grandeza do mundo que já é difícil compreender, quanto mais praticar! Os discípulos debateram sobre quem merecia a posição de maior destaque, e, dois mil anos depois, muitos líderes cristãos ainda fazem manobras em busca de posição e proeminência nas igrejas, denominações e organizações paraeclesiásticas.

Milhares de livros foram escritos sobre liderança, mas poucos sobre serviço. Todos querem liderar, mas ninguém quer servir. Preferimos ser generais a ser soldados rasos. Até mesmo os cristãos querem ser "líderes-servos", não apenas simples servos. Ser como Jesus é ser servo. Foi assim que ele chamou a si mesmo.

Embora conhecer sua FORMA seja importante para servir a Deus, ter o coração de servo é ainda mais importante. Lembre-se: Deus o formou para *servir*; não para ser egoísta. Sem coração de servo, você será tentado a empregar mal sua FORMA, usando-a para vantagens pessoais. Você também será tentado a usá-la como desculpa, para se eximir de satisfazer a algumas necessidades.

Deus costuma testar nosso coração, pedindo-nos que sirvamos em modalidades para as quais *não* fomos formados. Se você vir um homem caindo numa vala, Deus espera que você o ajude;

não que diga: "Não tenho o dom da misericórdia nem o da assistência". Embora não seja dotado para uma tarefa em particular, você pode ser chamado a realizá-la, se ninguém mais com o talento em questão estiver por perto. Seu ministério *principal* deve ser exercido na esfera de sua FORMA, mas esse ministério *secundário* lhe será cobrado na hora e no lugar que se fizer necessário.

Sua FORMA revela seu ministério, mas seu coração de servo revelará sua maturidade. Não é necessário talento especial para, depois de uma reunião, coletar o lixo ou empilhar cadeiras. Qualquer um pode ser servo. Caráter é a única coisa necessária.

**Sua FORMA revela seu ministério, mas seu coração de servo revelará sua maturidade.**

É possível servir na igreja a vida inteira sem jamais ter sido *servo*. Você deve ter coração de servo. E como saber que temos coração de servo? Jesus disse: "Vocês podem dizer o que eles são pelo que eles fazem".[1]

**Os verdadeiros servos estão sempre à disposição para servir.** Eles não preenchem o tempo com atividades que possam limitar sua disponibilidade. Querem estar prontos a servir imediatamente quando chamados. A exemplo do soldado, o servo deve estar sempre pronto para cumprir seu dever: "Nenhum soldado da ativa se envolve nos negócios da vida civil, já que deseja agradar àquele que o alistou".[2] Se você serve apenas quando lhe é conveniente, então não é um servo de verdade. O verdadeiro servo faz o que é necessário, mesmo quando lhe é inconveniente.

Você está disponível para Deus a qualquer momento? Ele pode estragar seus planos sem que você fique ressentido? Na condição de servo, você não pode escolher lugar e momento para servir. Ser servo significa desistir do direito de controlar a própria agenda e permitir que Deus a interrompa sempre que precisar.

Se ao iniciar cada dia você lembrar que é servo de Deus, as interrupções não lhe irão causar frustração, pois sua agenda será organizada conforme o que Deus planejar para sua vida. Os servos veem interrupções como compromissos divinos para o ministério e ficam felizes com a oportunidade de servir.

**Os verdadeiros servos estão atentos às necessidades.** Os servos estão sempre interessados em saber como ajudar outros.

Quando veem uma necessidade, agarram a oportunidade de auxiliar, exatamente como a Bíblia nos ordena: "Sempre que tivermos oportunidade, façamos o bem a todos, especialmente aos da família da fé".[3] Quando Deus põe alguém em situação de necessidade bem à sua frente, ele está lhe dando a oportunidade de crescer como servo. Repare que Deus diz que as necessidades de sua família na igreja devem ter preferência, ou seja, não devem ser colocadas no fim da lista de tarefas.

Deixamos escapar muitas oportunidades para servir porque nos falta sensibilidade e espontaneidade. Grandes oportunidades para servir nunca duram muito. Elas passam rapidamente — e às vezes uma única vez. Você provavelmente terá apenas uma chance de auxiliar aquela pessoa; então, aproveite a oportunidade. "Não diga ao seu vizinho que espere até amanhã, se você pode ajudá-lo hoje."[4]

John Wesley foi um extraordinário servo de Deus. Seu lema era: "Faça todo o bem que puder, por todos os meios que puder, de todas as maneiras que puder, em todos os lugares que puder, a toda hora que puder, a todas as pessoas que puder, enquanto você puder". *Isso* é grandeza. Você pode começar procurando pequenas tarefas, que ninguém mais queira fazer. Faça-as como se fossem grandes trabalhos, pois Deus está observando.

**Os verdadeiros servos fazem o melhor que podem com o que têm à mão.** O servo não dá desculpa, não deixa para a última hora nem espera circunstâncias melhores. Nunca diz: "Um dia desses"; ou: "Quando for a hora certa". Simplesmente faz o que precisa ser feito. A Bíblia diz: "Se você ficar esperando por condições perfeitas, nunca realizará nada".[5] Deus espera que você faça o que puder com o que tem, onde quer que esteja. Um serviço imperfeito é sempre melhor que a melhor das intenções.

Um dos motivos que impedem muitos cristãos de servir é que eles temem não *ser bons o suficiente* para servir. Acreditam na mentira de que servir a Deus é somente para as celebridades. Algumas igrejas fomentaram esse mito ao tornar a "excelência" um ídolo, e isso afastou muita gente talentosa.

Você já deve ter ouvido alguém dizer: "Se isso não pode ser feito com excelência, não o faça". Bem, Jesus nunca disse isso! A verdade é que quase tudo que fazemos é feito de modo deficiente no início — é assim que aprendemos. Na Igreja Saddleback, praticamos o princípio do "suficientemente bom": para usar e abençoar, Deus não precisa de nada perfeito. Preferimos envolver milhares de pessoas normais no ministério a manter uma igreja perfeita dirigida por uma elite diminuta.

**Os verdadeiros servos fazem qualquer tarefa com igual dedicação.** O que quer que façam, os servos devem fazê-lo de todo o coração.[6] O tamanho da tarefa é irrelevante. A única questão é: ela precisa ser feita?

Você jamais chegará a um estágio na vida em que será importante demais para ajudar nas tarefas simples e humildes. Deus jamais irá eximi-lo do trivial. É parte vital no currículo de seu caráter. A Bíblia diz: "Se você pensa ser muito importante para ajudar alguém necessitado, está na verdade enganando a você mesmo. Você é na verdade insignificante".[7] É nesses pequenos serviços que crescemos à semelhança de Cristo.

Jesus se especializou em tarefas simples e humildes, que todos queriam evitar: lavar pés, ajudar crianças, preparar o café da manhã e servir os leprosos. Nada estava *abaixo* dele, pois ele veio para servir. Não foi *apesar* de sua grandeza que ele fez essas coisas, mas *por causa* dela. E ele espera que sigamos seu exemplo.[8]

Pequenas tarefas muitas vezes demonstram um grande coração. O coração de servo revela-se em pequenos atos, que outros nem pensam em realizar, como quando Paulo reuniu gravetos para acender uma fogueira, a fim de que todos se aquecessem após um naufrágio.[9] Ele estava tão exausto quanto qualquer outro, mas se dispôs a suprir aquela necessidade. Nenhuma tarefa está abaixo daquele que tem coração de servo.

As grandes oportunidades estão normalmente camufladas em tarefas menores. As pequenas coisas da vida determinam as grandes. Não busque realizar grandes tarefas para Deus. Tão somente faça as coisas não tão grandes assim, e Deus o designará para algo que ele queira que você faça. No entanto, antes de tentar o extraordinário, procure ser útil no trivial.[10]

Sempre haverá mais pessoas dispostas a fazer "grandes" coisas para Deus que a realizar pequenas tarefas. Existe uma multidão de candidatos inscritos na corrida para a liderança, mas a pista está livre para os que desejam ser servos. Às vezes, você serve "de baixo para cima", atendendo os que possuem autoridade, e, às vezes, "de cima para baixo", ocupando-se dos necessitados. Em ambos os casos, você pode desenvolver um coração de servo, se estiver disposto a fazer o que for necessário.

**Os verdadeiros servos são fiéis ao seu ministério.** Os servos concluem as tarefas, cumprem as responsabilidades, mantêm as promessas e honram os compromissos. Não deixam um serviço feito pela metade e não desistem quando perdem o incentivo. São confiáveis e dignos.

A fidelidade sempre foi uma qualidade rara.[11] A maioria das pessoas não sabe o valor do compromisso. Assumem obrigações de forma casual e, então, as descartam pelas razões mais fúteis, sem nenhuma hesitação, nem remorso ou arrependimento. Todas as semanas, igrejas e outras organizações são obrigadas a improvisar, porque os voluntários não se prepararam, não apareceram, nem mesmo ligaram para avisar que não iriam.

As pessoas podem contar com você? Há promessas que você precisa manter, votos que precisa cumprir ou compromissos que precisa honrar? Isso é um teste. Deus está testando sua fidelidade. Se passar nesse teste, você estará em boa companhia: Abraão, Moisés, Samuel, Davi, Daniel, Timóteo e Paulo foram chamados *servos fiéis* de Deus. Melhor ainda: Deus prometeu recompensar a fidelidade na eternidade. Imagine como será no dia em que Deus lhe disser: "'Muito bem, empregado bom e fiel' [...] 'Você foi fiel negociando com pouco dinheiro, e por isso vou pôr você para negociar com muito. Venha festejar comigo!'".[12]

A propósito, servos fiéis jamais se aposentam. Eles continuam servindo fielmente por toda a vida. Você pode se aposentar de sua carreira, mas nunca se aposentará de servir a Deus.

**As grandes oportunidades estão normalmente camufladas em tarefas menores.**

**Os verdadeiros servos mantêm a discrição.** Servos não se promovem nem chamam a atenção para si. Em vez de agir para impressionar e de se vestir para fazer sucesso, "prestem serviços uns aos outros com humildade".[13] Se foram reconhecidos por seus serviços, eles humildemente aceitam, mas não admitem que a notoriedade os distraia de seu trabalho.

Paulo denuncia um tipo de serviço que *aparenta* ser espiritual, mas não passa de mera simulação, um espetáculo, uma estratégia para atrair a atenção. Ele chama a isso "estar servindo à vista"[14] — servir para que as pessoas fiquem impressionadas com nosso alto nível de espiritualidade. Esse era o pecado dos fariseus. Eles transformavam o auxílio às pessoas, a generosidade e até mesmo a oração em um espetáculo. Jesus detestava essa atitude e alertou: "Quando der esmola, não tente se fazer notado. Se agir assim, você não receberá a recompensa da parte de seu Pai, no céu".[15]

A autopromoção e a postura de servo são inconciliáveis. Os verdadeiros servos não agem pela aprovação nem pelo aplauso; vivem para uma plateia com uma única pessoa. Como Paulo declara: "Se eu ainda estivesse procurando agradar a homens, não seria servo de Cristo".[16]

Você não achará muitos servos verdadeiros entre os que se põem no centro das atenções. Na verdade, isso é impossível, e os verdadeiros servos o evitam. Eles se satisfazem em servir silenciosamente, nas sombras. José é um grande exemplo disso. Ele não atraiu a atenção para si, mas serviu discretamente várias pessoas: seu senhor Potifar, o carcereiro, o padeiro e o copeiro do faraó, e Deus abençoou sua postura. Quando o faraó o elevou a uma posição de importância, José ainda manteve o coração de servo, até mesmo com seus irmãos, que o haviam traído.

Infelizmente, muitos líderes de hoje começam como servos, mas terminam como celebridades. Tornam-se viciados em atenção, sem tomar consciência de que a luz dos holofotes deixa a pessoa cega.

Servindo no anonimato, em um lugar pequeno, você pode se sentir desconhecido e sem valor, mas ouça: Deus o pôs onde você está com um propósito! Ele conhece o número de fios de cabelo que você tem na cabeça e sabe seu endereço. É melhor você ficar onde está, até que ele decida mudá-lo. Ele o avisará se quiser que você vá para outro lugar. Seu ministério é importante para o Reino de Deus. "Quando Cristo, a verdadeira vida, aparecer de novo na terra, o ser verdadeiro e glorioso de vocês vai se manifestar também. Enquanto isso, estejam contentes com a obscuridade, como Cristo".[17]

Existem mais de 750 "*halls* da fama" nos Estados Unidos e mais de 450 publicações do tipo "quem é quem", mas você não irá encontrar muitos servos verdadeiros nesses lugares. A notoriedade não significa nada para os servos autênticos, porque eles sabem a diferença entre ser proeminente e ser importante. Existem vários atributos proeminentes em seu corpo, sem os quais você poderia viver. As partes escondidas é que são indispensáveis. O mesmo ocorre com o corpo de Cristo. O serviço mais importante é, em geral, aquele que não é visto.[18]

No céu, Deus irá recompensar abertamente alguns de seus servos desconhecidos — pessoas das quais nunca ouvimos falar, que orientaram crianças emocionalmente perturbadas, limparam idosos que sofriam de incontinência, cuidaram de pacientes com aids e serviram de milhares de maneiras que desconhecemos.

Sabendo disso, não desanime quando seu serviço não for notado. Persista em servir a Deus! "Diante de tudo isso, prezados amigos, permaneçam firmes. Força! Nada de desânimo! Dediquem-se inteiramente ao trabalho do Senhor, pois nada do que fazem para ele jamais será perda de tempo".[19]

Até mesmo o menor serviço é reconhecido por Deus e recompensado. Lembre-se das palavras de Jesus: "E se vocês derem até mesmo um copo d'água fria ao menor dos meus seguidores, porque ele é meu discípulo, serão seguramente recompensados".[20]

Dia 33

# Pensando sobre meu propósito de vida

**Tema para reflexão:**
Sirvo a Deus quando sirvo os outros.

**Versículo para memorizar:**
"Se vocês derem até mesmo um copo de água fria ao menor dos meus seguidores, certamente serão recompensados". (Mateus 10.42, *NLT)*

**Pergunta para meditar:**
Qual das seis características dos verdadeiros servos é a mais desafiadora para mim?

Dia

34

# PENSANDO COMO SERVO

*Meu servo Calebe pensa diferente e me segue de maneira plena.*

NÚMEROS 14.24, *NCV*

*Tentem pensar como Cristo Jesus pensava.*

FILIPENSES 2.5, *AM*

**SERVIR COMEÇA NA MENTE.**

Ser servo requer uma mudança na maneira de pensar, uma mudança de atitude. Deus está sempre mais interessado no *porquê* daquilo que você faz do que naquilo que você faz. Atitudes contam mais que realizações. O rei Amazias perdeu o favor de Deus porque "fez o que era justo aos olhos do Senhor, mas não de todo o coração".[1] O servo verdadeiro serve a Deus com uma mentalidade que consiste em cinco atitudes.

**O servo pensa mais nos outros que em si mesmo.** O servo concentra-se nas outras pessoas, não em si mesmo. Esta é a verdadeira humildade: não pensar menos de si, mas pensar *menos* em si. O servo é abnegado. Paulo aconselha: "Esqueçam-se de vocês o suficiente para estender a mão e ajudar".[2] É isso que significa "perder a vida" — esquecer-se de si mesmo para servir a outros. Quando deixamos de nos concentrar em nossas necessidades, somos conscientizados das necessidades ao nosso redor.

Jesus "esvaziou-se de si mesmo, tomando a forma de servo".[3] Quando foi a última vez que você se esvaziou de você mesmo em benefício de alguém? Você não pode ser servo se estiver cheio de você mesmo. Somente quando nos esquecemos de nós é que fazemos coisas que merecem ser lembradas.

Infelizmente, grande parte do serviço que prestamos é em causa própria. Servimos para que os outros gostem de nós, para sermos admirados ou para alcançarmos nossos objetivos. Isso é manipulação; não ministério. Ficamos o tempo todo pensando, de fato, em nós mesmos e em como somos maravilhosos e nobres. Alguns cristãos tentam usar o serviço como instrumento de barganha com Deus: "Vou fazer isso por você, Deus, se você fizer aquilo por mim". O verdadeiro servo não tenta usar Deus para realizar seus propósitos, mas deixa que Deus o use para os propósitos *dele*.

Ser abnegado, assim como ser fiel, é uma qualidade extremamente rara. De todas as pessoas que Paulo conheceu, Timóteo foi o único exemplo que ele pôde apontar.[4] Pensar como servo é difícil, pois entra em choque com o principal problema de nossa vida: somos egoístas por natureza. Pensamos demais em nós mesmos. Por esse motivo, a humildade é uma luta diária, uma lição que temos de reaprender repetidamente. As oportunidades para servir aparecem à nossa frente dezenas de vezes todos os dias, dando-nos a chance de decidir entre satisfazer nossas necessidades e atender às necessidades dos outros. A abnegação é a essência do serviço.

Podemos avaliar nosso coração de servo pela maneira de reagirmos quando somos tratados como servos por outras pessoas. Como você reage quando alguém não o leva em consideração, ou lhe dá ordens o tempo todo, ou o trata de modo inferior? A Bíblia diz: "Se alguém se aproveitar de você para levar vantagem injustamente, aproveite a ocasião para praticar a vida de servo".[5]

**O servo pensa como administrador, não como proprietário.** O servo está consciente de que todas as coisas pertencem a Deus. Na Bíblia, o administrador era o servo encarregado de gerenciar uma propriedade. José foi esse tipo de servo quando prisioneiro no Egito. Potifar entregou-lhe a mordomia da casa. Depois, o carcereiro lhe confiou a prisão. Por fim, o faraó pôs a seus cuidados toda a nação. O serviço e a administração caminham juntos,[6] pois Deus espera que sejamos dignos de confiança nas duas coisas. A Bíblia diz: "O que se exige de quem tem essa responsabilidade é que seja fiel ao seu Senhor".[7] Como você está lidando com os recursos que Deus lhe confiou?

Para tornar-se um verdadeiro servo, você terá de resolver a questão do dinheiro em sua vida. Jesus disse: "'Nenhum servo pode servir a dois senhores [...]. Vocês não podem servir a Deus e ao Dinheiro'".[8] Ele não disse: "Vocês *não devem*", mas: "Vocês *não podem*". É impossível. Viver para o ministério e viver para o dinheiro são objetivos que se excluem

**O verdadeiro servo não tenta usar Deus para realizar os seus propósitos, mas deixa que Deus o use para os propósitos *dele*.**

mutuamente. Qual deles você escolhe? Se você for servo de Deus, não poderá fazer nenhum trabalhinho "por fora". *Todo* o seu tempo pertence a Deus. Ele exige lealdade exclusiva, não fidelidade de meio expediente.

É o dinheiro que tem o maior potencial para substituir Deus em nossa vida. O materialismo é responsável por desviar as pessoas do serviço de Deus mais que qualquer outra coisa. Elas dizem: "Depois que atingir meus objetivos financeiros, vou servir a Deus". É uma decisão tola, pela qual se arrependerão por toda a eternidade. Quando Jesus é seu Mestre, o dinheiro serve você; mas, se o dinheiro for seu mestre, você se tornará escravo dele. A riqueza não é absolutamente pecado, mas deixar de usá-la para a glória de Deus, sim. O servo de Deus sempre se preocupa mais com o ministério que com o dinheiro.

A Bíblia é extremamente clara: Deus usa o dinheiro para saber se você é um servo fiel. Foi por isso que Jesus falou mais sobre o dinheiro que sobre céu e inferno. Ele disse: "'Assim, se vocês não forem dignos de confiança em lidar com as riquezas deste mundo ímpio, quem confiará as verdadeiras riquezas a vocês?'".[9] A forma de você gerenciar o dinheiro afeta a quantidade de bênçãos que Deus derrama sobre sua vida.

No capítulo 31, mencionei dois tipos de pessoas: construtores do Reino e construtores de riquezas. Ambos são bons em fazer os negócios crescerem, fechar acordos ou vendas e obter lucro. Os construtores de riquezas continuam a acumular fortunas para si, independentemente de quanto tenham alcançado, mas os construtores do Reino mudam as regras do jogo. Eles ainda tentam ganhar tanto dinheiro quanto for possível, mas fazem isso para distribuí-lo. Usam a riqueza para financiar a igreja de Deus e a sua missão no mundo. Na Igreja Saddleback, temos um grupo de diretores de empresas e empresários que tentam contribuir da melhor maneira. Por isso, costumam fazer doações, na medida de suas possibilidades, para promover o Reino de Deus. Incentivo você a conversar com seu pastor e iniciar um grupo de construtores do Reino em sua igreja.

**O servo medita sobre o próprio trabalho, não no que os outros estão fazendo.** O servo de Deus não fica fazendo comparações, não critica nem compete com os outros servos ou com os demais ministérios. Está muito ocupado realizando a tarefa que Deus lhe designou.

A competição entre os servos de Deus é absurda por muitas razões. Estamos todos no mesmo time, e nosso objetivo é fazer que *Deus* seja visto; não nós mesmos. Recebemos diferentes atribuições e cada um tem uma FORMA exclusiva. Paulo admoesta: "Isso significa que não devemos ficar fazendo comparações, como se um fosse melhor que o outro. Temos coisa mais importante a fazer na vida. Ninguém é melhor do que ninguém. Cada pessoa tem valor singular e inestimável".[10]

Não há lugar para ciúmes mesquinhos entre servos. Quando você está ocupado servindo, não há tempo para ser crítico. Todo tempo desperdiçado em criticar os outros poderia ter sido usado no ministério. Quando reclamou a Jesus que Maria não a estava ajudando no serviço de casa, Marta perdeu o coração de serva. O verdadeiro servo não reclama das injustiças, não sente pena de si mesmo nem fica aborrecido com os que não servem — apenas confia em Deus e continua servindo.

Não é nossa função avaliar os outros servos do Mestre. A Bíblia diz: "Quem é você para criticar o servo de alguém? O próprio Senhor determinará se seu servo foi bem-sucedido ou não".[11] E também não é nossa função nos defendermos das críticas. Deixe que seu Mestre tome conta disso. Siga o exemplo de Moisés, que se mostrou verdadeiramente humilde quando enfrentou oposição. Ou faça como Neemias, cuja resposta às críticas era simplesmente esta: "Meu trabalho é muito importante para que eu o interrompa agora [a fim de] conversar com vocês".[12]

Se você serve como Jesus, com certeza será criticado. O mundo e até mesmo grande parte da igreja não compreendem o que Deus valoriza. Um dos mais belos atos de amor demonstrados a Jesus foi criticado pelos discípulos. Maria derramou sobre Jesus a coisa mais valiosa que possuía: um perfume caro. Esse gesto de generosidade foi rotulado como "desperdício" pelos discípulos; Jesus, porém, o classificou como "maravilhoso".[13] E isso é tudo que importa. Seu serviço para Cristo jamais será um desperdício; não importa o que os outros digam.

**O servo edifica sua identidade em Cristo.** Por lembrar que é amado e aceito pela graça, o servo não precisa provar seu valor. Ele aceita de bom grado trabalhos que pessoas inseguras considerariam "abaixo" delas. Ao lavar os pés dos discípulos, Jesus dá um dos exemplos mais profundos de serviço que parte de uma autoestima equilibrada. Lavar os pés era equivalente a ser engraxate, função desprovida de *status*. Mas Jesus sabia quem era; por isso, a tarefa não ameaçou sua autoestima. A Bíblia diz: "Jesus sabia que o pai havia colocado todas as coisas debaixo do seu poder, e que viera de Deus [...]; assim, levantou-se da mesa, tirou sua capa e colocou uma toalha em volta da cintura".[14]

Se você pretende ser servo, deposite sua identidade em Cristo. Somente pessoas seguras podem servir. Pessoas inseguras estão sempre preocupadas com a aparência. Temem a exposição de suas fraquezas e escondem-se sob camadas de orgulho e pretensão. Quanto mais inseguro você for, mais desejará que as pessoas lhe sirvam e mais necessitará da aprovação delas.

Henry Nouwen declarou: "Para sermos úteis aos outros, temos de morrer para eles, ou seja, temos de deixar de medir nossa importância e valor pelos parâmetros dos outros [...]; dessa forma, ficamos livres para manifestar misericórdia".[15] Quando você fundamenta seu valor e sua identidade no relacionamento com Cristo, fica livre das expectativas dos outros, e isso permite que você realmente os sirva melhor. O servo não precisa cobrir a parede com placas e troféus para confirmar seu valor. Ele não insiste em ser tratado por títulos nem se envolve em mantos de superioridade. O servo considera irrelevantes os símbolos de *status* e não mede o próprio valor pelo que realiza. Paulo lembra: "Você pode gloriar-se de você mesmo, mas a única aprovação que conta é a do Senhor".[16]

Se alguém teve grande chance na vida de se gabar de suas relações pessoais, esse alguém foi Tiago, meio-irmão de Jesus. Ele detinha as credenciais de quem convivera com Jesus na condição de irmão. Ainda assim, na introdução de sua carta, ele se refere a si mesmo como "servo de Deus e do Senhor Jesus Cristo".[17] Quanto mais próximo você estiver de Jesus, menos precisará se autopromover.

**O servo considera o ministério uma oportunidade, não uma obrigação.** Ele gosta de ajudar pessoas, de suprir necessidades e de exercer o ministério. Ele "serve ao Senhor com alegria".[18] E por quê? Porque ama ao Senhor, reconhece sua graça, sabe que servir é a mais alta função da vida e tem ciência de que receberá uma recompensa: "O Pai honrará e recompensará quem me servir".[19] Paulo acrescenta: "Ele não se esquecerá do trabalho duro que vocês realizaram por ele nem do amor que lhe demonstraram ao cooperar com os outros cristãos".[20]

Imagine o que aconteceria se apenas 10% dos cristãos em todo o mundo levassem a sério o papel de servo. Imagine todo o bem que poderia ser feito. Você está disposto a ser uma dessas pessoas? Não importa sua idade, Deus vai usá-lo logo que você começar a agir e pensar como servo. Albert Schweitzer declarou: "Entre todos vocês, as pessoas realmente felizes são aquelas que aprenderam como servir".

## *Dia* 34 Pensando sobre meu propósito de vida

**Tema para reflexão:**
Para ser servo, devo pensar como servo.

**Versículo para memorizar:**
"Seja a atitude de vocês a mesma de Cristo Jesus". (Filipenses 2.5, *NVI*)

**Pergunta para meditar:**
Normalmente, preocupo-me mais em *ser* servido ou em achar maneiras de servir a outros?

Dia
35

# O PODER DE DEUS NA FRAQUEZA

*Somos fracos [...] mas, pelo poder de Deus,*
*viveremos com ele para servir vocês.*

2 CORÍNTIOS 13.4B, *NVI*

*Eu estou com você; isso é tudo que você precisa.*

2 CORÍNTIOS 12.9A, *NBV-P*

**DEUS REALMENTE GOSTA DE USAR PESSOAS FRACAS.**

Todos têm fraquezas — na verdade, você tem uma *coleção* de defeitos e imperfeições: físicas, emocionais, intelectuais e espirituais. Você também pode viver situações incontroláveis que o enfraquecem, como restrições financeiras e relacionais. O mais importante é o que você faz com isso. Normalmente, negamos as fraquezas, nós as defendemos, damos desculpas, escondemos — e tornamos a senti-las. Isso impede que Deus as use da forma que deseja.

Deus tem uma perspectiva diferente da fraqueza humana. Ele diz: "Os meus caminhos e os meus pensamentos são mais altos que os seus".[1] Por isso, ele muitas vezes age de forma exatamente oposta ao que esperamos. Imaginamos que Deus deseja usar somente nossas virtudes, mas ele também quer usar nossas fraquezas para sua glória.

A Bíblia diz: "Deus escolheu [...] para envergonhar os poderosos [...] o que o mundo acha fraco".[2] As fraquezas não são um acidente. Deus as permitiu em sua vida deliberadamente a fim de demonstrar seu poder por meio de você.

Deus nunca ficou impressionado com a força nem com a autossuficiência. Aliás, ele é atraído por pessoas que são fracas e admitem isso. Jesus considera "pobres em espírito" os que reconhecem suas próprias necessidades. Essa é a primeira atitude a ser abençoada por ele.[3]

A Bíblia está repleta de exemplos que demonstram como o Senhor gosta de usar pessoas comuns e imperfeitas para realizar coisas extraordinárias, a despeito de suas fraquezas. Se Deus só utilizasse pessoas perfeitas, nada seria realizado, porque nenhum de nós é infalível. Ele utiliza pessoas imperfeitas, e esse é um fato animador para todos nós.

A fraqueza — ou "espinho", como Paulo a denomina[4]— não é um pecado ou um vício de caráter que você possa mudar, como o exagero na comida ou a impaciência. A fraqueza é qualquer limitação que você herdou ou não tem meios de alterar. Pode ser uma limitação *física*, como deficiência de membros, doença crônica, vigor naturalmente baixo ou alguma inaptidão. Pode também ser uma limitação *emocional*, como a sequela de um trauma, uma lembrança dolorosa, um comportamento peculiar ou algum fator hereditário. Pode ainda ser uma limitação *intelectual* ou nas *habilidades*. Nem todos somos absolutamente brilhantes ou talentosos.

Quando você pensa nas limitações de sua vida, pode se sentir tentado a concluir: "Deus nunca poderia me usar". Contudo, o Senhor jamais será limitado por nossas limitações. Aliás, ele gosta de encher recipientes comuns com seu grande poder. A Bíblia diz: "Somos como vasos de barro em que esse tesouro é armazenado. O poder real vem de Deus, mas não de nós".[5] A exemplo da cerâmica comum, apresentamos falhas e quebramos com facilidade. Mas Deus irá nos usar, se permitirmos que ele trabalhe por meio de nossas fraquezas. Para que isso aconteça, devemos seguir o exemplo de Paulo.

**Admita as suas fraquezas.** Confesse suas imperfeições. Pare de fingir que é perfeito e seja honesto a respeito de você mesmo. Em vez de viver apresentando desculpas e recusas, identifique sem pressa suas fraquezas pessoais. Você pode até fazer uma lista delas.

Duas grandes confissões do Novo Testamento ilustram o que é necessário para uma vida saudável. A primeira foi feita por Pedro, que disse a Jesus: "'Tu és o Cristo, o Filho do Deus vivo'".[6] A segunda foi feita por Paulo, que disse a uma multidão que o idolatrava: "'Nós somos simples seres humanos como vocês!'".[7] Se você quer que Deus o use, deve saber quem é ele e quem é você. Muitos cristãos, principalmente líderes, esquecem-se da segunda verdade: somos apenas humanos! Se uma crise for necessária para que você admita isso, Deus não irá hesitar em permiti-la, pois ele o ama.

**Se Deus só utilizasse pessoas perfeitas, nada seria realizado.**

**Regozije-se na sua fraqueza.** Paulo disse: "Sinto-me muito feliz em me gloriar nas minhas fraquezas, pois assim o poder de Cristo poderá agir por meu intermédio. E, como que sei que tudo é para Cristo, estou muito contente com a minha fraqueza".[8] Em princípio, isso não faz nenhum sentido. Queremos ser libertos de nossas fraquezas, mas não nos regozijarmos nelas! O regozijo, no entanto, é uma expressão de fé na bondade de Deus. É como dizer: "Deus, creio que tu me amas e sabes o que é melhor para mim".

Paulo apresenta várias razões para ficarmos contentes com as fraquezas. Para começar, elas nos fazem depender de Deus. Falando a respeito da própria fraqueza, que o Senhor recusara eliminar, o apóstolo declarou: "Já que eu sei que tudo é para o bem de Cristo, alegro-me nas fraquezas, nos insultos, nas durezas, nas perseguições e nas dificuldades; porque quando estou fraco, então sou forte".[9] Sempre que se sentir fraco, Deus irá lembrá-lo de que você depende dele.

As fraquezas também previnem a arrogância. Elas nos mantêm humildes, como diz Paulo: "Por causa da grandiosidade daquelas revelações, para que eu não ficasse orgulhoso, recebi o dom de um obstáculo, que me mantém em contato permanente com minhas limitações".[10] Deus, em muitos casos, reúne uma grande fraqueza com uma grande força, a fim de manter nosso ego sob controle. A limitação pode agir como um instrumento controlador, que nos impede de nos apressar e passar à frente de Deus.

Quando Gideão recrutou um exército de 32 mil homens para combater os midianitas, Deus os reduziu a apenas 300 homens. Isso fez que as chances no combate contra as tropas inimigas, cujo efetivo era de 135 mil homens, ficassem reduzidas à proporção de 1 para 450. Isso *aparentemente* era a receita para a ruína, mas Deus agiu assim para que Israel soubesse que fora o poder de Deus — não a força deles — que os havia livrado.

**O ministério mais eficiente surgirá das dores mais profundas.**

Nossas fraquezas também incentivam a comunhão entre os fiéis. Enquanto a força gera um espírito independente ("não preciso de mais ninguém"), as limitações demonstram quanto precisamos uns dos outros. Quando tecemos as frágeis fibras de nossa vida uns com os outros, surge uma corda de grande força. Vance Havner brincava: "Os cristãos são como flocos de neve: são frágeis, mas, juntos, param o trânsito".

Acima de tudo, nossas fraquezas aumentam nossa capacidade para o exercício do ministério e da solidariedade. Elas nos tornam mais atenciosos e nos fazem sentir compaixão pelas fraquezas dos outros. Deus quer que você tenha um ministério semelhante ao de Cristo. Isso significa que as outras pessoas deverão achar cura nas feridas. As mais profundas mensagens de vida e o ministério mais eficiente surgirão das dores mais profundas. As coisas que o deixam mais constrangido e envergonhado, as quais você reluta em compartilhar, são justamente os instrumentos que Deus usará com mais poder para curar outros.

O grande missionário Hudson Taylor disse: "Todos os gigantes de Deus são pessoas fracas". A fraqueza de Moisés era seu temperamento. Por causa disso, ele assassinou um egípcio, feriu a rocha à qual deveria falar e quebrou as tábuas dos Dez Mandamentos. Ainda assim, Deus transformou-o no "homem mais paciente da terra".[11]

As fraquezas de Gideão eram baixa autoestima e profunda insegurança, mas Deus transformou-o num "poderoso guerreiro".[12] A fraqueza de Abraão era o medo. Não uma, mas duas vezes, ele afirmou que Sara, sua mulher, era sua irmã, apenas para se proteger. Mas Deus transformou Abraão no "pai de todos os que têm fé".[13] Impulsivo e sem força de vontade, Pedro tornou-se uma "pedra".[14] O adúltero Davi tornou-se o "homem segundo o meu coração".[15] João, um dos impulsivos "filhos do trovão", tornou-se o "apóstolo do amor".

A lista poderia seguir interminavelmente. "Não tomarei muito tempo para relatar as histórias de fé [...] de Gideão, Baraque, Sansão, Jefté, Davi, Samuel e de todos os profetas [...] suas fraquezas se transformaram em força".[16] Deus é especialista em transformar fraqueza em força. Ele quer pegar sua maior fraqueza e transformá-la.

**Compartilhe suas fraquezas de forma sincera.** O ministério começa com a vulnerabilidade. Quanto mais você baixa a guarda, tira a máscara e fala sobre suas lutas, mais Deus poderá usá-lo para servir outras pessoas.

Paulo deixava transparecer sua vulnerabilidade em todas as suas cartas. Ele abertamente compartilhava:

- Suas falhas: "Quando quero fazer o bem, não o faço e, quando tento não cometer erros, acabo errando do mesmo jeito".[17]
- Seus sentimentos: "Eu contei-lhes tudo quanto sentia".[18]
- Suas frustrações: "Fomos pisoteados e totalmente subjugados. Pensamos que jamais iríamos sobreviver àquela situação".[19]
- Seus medos: "Quando fui até vocês, estava fraco, amedrontado e trêmulo".[20]

É claro que a vulnerabilidade é arriscada. Pode ser assustador baixar a guarda e abrir a vida aos outros. Quando você expõe fracassos, sentimentos, frustrações e temores, arrisca-se a ser rejeitado, mas os benefícios valem o risco. A vulnerabilidade liberta emocionalmente. Quando nos abrimos, aliviamos a tensão e dissipamos os medos, o que é o primeiro passo rumo à libertação.

Nós já vimos que Deus "concede graça aos humildes", mas muitos não compreendem a humildade. Ter humildade não é se sujeitar ou negar a própria força, mas ser sincero a respeito das próprias fraquezas. Quanto mais franco você for, mais obterá da graça de Deus e também receberá graça dos outros. A vulnerabilidade é uma qualidade cativante. Somos naturalmente atraídos por pessoas humildes. A pretensão causa antipatia, mas a sinceridade atrai, e a vulnerabilidade é o caminho para a intimidade.

É por isso que Deus quer usar suas fraquezas, não apenas suas boas qualidades ou virtudes. Se as pessoas virem apenas suas qualidades, irão desanimar e pensar: "Bem, melhor para ele, mas nunca poderei fazer isso". Entretanto, quando veem Deus usá-lo apesar de suas fraquezas, animam-se e pensam: "Talvez Deus possa me usar também!". Nossas qualidades podem resultar em competição, mas nossas fraquezas propiciam a vida em comunidade.

Em algum ponto da vida, você terá de decidir se quer *impressionar* ou *influenciar* as pessoas. Você pode impressioná-las a distância, mas tem de chegar perto para influenciá-las. Quando você fizer isso, elas poderão perceber suas imperfeições. Não há nenhum problema nisso. A qualidade essencial para a liderança não é a perfeição, mas a credibilidade. As pessoas devem ser capazes de confiar em você, caso contrário não o seguirão. Como você constrói credibilidade? Não fingindo ser perfeito, mas sendo sincero.

**Glorie-se em sua fraqueza.** Paulo declarou: "Vou apenas gloriar-me de quão fraco sou e quão grandioso é Deus para usar uma fraqueza dessas para sua glória" (2 Coríntios 12.5b, *NBV-P*). Em vez de se apresentar como ícone de invencibilidade e autoconfiança, veja-se como um troféu da graça de Deus. Quando Satanás apontar as fraquezas que você tem, concorde com ele e deixe o coração transbordar de louvores a Jesus, que "compreende todas as nossas fraquezas"[21] e ao Espírito Santo, que "nos ajuda em nossa fraqueza".[22]

Deus também pode transformar uma virtude em fraqueza, a fim de nos usar ainda mais. Jacó era um manipulador: passou a vida conspirando e fugindo das consequências. Certa noite, ele lutou com Deus e disse: "Não te deixarei ir, a não ser que me abençoes". Deus respondeu: "Tudo bem", mas então lhe deslocou a articulação da coxa. O que significa tudo isso?

Deus tocou o ponto forte de Jacó (o músculo da coxa é o mais forte do corpo humano) e transformou-o em fraqueza. Daquele dia em diante, Jacó passou a mancar, para que jamais voltasse a fugir. Isso o forçou a depender de Deus, quer desejasse, quer não. Se você quer que Deus o abençoe e o use de forma grandiosa, precisa estar disposto a mancar até o fim de seus dias, pois Deus usa pessoas fracas.

# Pensando sobre meu propósito de vida

Dia
35

**Tema para reflexão:**
Deus opera melhor quando admito minhas fraquezas.

**Versículo para memorizar:**
"'Minha graça é suficiente a você, pois o meu poder se aperfeiçoa na fraqueza'". (2 Coríntios 12.9a, *NVI*)

**Pergunta para meditar:**
É possível que eu esteja limitando o poder de Deus em minha vida ao esconder minhas fraquezas? Sobre o que estou precisando ser sincero para poder ajudar as pessoas?

## GUIA DE ESTUDOS

# Você foi moldado para servir a Deus

**PONTOS-CHAVE.** Nós estávamos mortos em pecados e delitos, mas fomos salvos por Deus. Com isso, recebemos um novo estado de vida e ingressamos numa nova realidade, o Reino de Deus, e nesse reino nós temos uma função bem definida a desempenhar com excelência.

**APLICAÇÃO.** Deus não nos obriga a fazer a sua vontade, mas o seu amor por nós é tão intenso que ele nos constrange. Sendo assim, nós o servimos voluntariamente e fazemos isso a partir da nossa relação pessoal com ele e com o auxílio do Espírito Santo que habita a igreja. Ele é quem nos motiva, capacita e orienta para o serviço a ser feito, a cumprir a missão que é dele, convidando-nos a participar.

**PERGUNTAS**

1. Não há maneira mais nobre de ter realização na vida do que servindo a Deus, e servir a Deus se manifesta no serviço ao próximo. Como você vê sua vida de serviço ao próximo? De que forma você está empenhado no serviço cristão? Você consegue descrever com clareza o que tem feito e como espera melhorar o nível de serviço ao próximo dentro do plano de Deus por meio de sua vida?

2. Como vimos, as pessoas nascem com dons, habilidades, virtudes. Quais habilidades naturais você tem e quais dons espirituais considera que recebeu do Senhor?

3. Considerando que nós podemos servir na obra de Deus trabalhando diretamente na vida das pessoas ou realizando projetos, como administração, gestão, organização e outros, quais são seus dons e com que finalidade eles foram dados a você?

4. Os dons servem para serem usados. A parábola dos talentos ilustra bem o destino de quem usa e de quem não usa seus talentos. Avaliando sua vida, acredita que você tem talentos que estão sendo (ou foram) enterrados? Em caso afirmativo, quais são e como espera poder usá-los o quanto antes?

5. De que modo o texto "Como agem os verdadeiros servos" falou diretamente a você? Há algo que tenha provocado em você uma ação mais objetiva? O que deverá fazer diante dessa constatação?

# PROPÓSITO 5

# Você foi feito para uma missão

*O fruto da retidão é árvore de vida, e aquele que conquista almas é sábio.*

PROVÉRBIOS 11.30, *NVI*

Dia 36

# FEITO PARA UMA MISSÃO

*"Assim como me deste uma missão no mundo,*
*Eu dei a eles uma missão no mundo".*

JOÃO 17.18, *AM*

*"[...] O que mais me interessa é terminar o que*
*Deus começou: a tarefa de que o Senhor*
*Jesus me incumbiu [...]."*

ATOS 20.24, *AM*

**VOCÊ FOI FEITO PARA UMA MISSÃO.**

Deus está atuando no mundo e quer que você se junte a ele. Essa atribuição é conhecida como sua *missão*. O Senhor quer que você tenha tanto um ministério no corpo de Cristo quanto uma missão no mundo. O ministério é seu serviço com os que *creem*, e a missão é seu serviço com os que *não creem*.[1] Cumprir sua missão no mundo é o quinto propósito de Deus para a vida.

A missão de sua vida é tanto *participativa* quanto *particular*. Parte dela é uma responsabilidade compartilhada com todos os outros cristãos, e parte é uma tarefa exclusivamente sua. Nos próximos capítulos, falaremos sobre ambas.

A palavra "missão" tem sua raiz no termo latino "enviar". Ser cristão consiste também em ser *enviado* ao mundo como representante de Jesus Cristo, que disse: "'Assim como o Pai me enviou, eu os envio'".[2]

Jesus entendeu nitidamente a missão que tinha neste mundo. Quando estava com 12 anos de idade, disse: "Eu devo tratar dos negócios de meu Pai".[3] E vinte e um anos mais tarde, morrendo na cruz, ele exclamou: "Está consumado!".[4] Como os suportes que mantêm os livros de pé, essas duas declarações expressam o sentido de uma vida plena, dirigida por um propósito. Jesus completou a missão que lhe foi confiada pelo Pai.

A missão de Jesus na Terra é nossa missão agora, pois somos o corpo de Cristo. Aquilo que ele fez a seu próprio corpo físico devemos dar prosseguimento em seu corpo espiritual, a igreja. Que missão é essa? Apresentar Deus às pessoas! A Bíblia diz: "Deus [...] nos transforma de inimigos em amigos dele. E Deus nos deu a tarefa de fazer com que os outros também sejam amigos dele".[5]

Deus quer resgatar o ser humano das mãos de Satanás e reconciliá-lo consigo, para que possamos cumprir os cinco propósitos para os quais ele nos criou: amá-lo, fazer parte de sua família, tornar-nos semelhantes a ele, servir-lhe e contar aos outros a respeito dele. Pelo fato de lhe pertencermos, Deus nos usa para alcançarmos outras pessoas. Ele nos salva e depois nos envia. A Bíblia diz: "Fomos enviados para falar em nome de Cristo".[6] Somos os mensageiros do amor de Deus e de seus propósitos para o mundo.

**Cristo nos chama não apenas para *vir a ele*, mas também para *ir por ele*.**

## A importância de sua missão

Cumprir sua missão aqui é parte essencial do que representa viver para a glória de Deus. A Bíblia apresenta várias razões pelas quais sua missão é tão importante.

**Sua missão é a continuação da missão terrena de Jesus.** Como seus seguidores, devemos continuar o que Jesus começou. Cristo nos chama não apenas para *vir a ele*, mas também para *ir por ele*. Sua missão é tão importante que Jesus a repetiu cinco vezes, de cinco maneiras diferentes, em cinco diferentes livros da Bíblia.[7] É como se ele estivesse dizendo: "Eu *realmente* quero que você assuma isso"! Estude essas cinco incumbências dadas por Jesus, e você aprenderá os detalhes de sua missão no mundo — quando, onde, por quê e como.

Na Grande Comissão, Jesus disse: "Vão e façam discípulos de todas as nações. Batizem-nos em nome do Pai, do Filho e do Espírito Santo, e ensinem-nos a fazer tudo que ordenei a vocês".[8] Essa incumbência foi dada a *todos* os seguidores de Jesus, não somente a pastores e missionários. Esse é *seu* compromisso com Jesus — não se trata de algo opcional. As palavras de Jesus não são a "grande sugestão". Se você faz parte da família de Deus, sua missão é obrigatória. Desprezá-la é um ato de desobediência.

Talvez você não esteja ciente de que Deus o responsabiliza pelos descrentes que vivem à sua volta, mas a Bíblia diz: "Você deve adverti-los, para que possam viver. Se você não falar para advertir os maus a que parem de praticar o mal, eles morrerão em seus pecados, mas eu responsabilizarei você pela morte deles".[9]

Você pode ser o único cristão que algumas pessoas irão conhecer, e sua missão é contar a eles a respeito de Jesus.

**Sua missão é um privilégio formidável.** Embora seja uma grande responsabilidade, é também uma imensa honra ser usado por Deus. Paulo disse: "Todas essas coisas novas vêm de Deus, que nos trouxe de volta a si mesmo por meio daquilo que Cristo Jesus fez. E Deus nos deu o privilégio de insistir com todos para que se reconciliem com ele".[10] Sua missão envolve dois grandes privilégios: trabalhar com Deus e representá-lo. Somos parceiros do Senhor na construção de seu Reino. Paulo nos chama "colaboradores" e diz que somos "companheiros de trabalho de Deus".[11]

Jesus assegurou nossa salvação, aceitou-nos em sua família, deu-nos seu Espírito Santo e então nos tornou seus representantes no mundo. Que privilégio! A Bíblia diz: "Somos representantes de Cristo. Deus nos usa para persuadir homens e mulheres a deixar as diferenças de lado e ingressar na obra de Deus e para reconciliar o ser humano com ele. Estamos falando por Cristo mesmo agora: tornem-se amigos de Deus; ele já é amigo de vocês".[12]

**Ensinar outros como obter a vida eterna é a melhor coisa que você pode fazer por eles.** Se seu vizinho tivesse câncer ou aids e você conhecesse a cura, seria criminoso reter tal informação. Ainda pior é guardar segredo sobre o caminho para o perdão, o propósito, a paz e a vida eterna. Temos a melhor de todas as novidades do mundo, e compartilhá-la é o maior favor que podemos prestar a alguém.

O problema dos cristãos que se converteram há muito tempo é que se esqueceram de como é desanimador viver sem Cristo. Devemos nos lembrar de que, não importa quanto as pessoas *pareçam* felizes e bem-sucedidas, sem Cristo elas estão desesperadamente perdidas e destinadas à separação eterna de Deus. A Bíblia diz que "Jesus é o único que pode salvar o ser humano".[13] Todos precisam de Jesus.

**Sua missão tem alcance eterno.** Ela influenciará o destino eterno das outras pessoas. Logo, é mais importante que qualquer emprego, realização pessoal ou objetivo que você possa alcançar durante toda a vida. As consequências de sua missão vão durar para sempre, mas não as de seu emprego. Nada que você faça pode ser mais importante que ajudar as pessoas a estabelecerem um relacionamento eterno com Deus.

Esse é o motivo por que precisamos ser perseverantes no desempenho de nossa missão. Jesus disse: "Todos nós devemos rapidamente cumprir as tarefas de que fomos incumbidos por aquele que me enviou, pois resta pouco tempo antes que caia a noite e todo trabalho chegue ao fim".[14] O relógio que controla a missão de sua vida está correndo; então, não perca nem mais um dia. Inicie agora mesmo sua missão de trazer outras pessoas a Cristo! Teremos toda a eternidade para celebrar com aqueles que trouxemos a Jesus, mas temos apenas o tempo de nossa vida para alcançá-los.

Isso não significa que você tenha de deixar seu trabalho para se tornar evangelista em tempo integral. Deus deseja que você compartilhe as boas-novas onde estiver. Como estudante, mãe, dona de casa, professor, vendedor, gerente, ou qualquer que seja sua atividade, você deve sempre esperar que Deus coloque pessoas em seu caminho para com elas compartilhar o evangelho.

**Sua missão dá sentido à vida.** William James disse: "O melhor aproveitamento da vida consiste em gastá-la a favor de alguma coisa que dure mais que a própria vida". A verdade é que somente o Reino de Deus irá permanecer. *Todo* o restante acabará desaparecendo. É por isso que devemos ter uma vida dirigida por propósitos — vida empenhada na adoração, na comunhão, no crescimento espiritual, no ministério e no cumprimento de nossa missão no mundo. Os resultados dessas atividades *vão* durar para sempre!

Se falhar em cumprir a missão que Deus lhe atribuiu, você terá desperdiçado a vida que Deus lhe concedeu. Paulo disse: "Minha vida não tem valor algum, a menos que eu a use para realizar a obra que me foi confiada pelo Senhor Jesus — a obra de contar aos outros as boas-novas acerca da maravilhosa bondade e do amor de Deus".[15] Há pessoas que somente você poderá alcançar, em virtude de onde você vive e de como Deus o fez. Se ao menos uma pessoa for para o céu pelo seu testemunho, sua vida terá sido relevante para a eternidade. Comece a olhar a seu redor, em seu campo missionário pessoal, e ore: "Deus, quem o Senhor pôs em minha vida para que eu lhe fale a respeito de Jesus?".

**O cronograma de Deus para a consumação da história está vinculado à conclusão de nossa incumbência.** Existe hoje um interesse crescente na segunda vinda de Cristo e no fim do mundo. Quando isso ocorrerá? Antes de Jesus ter subido aos céus, os discípulos lhe fizeram a mesma pergunta, e a resposta foi bastante reveladora: "Ele lhes respondeu: 'Não compete a vocês saber os tempos ou as datas que o Pai estabeleceu pela sua própria autoridade. Mas receberão poder quando o Espírito Santo descer sobre vocês, e serão minhas testemunhas em Jerusalém, em toda a Judeia e Samaria, e até os confins da terra'".[16]

Quando os discípulos quiseram conversar sobre profecia, Jesus rapidamente mudou a conversa para o evangelismo. Ele queria que se concentrassem na missão deles no mundo. Em essência, ele disse: "Não compete a vocês saber os detalhes de minha volta, e sim da missão que lhes foi confiada. Concentrem-se nisso!".

Especular sobre o momento exato do retorno de Cristo é inútil, pois Jesus disse: "'Quanto ao dia e à hora ninguém sabe, nem os anjos dos céus, nem o Filho, senão somente o Pai'".[17] Como Jesus afirmou não saber nem o dia nem a hora, por que você faria cálculos para descobri-los? O que *sabemos* com certeza é: Jesus não vai voltar até que todas as pessoas que Deus separou para ouvir sua Palavra a tenham ouvido. Jesus disse: "As boas-novas acerca do Reino de Deus serão pregadas em todo o mundo e a todas as nações. Depois virá o fim".[18] Se você quer que Jesus volte o mais rápido possível, concentre-se em cumprir sua missão, não em desvendar a profecia.

É fácil nos distrairmos e desviarmos de nossa missão, porque Satanás aceita que façamos qualquer coisa, menos compartilhar a fé. Ele o deixará fazer todo tipo de boa ação, contanto que não leve ninguém com você para o céu. Mas, no instante em que começar a levar sua missão a sério, esteja certo de que o Diabo irá colocar todo tipo de distração diante de você. Quando isso acontecer, lembre-se das palavras de Jesus: "'Sem adiamentos. Nada de olhar para trás. Ninguém pode deixar o Reino de Deus para amanhã. A oportunidade é para hoje'".[19]

### Quanto lhe custará cumprir sua missão

Cumprir sua missão vai exigir que você abandone seus planos pessoais e assuma os planos de Deus para a vida. Você não pode apenas acumulá-la com todas as outras coisas que gostaria de fazer. Você deve orar como Jesus: "'Pai, se queres, afasta de mim este cálice; contudo, não seja feita a minha vontade, mas a tua'".[20] Submeta privilégios, expectativas, sonhos, planos e ambições a Deus. Pare de fazer orações egoístas como: "Deus, abençoa o que quero fazer". Em vez disso, ore: "Deus, ajuda-me a fazer o que estás abençoando"! Entregue ao Senhor uma folha em branco, com seu nome assinado embaixo e peça-lhe que a preencha. A Bíblia diz: "Antes, entreguem-se inteiramente a Deus, pois vocês voltaram da morte para a vida. Sejam, portanto, instrumentos de justiça nas mãos de Deus".[21]

Comprometendo-se em realizar sua missão, não importando o preço a pagar, você experimentará a bênção de Deus de uma forma que poucas pessoas experimentaram. Não há quase nada que ele não faça pelo homem ou pela mulher que se comprometa em servir o Reino de Deus. Jesus prometeu: "[Deus] dará a todos vocês tudo de que precisam no dia a dia se vocês viverem para ele e fizerem do Reino de Deus a sua preocupação principal".[22]

### "Mais um para Jesus"

Meu pai foi pastor por mais de cinquenta anos, servindo principalmente em igrejas pequenas da zona rural. Era um simples pregador, mas era alguém com uma missão. Sua atividade

**É fácil nos distrairmos e desviarmos de nossa missão, porque Satanás aceita que façamos qualquer coisa, menos compartilhar a fé.**

favorita era levar grupos de voluntários ao exterior, a fim de erguer igrejas para pequenas congregações. Durante sua vida, ele ergueu mais de 150 igrejas por todo o mundo.

Em 1999, meu pai morreu de câncer. Na última semana de vida, a doença o mantinha em estado de semiconsciência praticamente as 24 horas do dia. Quando sonhava, falava alto sobre o que estava sonhando. Sentado ao lado de sua cama, aprendi muito sobre meu pai, apenas escutando seus sonhos. Ele revivia os projetos de construção, um após o outro.

Certa noite, em seus últimos momentos, enquanto minha mulher, minha sobrinha e eu estávamos a seu lado, ele ficou subitamente agitado e tentou levantar-se da cama. Obviamente, estava muito fraco, e minha mulher insistiu em que ele voltasse a se deitar. Mas, como ele insistia em sair da cama, ela acabou por perguntar: “Jimmy, o que você está querendo fazer?”. Ele respondeu: “Tenho de salvar mais um para Jesus! Tenho de salvar mais um para Jesus! Tenho de salvar mais um para Jesus!”. E começou a repetir a frase sem parar.

Na hora que se seguiu, ele provavelmente repetiu a frase mais de cem vezes. “Tenho de salvar mais um para Jesus!”. Quando me sentei perto da cama, chorando, inclinei a cabeça para agradecer a Deus pela fé do meu pai. Naquele momento, meu pai estendeu o braço, pôs a frágil mão sobre minha cabeça e disse, como se estivesse me comissionando: “Salve mais um para Jesus! Salve mais um para Jesus!”.

Pretendo que esse seja o lema para o restante de minha vida. E também o convido a ter esse objetivo como foco de sua vida, porque *nada* fará diferença maior na eternidade. Se você quer ser usado por Deus, deve se importar com o que mais importa para ele. E o que mais importa para o Senhor é a redenção das pessoas que ele criou. Ele quer que seus filhos perdidos sejam encontrados! Nada interessa mais a Deus. A cruz prova isso. Oro para que você esteja sempre atento, a fim de alcançar “mais um para Jesus”, de maneira que, no dia em que estiver diante de Deus, você possa dizer: “Missão cumprida”.

Dia 36

# Pensando sobre meu propósito de vida

**Tema para reflexão:**

Fui feito para uma missão.

**Versículo para memorizar:**

"'Portanto, vão e façam discípulos de todas as nações, batizando-os em nome do Pai e do Filho e do Espírito Santo, ensinando-os a obedecer a tudo o que eu ordenei a vocês. E eu estarei sempre com vocês, até o fim dos tempos'". (Mateus 28.19,20, *NVI*)

**Pergunta para meditar:**

Que temores me impedem de cumprir a missão da qual fui incumbido por Deus? O que me impede de contar aos outros as boas-novas?

Dia 37

# PARTILHANDO SUA MENSAGEM DE VIDA

*Quem crê no filho de Deus tem o testemunho de Deus nele.*

1 JOÃO 5.10A, *GWT*

*Sua vida ecoa a Palavra do Senhor* [...].
*As notícias da sua fé em Deus correm soltas. Assim, nem preciso acrescentar nada — a vida de vocês é uma pregação!*

1 TESSALONICENSES 1.8, *AM*

**DEUS LHE DEU UMA MENSAGEM DE VIDA PARA COMPARTILHAR.**

Quando você se tornou cristão, tornou-se também mensageiro de Deus. Ele quer falar ao mundo usando você. Paulo disse: "Falamos a verdade diante de Deus, como mensageiros de Deus".[1]

Você pode sentir que não tem nada para compartilhar, mas isso é apenas o Diabo tentando mantê-lo em silêncio. Você possui um tesouro de experiências que Deus deseja usar a fim de trazer outras pessoas para a família da fé. A Bíblia diz: "Quem crê no Filho de Deus tem em si mesmo o testemunho de Deus".[2] Essa mensagem de vida está dividida em quatro partes:

- Seu *testemunho*: a história de como você iniciou seu relacionamento com Jesus.
- Suas *lições de vida*: as mais importantes lições que Deus lhe ensinou.
- Suas *paixões devocionais*: as questões pelas quais você mais se interessa segundo a FORMA que Deus lhe deu.
- As *Boas-Novas*: a mensagem de salvação.

**Sua mensagem de vida inclui seu testemunho.** O testemunho é a história de como Cristo transformou sua vida. Pedro nos diz que fomos escolhidos por Deus: "[...] fazer sua obra e falar por ele, e para contar a todos quanta diferença ele fez na vida de vocês".[3] Esta é a essência do testemunho: simplesmente compartilhar as experiências pessoais no que diz respeito ao Senhor. Em um tribunal, não se espera que a testemunha debata o caso, comprove a verdade ou insista em determinado veredicto. Esse é o trabalho dos advogados. A testemunha simplesmente conta o que lhe aconteceu ou o que viu.

Jesus disse: "[...] vocês [...] serão minhas testemunhas [...]",[4] não: "Vocês serão meus advogados". Ele quer que você conte sua história aos não cristãos. Dar testemunho é uma das principais tarefas de sua missão neste mundo, porque é algo único. Não há outra história exatamente igual à sua; portanto, somente você pode contá-la. Se deixar de compartilhá-la, ela perderá sua importância. Você pode não ser um mestre da Bíblia, mas *é* uma autoridade quando se trata de sua vida, até porque é difícil argumentar com a experiência pessoal. Na verdade, seu testemunho pessoal é mais eficaz que um sermão, porque os não cristãos veem os pastores como vendedores profissionais, mas veem você como um "cliente satisfeito". Logo, vão lhe dar mais credibilidade.

**Histórias compartilhadas criam uma ponte de relacionamento pela qual Jesus pode atravessar do seu coração para o delas.**

É mais fácil relatar histórias pessoais que explicar princípios, e as pessoas gostam de ouvi-las. As histórias captam a atenção e ficam em nossa memória por mais tempo. Os não cristãos provavelmente perderiam o interesse se você começasse a citar teólogos, mas têm uma curiosidade natural sobre experiências que nunca tiveram. Histórias compartilhadas criam uma ponte de relacionamento pela qual Jesus pode atravessar do seu coração para o delas.

Outra vantagem do testemunho é o fato de ele contornar as defesas intelectuais. Muitos céticos que não aceitam a autoridade da Bíblia escutarão sem resistência uma modesta história pessoal. Foi por isso que, em seis ocasiões distintas, Paulo usou seu testemunho em vez de citar as Escrituras.[5]

A Bíblia diz: "Estejam sempre prontos para responder a qualquer pessoa que pedir que expliquem a esperança que vocês têm. [Contudo,] façam isso com educação e respeito".[6] A melhor forma de estar "pronto" é escrever nosso testemunho e depois memorizar os pontos principais. Divida-o em quatro partes:

1. Como era a minha vida antes de conhecer a Jesus.
2. Como percebi que precisava de Jesus.

3. Como comprometi minha vida com Jesus.
4. A diferença que Jesus faz em minha vida.

**Embora seja sábio aprender com nossas experiências, é *mais sábio* aprender com as experiências dos outros.**

Você com certeza tem muitos outros testemunhos para dar, além do relato de sua salvação. Você tem uma história para *cada* experiência em que Deus o auxiliou. Faça uma lista de problemas, circunstâncias e crises nos quais Deus interveio a seu favor. Em seguida, seja sensível e utilize o relato que melhor se relacione com a situação de seu amigo não cristão. Situações diferentes pedem testemunhos diferentes.

**Sua mensagem de vida inclui as lições de vida que você aprendeu.** A segunda parte de sua mensagem de vida são as verdades que Deus lhe ensina a partir de suas experiências com ele. Trata-se de lições e discernimentos que você continuamente aprende sobre Deus, envolvendo relacionamentos, problemas, tentações e outros aspectos da vida. Davi orou: "Ó Eterno, ensina-me lições de vida, para que eu possa permanecer no curso!".[7] Infelizmente, é comum não aprendermos nada com o que nos acontece. Sobre os israelitas, a Bíblia diz: "Em várias ocasiões, Deus os resgatou, mas eles nunca aprenderam, até que finalmente foram destruídos por seus pecados".[8] Você provavelmente já conheceu pessoas assim.

Embora seja sábio aprender com nossas experiências, é *mais sábio* aprender com as experiências dos outros. Não há tempo suficiente para aprender tudo na vida por tentativa e erro. Devemos aprender com as lições de vida dos outros. A Bíblia diz: "Quando alguém está querendo aprender, o conselho de uma pessoa experiente vale mais do que anéis de ouro ou joias de ouro puro".[9]

Escreva as principais lições de vida que você aprendeu, para que possa compartilhá-las com os outros. Devemos ser gratos a Salomão por tê-lo feito, pois ele nos deu os livros de Provérbios e Eclesiastes, que estão repletos de lições práticas para a vida. Imagine quantas frustrações poderiam ser evitadas se aprendêssemos a extrair lições de tudo que acontece com as pessoas que nos cercam!

Pessoas maduras desenvolvem o hábito de extrair lições das experiências do dia a dia. Insisto em que você faça uma lista das lições aprendidas. A menos que as tenha anotado, você provavelmente não terá o hábito de pensar nelas. Eis algumas perguntas para avivar sua memória e fazê-lo começar a escrever:[10]

- O que Deus me ensinou com o fracasso?
- O que Deus me ensinou com a falta de dinheiro?
- O que Deus me ensinou com a dor, a tristeza ou a depressão?
- O que Deus me ensinou durante a expectativa?
- O que Deus me ensinou com a doença?
- O que Deus me ensinou com a decepção?
- O que aprendi com minha família, minha igreja, meus relacionamentos, o grupo a que pertenço e os que me criticam?

**Sua mensagem de vida inclui compartilhar sua paixão pelas coisas de Deus.** Nosso Deus é um Deus apaixonado. Ele *ama* apaixonadamente algumas coisas e apaixonadamente *detesta* outras. À medida que você se torna íntimo do Senhor, ele o faz sentir uma paixão por algo que realmente importa para ele, de modo que você possa ser seu porta-voz no mundo. Pode ser uma paixão por um tipo de problema, por um propósito, por um princípio ou por um grupo de pessoas. Seja o que for, você se sentirá compelido a falar a esse respeito e a fazer o que estiver a seu alcance para mudar a situação.

Você não consegue deixar de falar a respeito das coisas que mais lhe despertam o interesse. Jesus disse: "'Pois a boca fala do que está cheio o coração'".[11] Temos na Bíblia dois exemplos disso — Davi, que declarou: "O grande zelo que tenho pela sua casa me consome";[12] e Jeremias, que disse: "A tua mensagem queima como fogo em meu coração e em meus ossos. Não posso me manter em silêncio".[13]

Deus concede a algumas pessoas o ardor para defender uma causa. É quase sempre um problema que foi sentido na pele:

violência, vício, esterilidade, depressão, doença ou outra dificuldade. Às vezes, ele faz as pessoas sentirem um impulso para falar em nome de grupos que não podem falar por si mesmos: os que ainda não nasceram, os perseguidos, os pobres, os encarcerados, os maltratados, os desfavorecidos e os que não tiveram direito à justiça. A Bíblia está cheia de orientações para defendermos os indefesos.

**Deus nos concede diferentes paixões, a fim de que se concretize tudo que ele quer que seja feito no mundo.**

Deus usa pessoas apaixonadas para promover o Reino. Ele poderá fazê-lo apaixonar-se pelo trabalho de implantar igrejas, fortalecer famílias, financiar traduções da Bíblia ou treinar líderes cristãos. Você pode ter recebido de Deus a paixão por alcançar determinado grupo de pessoas com o evangelho: homens de negócios, adolescentes, estudantes estrangeiros, jovens mães ou aqueles que praticam determinado esporte ou lazer. Se você pedir a Deus, ele fará seu coração arder por algum país ou por algum grupo étnico específico que precise desesperadamente de um vigoroso testemunho cristão.

Deus nos concede diferentes paixões, a fim de que se concretize tudo que ele quer que seja feito no mundo. Você não deve esperar que alguém se entusiasme por sua paixão. Em vez disso, devemos ouvir e valorizar as mensagens de vida uns dos outros, porque ninguém tem tudo para dizer. Jamais menospreze a paixão que Deus concede a outra pessoa. A Bíblia diz: "É bom sempre ser zeloso pelo bem, e não apenas quando estou presente".[14]

**Sua mensagem de vida inclui as boas-novas.** O que são as Boas-Novas? "As Boas-Novas revelam como Deus justificou a humanidade — isso tem seu início e seu fim mediante a fé".[15] "Deus estava em Cristo, reconciliando o mundo consigo mesmo, não levando mais em consideração o pecado das pessoas contra ele. Essa é a maravilhosa mensagem que ele nos deu para anunciar aos outros".[16] As Boas-Novas consistem nisto: quando confiamos na graça de Deus para nos salvar, pelo que foi realizado por Jesus, nossos pecados são perdoados, passamos a ter um propósito para viver e nos é prometido um futuro lar no céu.

Existem centenas de ótimos livros que ensinam a pregar as Boas-Novas, mas nem todo o treinamento do mundo vai motivá-lo a testemunhar de Cristo enquanto você não tiver assimilado as oito convicções expressas no capítulo anterior. O mais importante é que você aprenda a amar os perdidos tal como Deus os ama.

Deus nunca criou uma pessoa por quem não sentisse amor. Todos são importantes para ele. Quando Jesus estendeu os braços na cruz, ele estava dizendo: "Eis o *tanto* que os amo!". A Bíblia diz: "Pois o amor de Cristo nos constrange, porque estamos convencidos de que um morreu por todos [...]".[17] Sempre que você se sentir apático sobre sua missão no mundo, passe algum tempo pensando no que Jesus fez por você na cruz.

Você deve se preocupar com os que ainda não creem, porque Deus se preocupa. O amor não lhe dá outra escolha. A Bíblia diz: "No amor não há medo; o amor que é totalmente verdadeiro afasta o medo".[18] Um pai se lançaria para dentro de um prédio em chamas a fim de salvar o filho, porque o amor por aquele filho é maior que o medo. Se você tem medo de compartilhar o Evangelho de Deus com aqueles que estão a seu redor, peça a Deus que encha seu coração de amor por essas pessoas.

A Bíblia diz: "[Deus] não quer que ninguém se perca, mas que todas as pessoas mudem seu coração e sua vida".[19] Sempre que encontrar alguém que não conhece Jesus, você *precisa* começar a orar por ele, servindo-lhe em amor e compartilhando as boas-novas. Enquanto existir uma única pessoa em sua comunidade que não faça parte da família de Deus, sua igreja *precisa* insistir em buscá-lo. A igreja que não quer crescer está dizendo ao mundo: "Vocês podem ir para o inferno".

O que *você* está disposto a fazer para que as pessoas que você conhece possam ir para o céu? Convide-as para ir à igreja ou para participar de seu grupo. Conte sua história. Presenteie-as com este livro. Leve-as para jantar. Ore por elas diariamente até que sejam salvas. Seu campo missionário está a seu redor. Não perca as oportunidades que Deus está lhe dando. A Bíblia diz: "Aproveitem o máximo as suas oportunidades para contar o evangelho aos de fora. Sejam sábios em todos os seus contatos com eles".[20]

Alguém irá para o céu por sua causa? Será que alguém no céu poderá lhe dizer: "Eu gostaria de lhe agradecer. Estou aqui porque você se importou o suficiente para me falar do Evangelho"? Imagine a alegria de encontrar no céu pessoas que você ajudou a chegar lá! A salvação eterna de uma única alma é mais importante que tudo o mais que você possa conseguir na vida. Somente as pessoas vão viver para sempre.

Neste livro, aprendemos os cinco propósitos de Deus para nossa vida aqui: ele nos fez para que fôssemos *membros* de sua família, *exemplos* de seu caráter, *exaltadores* de sua glória, *ministros* de sua graça e *mensageiros* do evangelho. Desses cinco propósitos, o quinto pode ser realizado somente neste mundo. Continuaremos a exercer os outros quatro na eternidade, de uma forma ou de outra. Por isso é tão importante propagarmos as Boas-Novas. Temos um tempo curto para compartilhar nossa mensagem de vida e cumprir nossa missão.

## Dia 37 — Pensando sobre meu propósito de vida

**Tema para reflexão:**
Deus quer dizer algo ao mundo por meu intermédio.

**Versículo para memorizar:**
"Estejam sempre prontos para responder a qualquer pessoa que pedir que expliquem a esperança que vocês têm. [Contudo,] façam isso com educação e respeito".
(1 Pedro 3.15b,16a, *NTLH*)

**Pergunta para meditar:**
Olhando para minha história pessoal, com quem Deus gostaria que eu a compartilhasse?

Dia 38

# TORNANDO-SE UM CRISTÃO COM EXCELÊNCIA

*Jesus disse aos seus seguidores: "Vão pelo mundo todo e contem a todos as boas-novas".*

MARCOS 16.15, *NCV*

*Assim saberemos por onde Ele quer que nós andemos. Assim todas as nações conhecerão a sua salvação!*

SALMOS 67.2, *NBV-P*

**A GRANDE COMISSÃO É SUA INCUMBÊNCIA.**

Você tem uma escolha a fazer: ou se torna um cristão com excelência ou um cristão *relapso*.[1]

Cristãos relapsos buscam principalmente a satisfação pessoal. Eles estão salvos, mas são egoístas. Gostam de comparecer às reuniões de louvor e aos seminários edificantes; no entanto, você jamais os encontrará em uma conferência sobre missões, porque não estão interessados. As orações deles concentram-se nas próprias necessidades e em pedidos de bênçãos e de felicidade. É a fé do "eu primeiro": "Como Deus pode tornar *minha* vida mais confortável?". Eles querem usar Deus para seus propósitos, em vez de *serem* usados por Deus para os propósitos *dele*.

Os cristãos com excelência, em contrapartida, sabem que foram salvos para servir e feitos para uma missão. Eles estão ávidos para receber uma missão pessoal e se entusiasmam com o privilégio de serem usados por Deus. Os cristãos com excelência são as únicas pessoas *totalmente vivas* neste planeta. Sua alegria, confiança e entusiasmo contagiam, porque sabem que são importantes. Acordam a cada manhã na expectativa de que Deus atue por meio deles, de novas maneiras. Que tipo de cristão você quer ser?

Deus nos convida para participar da mais magnífica, ampla, diversificada e importante causa da história — o Reino.

A história da humanidade é a *história de Deus*. Ele está formando sua família para a eternidade. Nada é mais importante nem mais duradouro. No livro de Apocalipse, descobrimos que a missão global de Deus será realizada. Um dia, a Grande Comissão *se tornará* a grande consumação. Nos céus, uma enorme multidão de pessoas "de todas as nações, tribos, povos e línguas"[2] estará um dia diante de Jesus Cristo para adorá-lo. Envolver-nos como cristãos com excelência nos permitirá experimentar um pouco do céu *antecipadamente*.

Quando Jesus ordenou a seus seguidores que fossem "pelo mundo todo e [contassem] a todos as boas-novas",[3] o pequeno grupo de pobres discípulos do Oriente Médio ficou chocado. Eles deveriam ir a pé ou cavalgando naqueles animais vagarosos? Era tudo que tinham para o transporte, e não existiam ainda barcos capazes de atravessar o oceano. Portanto, havia barreiras físicas reais ao cumprimento daquela ordem.

Hoje, temos aviões, barcos, trens, ônibus e automóveis — nosso pequeno mundo encolhe a cada dia. Você pode voar sobre o oceano em questão de *horas* e estar em casa no dia seguinte, se for necessário. As oportunidades que os cristãos comuns têm de se envolver em missões internacionais de curta duração são praticamente ilimitadas. Cada canto do mundo está a seu alcance — pergunte à indústria do turismo! Não temos desculpas para não espalhar o evangelho.

Agora, com a Internet, o mundo está ficando ainda menor. Além dos telefones e dos aparelhos de fax, qualquer cristão com acesso à rede pode se comunicar em tempo real com pessoas de praticamente todos os países do mundo. Todo o planeta está a seu alcance!

Até mesmo os vilarejos mais remotos têm acesso a *e-mail*. Portanto, você pode "evangelizar" pessoas do outro lado do mundo sem nem ao menos sair de casa! Nunca foi tão fácil cumprir a incumbência de ir por todo o mundo. Os maiores obstáculos já não são a distância, o custo ou o transporte, e sim nossa forma de *pensar*. Para ser um cristão com excelência, você deve se dispor a mudar seus conceitos. Sua perspectiva e suas atitudes devem mudar.

## Como pensar como cristão com excelência

**Troque o raciocínio egoísta pelo altruísta.** A Bíblia diz: "Amigos, não pensem mais como crianças. Pensem como gente madura".[4] Esse é o primeiro passo para se tornar um cristão com excelência. Crianças pensam apenas em si mesmas; pessoas maduras pensam nos outros. Deus ordena: "Não pensem somente nos próprios interesses, mas estejam interessados nos outros também".[5]

Nunca foi tão fácil cumprir a incumbência de ir por todo o mundo.

É claro que essa é uma mudança de mentalidade difícil de ser realizada, pois somos naturalmente egocêntricos, e quase toda a publicidade hoje nos incentiva a pensar em nós mesmos. A única forma de alterar esse padrão é nos tornarmos dependentes de Deus a cada momento. Felizmente, ele não nos deixa lutar sozinhos: "Deus nos deu o seu Espírito. Por isso, não pensamos como pensam as outras pessoas deste mundo".[6]

Comece pedindo ao Espírito Santo que o ajude a pensar nas necessidades espirituais dos não cristãos toda vez que for falar com um deles. Com a prática, você poderá desenvolver o hábito de orar silenciosamente, nada além de um sussurro, pela pessoa com quem vai se encontrar. Diga: "Pai, ajuda-me a compreender o que está impedindo essa pessoa de te conhecer".

Seu objetivo é verificar onde os outros se encontram na jornada espiritual, fazendo todo o possível para levá-los a conhecer Cristo. Você aprende a fazer isso adotando o método de Paulo: "Não penso no que seria bom para mim, e sim no que poderia ser bom para muitas pessoas, de modo que possam ser salvas".[7]

**Deixe de raciocinar de forma restrita e raciocine de forma global.** Deus é um Deus global. Ele sempre se preocupou com o mundo inteiro — "Porque Deus tanto amou o mundo [...]".[8] Desde o início, ele desejou reunir em sua família membros de todas as nações que criou. A Bíblia diz: "De um só homem Deus criou todas as nações que vivem na terra, e decidiu quando e onde todas as nações seriam constituídas. Deus fez tudo isso, para que nós o buscássemos e alcançando-o, o encontrássemos".[9] Grande parte do mundo já pensa de forma global. Os maiores conglomerados de comunicação e negócios são multinacionais. Nossa vida e a vida de pessoas em outras nações estão cada vez mais entrelaçadas, à medida que compartilhamos moda, entretenimento, música, esportes e até *fast-food*.

É provável que a maioria das roupas que você está vestindo e grande parte do que você come hoje em dia foram produzidos em outro país. Estamos mais unidos do que percebemos.

Vivemos dias emocionantes. Atualmente, existem mais cristãos que em qualquer outra época. Paulo estava certo: "As mesmas boas-novas que chegaram até vocês estão sendo difundidas pelo mundo. Elas estão transformando vidas em toda parte, assim como transformou a de vocês".[10]

O primeiro passo para pensar de maneira global é orando por países específicos. Cristãos com excelência oram pelo mundo. Consiga um atlas ou um mapa e ore pelas nações, citando o nome delas. A Bíblia diz: "Se você me pedir, eu lhe darei as nações; todos os povos da terra serão seus".[11]

A oração é a ferramenta mais importante em sua missão no mundo. As pessoas podem recusar nosso amor ou rejeitar nossa mensagem, mas não têm defesa contra nossas orações. Como um míssil intercontinental, você pode apontar uma oração para o coração de uma pessoa, quer esteja você a um metro quer a 16 mil quilômetros de distância.

Qual deve ser o alvo de suas orações? A Bíblia diz que devemos orar pedindo oportunidades para testemunhar[12] e coragem para falar.[13] Devemos também interceder pelos que crerão,[14] pedir que a mensagem se espalhe rapidamente[15] e solicitar mais trabalhadores.[16] As orações farão de você um parceiro de muitas outras pessoas ao redor do mundo.

Você também deve orar pelos missionários e por todos os outros cristãos envolvidos na obra do Senhor ao redor do mundo. Paulo disse a seus companheiros de oração: "Vocês também nos ajudam quando oram por nós".[17]

Outra forma de desenvolver o raciocínio global é ler ou assistir ao noticiário com "olhos de quem assumiu a Grande Comissão". Sempre que houver mudanças ou conflitos, esteja certo de que Deus usará tais situações para atrair vidas para si. As pessoas são mais receptivas a Deus quando estão sob tensão ou atravessam um período de mudanças. As rápidas e incessantes mudanças que ocorrem hoje no mundo estão preparando, como nunca antes, as pessoas para ouvir as Boas-Novas.

A melhor maneira de começar a pensar de modo global é participar de algum projeto missionário de curto prazo em outro país! Nada substitui a participação ativa, na vida real, em outra cultura. Pare de estudar e discutir sobre sua missão e comece logo a realizá-la! Desafio você a ir até o fim. Em Atos 1.8, Jesus estabelece um padrão para nosso envolvimento: "'[...] vocês [...] serão minhas testemunhas em Jerusalém, em toda a Judeia e Samaria, e até os confins da terra'".[18] Seus seguidores teriam de alcançar sua comunidade (Jerusalém), seu país (Judeia), outras culturas (Samaria) e outras nações (até os confins da Terra). Observe que nossa comissão é simultânea; não consecutiva. Embora nem todos tenham o dom de missões, *todo* cristão é chamado a participar de uma missão relacionada com os quatro grupos de alguma forma. Você é um cristão nos moldes de Atos 1.8?

Estabeleça uma meta para participar de um projeto missionário direcionado a cada um desses quatro alvos. Insisto em que você poupe dinheiro e faça o que for necessário para participar de uma viagem missionária de curto prazo ao exterior, *o mais rápido possível*. Quase todas as organizações missionárias podem ajudá-lo nisso. Essa experiência aumentará seu amor, ampliará sua visão, aumentará sua fé, aprofundará seu sentimento de compaixão e o encherá de alegria como nunca antes. Pode ser um divisor de águas em sua vida.

**Substitua o pensamento imediatista pela perspectiva eterna.** Para aproveitar ao máximo seu tempo aqui, você deve manter uma perspectiva eterna. Isso evitará dar importância excessiva a questões menores e o ajudará a distinguir entre o urgente e o eterno. Paulo disse: "Assim, fixamos os olhos, não naquilo que se vê, mas no que não se vê, pois o que se vê é transitório, mas o que não se vê é eterno".[19]

Muitas das coisas nas quais empenhamos nossas energias já não significarão mais nada daqui a um ano, quanto mais pela eternidade! Não troque a vida por coisas temporárias, pois Jesus

As pessoas podem
recusar nosso amor
ou rejeitar nossa
mensagem, mas não
têm defesa contra
nossas orações.

adverte: "Todo aquele que põe a mão no arado e olha para trás não está apto para o Reino de Deus".[20] E Paulo alerta: "Sejam econômicos na escolha das muitas coisas que o mundo tenta empurrar para vocês. O mundo, como vocês o conhecem, está se desvanecendo".[21]

O que está se interpondo, com sua conivência, entre você e sua missão? O que o está impedindo de se tornar um cristão com excelência? O que quer que seja, abandone-o. "Afastemos de nós qualquer coisa que nos torne vagarosos ou nos atrase".[22]

Jesus disse: "'[...] acumulem para vocês tesouros nos céus[...]'".[23] Como fazemos isso? Em uma de suas declarações mais incompreendidas, ele disse também: "'[...] Usem a riqueza deste mundo ímpio para ganhar amigos, de forma que, quando ela acabar, estes os recebam nas moradas eternas'".[24] Jesus não quis dizer que você deve "comprar" amigos com dinheiro, mas que deve usar os recursos que Deus deu a você para levá-los a Cristo. Então, eles serão seus amigos por toda a eternidade e vão lhe dar as boas-vindas quando você chegar ao céu! Esse é o melhor investimento financeiro que você pode fazer.

Provavelmente já tenha ouvido alguém dizer: "Você não pode levar isso com você", mas a Bíblia diz que você *pode* passá-lo adiante, investindo em pessoas que estão indo para lá! "Fazendo isso, eles estarão acumulando um tesouro real para si mesmos no céu — este é o único investimento seguro para a eternidade! E estarão levando uma vida cristã frutífera".[25]

**Pare de arranjar desculpas e comece a pensar em formas criativas de cumprir sua incumbência.** Se você estiver decidido a fazer alguma coisa, há sempre um jeito, e existem organizações prontas para auxiliá-lo. Eis algumas desculpas mais comuns:

- "Só sei falar inglês". Isso é, na verdade, uma vantagem em muitos países, nos quais milhões de pessoas querem aprender a falar esse idioma e estão ávidas por praticá-lo.
- "Não tenho nada a oferecer". Sim, você tem. Cada habilidade e experiência em sua formação pode ser utilizada de algum modo.

- "Estou muito velho (ou muito jovem)". A maioria das organizações missionárias tem projetos de curto prazo adequados para cada faixa etária.

Da mesma forma que Deus rejeitou as desculpas de Sara, quando ela disse estar muito velha para que o Senhor a usasse, ele também rejeitou as objeções de Jeremias, quando este alegou ser muito jovem. "'Não diga isso', respondeu o Senhor, 'pois você tem de ir aonde quer que eu o envie e dizer o que quer que eu diga a você. Não tenha medo do povo, pois eu estarei com você e cuidarei de você'".[26]

**"Você não pode levar isso com você", mas a Bíblia diz que você *pode* passá-lo adiante, investindo em pessoas que estão indo para lá!**

Pode ser que você acredite ser necessário um "chamado" especial de Deus e esteja esperando alguma sensação ou uma experiência sobrenatural. O Senhor, porém, já reiterou esse chamado repetidas vezes. Somos *todos* chamados para cumprir os cinco propósitos de Deus para nossa vida: adorar, ter comunhão, tornar-se semelhante a Cristo, servir e sair em missão com Deus pelo mundo. Ele não quer usar apenas *alguns* no meio de seu povo: ele quer usar *todos*. Somos todos chamados para participar de uma *missão* para Deus. Ele quer "que a igreja inteira leve o evangelho integral ao mundo todo".[27]

Muitos cristãos deixaram passar os planos de Deus para a vida deles porque nem ao menos *perguntaram* a ele se os queria servindo como missionários em algum lugar. Seja por medo, seja por ignorância, automaticamente fecharam a mente à possibilidade de servir como missionário residente em outra cultura. Se sua tendência é dizer não, reexamine todos os diferentes meios e possibilidades disponíveis (você vai se surpreender) e ore, perguntando seriamente a Deus o que ele desejará de você nos próximos anos. Milhares de missionários residentes são desesperadamente necessários neste ponto crítico da história, quando há tantas portas escancaradas, como nunca antes.

Se quer ser semelhante a Jesus, deve amar o mundo inteiro. Você não pode se dar por satisfeito apenas com a conversão de sua família e de alguns amigos. Existem mais de seis bilhões de pessoas no mundo, e Jesus quer encontrar *todos* os seus filhos perdidos. Ele disse: "Somente aqueles que põem de lado a sua vida por minha causa e por causa da Boa-Nova é que a salvarão".[28] A Grande Comissão é sua incumbência, e fazer sua parte é o segredo para uma vida que realmente vale a pena.

## *Dia* 38 Pensando sobre meu propósito de vida

**Tema para reflexão:**
A Grande Comissão é minha incumbência.

**Versículo para memorizar:**
"Assim saberemos por onde ele quer que nós andemos. Assim todas as nações conhecerão a sua salvação!". (Salmos 67.2, *NBV-P*)

**Pergunta para meditar:**
Que providências posso tomar a fim de me preparar para a experiência de uma missão de curta duração no próximo ano?

Dia 39

# EQUILIBRANDO SUA VIDA

*Vivam com o devido senso de responsabilidade, não como homens que não conhecem o significado da vida, mas como aqueles que o conhecem.*

EFÉSIOS 5.15, *CH*

*Não permitam que os erros dos maus conduzam vocês pelo caminho errado e façam vocês perderem o equilíbrio.*

2 PEDRO 3.17, *CEV*

**BEM-AVENTURADOS OS QUE VIVEM EM HARMONIA, POIS SOBREVIVERÃO A TODOS.**

Uma das competições das Olimpíadas de verão é o pentatlo, composto de cinco modalidades: tiro, esgrima, equitação, corrida e natação. O objetivo do pentatleta é vencer todas as cinco provas, não apenas uma ou duas.

Sua vida também é um pentatlo, com cinco propósitos que devem ser mantidos na mesma proporção. Esses propósitos foram praticados pelos primeiros cristãos em Atos 2, explicados por Paulo em Efésios 4 e exemplificados por Jesus em João 17, mas estão resumidos no grande mandamento e na Grande Comissão de Jesus. Essas duas declarações resumem todo este livro — os cinco propósitos de Deus para sua vida:

1. **"Ame a Deus de todo o coração":** Você foi formado para o prazer de Deus; portanto, seu propósito é amar a Deus por meio da *adoração*.
2. **"Ame o próximo como a si mesmo":** Você foi formado para servir; portanto, seu propósito é demonstrar amor a outras pessoas por meio do *ministério*.
3. **"Vá e faça discípulos":** Você foi formado para uma missão; portanto, seu propósito é compartilhar a mensagem de Deus por meio do *evangelismo*.
4. **"Batize-os...":** Você foi formado para fazer parte da família de Deus: portanto, seu propósito é se identificar com a igreja do Pai por meio da *comunhão*.
5. **"Ensine-lhes todas as coisas...":** Você foi formado para se tornar semelhante a Cristo; portanto, seu propósito é amadurecer por meio do *discipulado*.

Um compromisso sério com o grande mandamento e com a Grande Comissão fará de você um grande cristão.

Manter os cinco propósitos em igualdade não é nada fácil. Todos tendemos a exagerar nos propósitos que nos despertam maior paixão e a negligenciar os demais. As igrejas fazem a mesma coisa. Mas você pode manter sua vida equilibrada e estável, juntando-se a um grupo em que haja incentivo mútuo à responsabilidade, de modo que você possa avaliar regularmente sua saúde espiritual, registrar seu progresso em um diário pessoal e transmitir o que aprendeu a outros. Essas quatro atividades são importantes para que a vida seja dirigida por propósitos. Se você deseja seriamente se manter no caminho certo, precisará desenvolver esses hábitos.

**Um compromisso sério com o grande mandamento e com a Grande Comissão fará de você um grande cristão.**

**Converse sobre o assunto com um companheiro espiritual ou no grupo.** A melhor maneira de *assimilar* as ideias deste livro é discuti-las com outras pessoas no ambiente de um grupo da igreja. A Bíblia diz: "Como o ferro torna cortante o ferro, de igual modo as pessoas podem aperfeiçoar umas às outras".[1] Aprendemos melhor em comunidade. Nossa mente fica mais aguçada e nossas convicções mais profundas por meio da conversação.

Insisto em que você reúna um pequeno grupo de amigos e forme um grupo de leitura de *Uma vida com propósitos*, a fim de rever os capítulos semanalmente. Vocês devem discutir as implicações e as aplicações de cada capítulo. Perguntem-se: "E daí?"; "E agora?"; "O que isso significa para mim, para minha família e para nossa igreja?"; "O que vou fazer a respeito disso?". Paulo disse: "Ponham em prática o que vocês receberam e aprenderam".[2]

Um pequeno grupo de leitura proporciona muitos benefícios, que não podem ser alcançados somente por um livro. Vocês podem comentar o que estão aprendendo e discutir exemplos da vida real. Podem orar, incentivar e apoiar uns aos outros à medida que começarem a viver esses propósitos. Lembrem-se de que fomos feitos para crescer juntos; não separadamente. A Bíblia diz: "Encorajem uns aos outros e fortaleçam uns aos outros".[3]

Incentivo-o também a estudar a Bíblia individualmente. Registrei, como notas no fim do livro, mais de mil passagens da

Bíblia, utilizadas neste livro, para que você possa estudá-las em seu contexto. Leia, por gentileza, o "Apêndice 1", que explica o uso de paráfrases e diferentes traduções. Visando manter cada capítulo adequado à leitura diária, tornou-se impossível explicar o fascinante contexto da maioria dos versículos utilizados. Entretanto, a Bíblia foi feita para ser estudada por parágrafos, por capítulos e até mesmo por livros inteiros. O meu livro *12 maneiras de estudar a Bíblia sozinho*[4] pode ajudá-lo no estudo indutivo.

**Faça um autoexame espiritual periódico.** A melhor forma de *harmonizar* os cinco propósitos em sua vida é por meio de uma autoavaliação periódica. Deus dá grande valor a esse hábito. Somos orientados pelo menos cinco vezes nas Escrituras a verificar e a examinar nossa saúde espiritual.[5] A Bíblia diz: "Testem-se para saber se estão firmes na fé. Não se enganem, pensando que tudo está garantido. Criem o hábito do autoexame. Vocês precisam de evidências de primeira mão, não apenas de ouvir dizer que Jesus Cristo está em vocês. Façam o teste. Se o resultado não for bom, tomem alguma providência".[6]

Com o objetivo de manter a saúde física, você precisa ir regularmente ao médico, para verificação dos sinais vitais — pressão sanguínea, temperatura, peso, e assim por diante. Para sua saúde espiritual, você precisa examinar regularmente os cinco sinais vitais da adoração, da comunhão, do crescimento do caráter, do ministério e da missão. Jeremias aconselha: "Vamos analisar a forma como vivemos e reorganizar a vida conforme a direção do Eterno".[7]

Na Igreja Saddleback, desenvolvemos uma ferramenta simples de avaliação pessoal que tem auxiliado milhares de pessoas a permanecer no propósito de Deus. Você ficará surpreso ao ver como essa pequena ferramenta o ajudará a alcançar o equilíbrio para uma vida saudável e de crescimento. Paulo disse: "E já que começaram a agir de modo tão entusiasta, vocês devem prosseguir até o fim com a mesma alegria".[8]

**Anote seu progresso em um diário.** A melhor forma de *consolidar* o progresso no cumprimento dos propósitos de Deus para sua vida é mantendo um diário espiritual. Não se trata de um registro dos acontecimentos, mas das lições de vida das quais você não gostaria de se esquecer. A Bíblia diz: "É fundamental que nos apeguemos com firmeza ao que ouvimos, para que não nos desviemos".[9] Podemos nos lembrar do que registramos.

Escrever ajuda a esclarecer o que Deus está fazendo em sua vida. Dawson Trotman costumava dizer: "Os pensamentos se desembaraçam quando nos passam pelos dedos". A Bíblia registra várias ocasiões em que Deus ordena a alguém a manutenção de um diário espiritual. Por exemplo: "Conforme a orientação do Senhor, Moisés manteve um registro da progressão deles".[10] Não lhe deixa contente o fato de Moisés ter obedecido à orientação de Deus de registrar a jornada espiritual de Israel? Se ele fosse preguiçoso, seríamos privados das poderosas lições de vida do Êxodo.

Embora seja improvável que seu diário espiritual venha a ser tão amplamente conhecido quanto o de Moisés, ele ainda é importante. Na NVI, lemos: "Moisés registrou as etapas da jornada deles". Sua vida é uma jornada, e uma jornada merece um diário. Espero que você, tendo uma vida dirigida por propósitos, escreva sobre as fases de sua jornada espiritual.

Não anote apenas o que for agradável. A exemplo de Davi, registre suas dúvidas, seus temores e suas lutas com Deus. As maiores lições vêm do sofrimento, e a Bíblia diz que Deus mantém um registro de nossas lágrimas.[11] Sempre que ocorrer problemas, lembre-se de que Deus os utiliza para cumprir *todos os cinco* propósitos em sua vida. Os problemas vão forçá-lo a se voltar para Deus e o farão buscar uma comunhão mais íntima com os outros, construir um caráter semelhante ao de Cristo e exercer um ministério. Também vão gerar um novo testemunho. Todo problema é dirigido por propósitos.

Bem no meio de uma experiência dolorosa, o salmista escreveu: "Que isso fique escrito para que os nossos descendentes saibam o que o Senhor Deus fez e para que o louvem aqueles que ainda vão nascer!".[12] Você deve às futuras gerações a preservação do relato de como Deus o ajudou a cumprir os propósitos dele

**Você deve às
futuras gerações
a preservação do
relato de como Deus
o ajudou a cumprir
os propósitos dele
neste mundo.**

neste mundo. Trata-se de um testemunho que continuará a ser dado muito tempo depois que você estiver no céu.

**Transmita aos outros aquilo que você sabe.** Se você quer continuar crescendo, a melhor forma de aprender mais é transmitir o que já aprendeu. "Quem abençoa os outros é muito abençoado; quem ajuda os outros também recebe ajuda".[13] Quem passa adiante suas impressões obtém ainda mais de Deus.

Agora que você compreende o propósito da vida, é sua responsabilidade levar adiante essa mensagem. Deus o está convocando para ser seu mensageiro, como lembra Paulo: "Agora, quero que você diga essas mesmas coisas a seguidores que possam ser designados para transmitir isso aos outros".[14] Neste livro, passei a você o que aprendi com outras pessoas sobre o propósito da vida. Agora chegou sua vez de transmitir esses conhecimentos.

Você provavelmente conhece centenas de pessoas que não sabem qual é o propósito da vida. Compartilhe essas verdades com seus filhos, amigos, vizinhos e colegas de trabalho. Se você der este livro a um amigo, acrescente uma mensagem pessoal na página da dedicatória.

Quanto mais você sabe, mais Deus espera que você use tal conhecimento para ajudar os outros. Tiago disse: "Qualquer um que sabe o que é certo a fazer e não o faz está pecando".[15] O conhecimento aumenta a responsabilidade. Transmitir o propósito da vida, porém, é mais que uma obrigação: é um dos grandes privilégios de nossa existência. Imagine como o mundo seria diferente se todos conhecessem seu propósito. Paulo disse: "Se você ensinar essas coisas aos outros seguidores, será um bom servo de Cristo Jesus".[16]

## Tudo é feito para a glória de Deus

O motivo que nos leva a transmitir o que aprendemos é que tudo será para a glória de Deus e para o crescimento do Reino. Na noite anterior à crucificação, Jesus disse ao Pai: "'Eu te glorifiquei na terra, completando a obra que me deste para fazer'".[17] Quando Jesus orou com essas palavras, ainda não tinha morrido por nossos pecados; então, que "obra" ele havia completado?

Nesse caso, ele estava se referindo a algo distinto da expiação. A resposta está no que ele diz nos 20 versículos seguintes de sua oração.[18]

Jesus disse ao Pai o que havia feito nos últimos três anos: a preparação dos discípulos para viver conforme os propósitos de Deus. Ele os havia ajudado a conhecer e amar a Deus (adoração) e a amar uns aos outros (comunhão), deu-lhes a Palavra para que amadurecessem (discipulado), mostrou-lhes como servir (ministério) e enviou-os a pregar o evangelho (missão). Jesus é o exemplo de uma vida dirigida por propósitos e também ensinou os outros como vivê-la. Essa foi a "obra" que glorificou a Deus.

Deus hoje chama cada um de nós para realizar a mesma obra. Ele não quer apenas que vivamos seus propósitos, mas que ajudemos outras pessoas a fazer o mesmo. Deus quer que apresentemos Cristo às pessoas, trazendo-as para a comunhão, ajudando-as a amadurecer e a descobrir como servir, e em seguida que as enviemos para alcançar outras pessoas também.

É disso que se trata uma vida dirigida por propósitos. Independentemente de sua idade, o restante de sua vida pode ser a melhor parte dela, e você pode hoje mesmo começar a viver com propósitos.

## Dia 39 — Pensando sobre meu propósito de vida

**Tema para reflexão:**
Bem-aventurados os que vivem em harmonia.

**Versículo para memorizar:**
"Vivam com o devido senso de responsabilidade, não como homens que não conhecem o significado da vida, mas como aqueles que o conhecem". (Efésios 5.15, *CH*)

**Pergunta para meditar:**
Qual das quatro atividades vou iniciar para permanecer no caminho e harmonizar os cinco propósitos de Deus para mim?

Dia 40

# VIVENDO COM PROPÓSITOS

*Muitos são os planos no coração do homem,*
*mas o que prevalece é o propósito do Senhor.*

PROVÉRBIOS 19.21, *NVI*

*Davi* [...] *serviu aos propósitos de Deus*
*em sua geração.*

ATOS 13.36, *NASB*

**VIVER COM PROPÓSITOS É A ÚNICA MANEIRA DE VIVER DE VERDADE.**

O restante é apenas existir.

A maioria das pessoas luta com as três questões básicas da vida.A primeira é a *identidade*: "Quem sou eu?". A segunda é a *importância*: "Tenho algum valor?". A terceira é o *impacto*: "Qual é o meu lugar na vida?". As respostas a todas as três perguntas são encontradas nos cinco propósitos que Deus tem para você.

No cenáculo, no último dia de seu ministério com os discípulos, Jesus lavou os pés deles, para dar o exemplo, e disse: "'Agora que vocês sabem estas coisas, felizes serão se as praticarem'".[1] Depois de saber o que Deus quer que você faça, a bênção igualmente chegará quando você puser em prática o que aprendeu. Ao fim de nossa jornada de 40 dias, você agora conhece o propósito de Deus para sua vida e será abençoado se o *praticar*.

Isso provavelmente quer dizer que você deverá parar de fazer outras coisas. Existem muitas coisas "boas" que você pode fazer com sua vida, mas os propósitos de Deus são as cinco fundamentais, e você *precisa* fazê-las. Infelizmente, é fácil se distrair e se esquecer do mais importante. É fácil se desviar do que realmente importa e lentamente abandonar o caminho. Para evitar que isso aconteça, faça uma declaração de propósitos para a vida e examine-a regularmente.

### O que é uma declaração de propósitos para a vida?

**É uma declaração que resume os propósitos de Deus para sua vida.** Você afirma com as próprias palavras seu compromisso com os cinco propósitos de Deus para sua vida. Uma declaração de propósitos *não* é uma lista de objetivos. Os objetivos são temporários; os propósitos são eternos. A Bíblia diz: "O que o Senhor planeja dura para sempre, as suas decisões permanecem eternamente".[2]

**É uma declaração que aponta o rumo de sua vida.** Colocar seus propósitos no papel vai forçá-lo a pensar especificamente no caminho que sua vida deve seguir. A Bíblia diz: "Saiba para onde você está indo, e estará em terreno firme".[3] A declaração de propósitos para a vida não apenas especifica o que você pretende fazer com o tempo, com a vida e com o dinheiro, como também sugere o que você *não* irá fazer. "Quem tem juízo procura a sabedoria, mas o tolo não sabe o que quer."[4]

**É uma declaração que define o que é "sucesso" para você.** Ela afirma o que você, não o mundo, acredita ser importante. Ela esclarece seus valores. Paulo disse aos crentes de Filipos: "Quero que vocês compreendam o que realmente importa".[5]

**É uma declaração que esclarece o papel que você irá desempenhar.** Você terá diferentes funções em diferentes etapas na vida, mas seus propósitos jamais serão alterados. Eles são maiores que qualquer função que você possa ter.

**É uma declaração que expressa sua FORMA.** Ela reflete a maneira singular na qual Deus o criou para que você sirva a ele. Leve o tempo que for necessário para escrever sua declaração de propósitos. Não tente completá-la de uma só vez, e não adianta tentar atingir a perfeição no primeiro rascunho. Apenas anote rapidamente os pensamentos conforme lhe ocorrerem. É sempre mais fácil editar que criar. Apresento a seguir cinco questões que devem ser consideradas na fase de preparação.

## As cinco grandes questões da vida

**O que será o centro de minha vida?** Essa é a questão da *adoração*. Para quem você viverá? Em torno do que você construirá sua vida? Você pode edificar sua vida em torno da carreira, da família, de um esporte ou de um passatempo, do dinheiro, da diversão ou de muitas outras atividades. Todas essas coisas são boas, mas não fazem parte do que é principal na vida. Nenhuma delas é suficientemente forte para mantê-lo a salvo quando a vida começar a desmoronar. Você precisa de um centro inabalável.

O rei Asa ordenou ao povo de Judá que "buscassem ao Eterno".[6] Na verdade, o que quer que esteja no centro de nossa vida, isso será o nosso deus. Quando você entregou a vida a Cristo, ele veio para o centro dela, mas você precisa mantê-lo lá, por meio da adoração. Paulo diz: "Oro para que Cristo se torne mais e mais presente no coração de vocês".[7]

**Quando Deus está no centro de sua vida, você o adora. Quando não está, você fica preocupado.**

Como saber quando Deus está no centro de sua vida? Quando Deus está no centro de sua vida, você o adora. Quando não está, você fica preocupado. A preocupação é a luz de advertência que indica que Deus foi deixado de lado. Você voltará a ter paz no instante em que o puser de volta no centro. A Bíblia diz: "[...] a compreensão da integridade de Deus, que só contribui para o bem, virá e os acalmará. É maravilhoso o que acontece quando Cristo retira a preocupação do centro da vida humana".[8]

**Qual será a marca distintiva de minha vida?** Essa é a questão do *discipulado*. Que tipo de pessoa você será? Deus está muito mais interessado em quem você *é* do que no que você *faz*. Lembre-se: você levará seu caráter para a eternidade, mas não sua carreira. Faça uma lista das características que você quer trabalhar e desenvolver em sua vida. Você deve começar com o fruto do Espírito Santo[9] ou com as bem-aventuranças.[10]

Pedro disse: "Portanto, não percam tempo em edificar sobre o que receberam, preenchendo a base da fé com bom caráter, entendimento espiritual, disciplina vigilante, paciência entusiasmada, admiração reverente, amizade calorosa e amor generoso, cada dimensão interagindo com as demais".[11] Não desanime, nem desista quando tropeçar. É necessária toda uma vida para construir um caráter semelhante ao de Cristo. Paulo deu este conselho a Timóteo: "Cuide muito bem de seu caráter e de seu ensino. Não se deixe distrair. Simplesmente persista".[12]

**Qual será a contribuição de minha vida?** Essa é a questão do *serviço*. Qual será seu ministério no corpo de Cristo? Conhecendo sua combinação — formação espiritual, opções do coração, recursos pessoais, modo de ser e áreas de experiência (FORMA) —, que papel lhe seria mais adequado na família de Deus? Como você poderia fazer diferença? Existe algum grupo específico no corpo de Cristo no qual possa servir com sua formação? Paulo destaca dois benefícios maravilhosos no cumprimento do ministério: "Isso que vocês fazem não somente ajuda o povo de Deus que está necessitado, mas também faz com que eles façam muitas orações de gratidão a Deus".[13]

Embora você tenha sido formado para servir a outras pessoas, nem mesmo Jesus satisfez as necessidades de *todos* enquanto esteve entre os homens. Você deve escolher a quem possa ajudar melhor com base em sua vocação. Você precisa perguntar: "A quem desejo mais ajudar?". Jesus disse: "Eu que vos escolhi e vos designei para irdes e produzirdes fruto e para que o vosso fruto permaneça".[14] Cada um de nós gera diferentes frutos.

**Qual será a mensagem de minha vida?** Essa é a questão de sua *missão* com os não cristãos. Sua *declaração de missão* faz parte de sua declaração de propósitos. Ela deve incluir o compromisso de compartilhar seu testemunho e as Boas-Novas com as outras pessoas. Você também deve fazer uma relação das lições de vida que aprendeu, bem como das coisas que Deus lhe concedeu compartilhar apaixonadamente com o mundo. Conforme for crescendo em Cristo, Deus poderá lhe designar um grupo especial ao qual você deverá se dedicar para levar a Cristo. Não deixe de pôr isso em sua declaração.

Se você for mãe ou pai, parte de sua missão é educar os filhos para que conheçam Cristo, ajudá-los a compreender os propósitos de Deus na vida deles e enviá-los ao mundo na missão que Deus lhes reservou. Você pode incluir em sua declaração a declaração de Josué: "[...] eu e a minha família serviremos ao Senhor".[15]

É óbvio que nossa vida deve sustentar e confirmar a mensagem que transmitimos. Antes de grande parte dos não cristãos aceitar a credibilidade da Bíblia, eles querem saber se *nós* temos credibilidade. É por isso que a Bíblia diz: "Certifique-se de que vocês estão vivendo de forma que honre as boas-novas de Cristo".[16]

**Qual será a comunidade da minha vida?** Essa é a questão de sua *comunhão*. Como você vai demonstrar seu compromisso com os outros irmãos e sua ligação com a família de Deus? Onde você irá praticar com outros cristãos os mandamentos recíprocos, do tipo "uns aos outros"? A que igreja local você irá se filiar como membro ativo? Quanto mais você amadurecer, mais amará o corpo de Cristo e desejará se sacrificar por ele. A Bíblia diz: "Cristo amou a igreja e deu a sua vida por ela".[17] Você deve incluir em sua declaração uma nota expressando seu amor pela igreja de Deus.

Ao considerar a resposta a essas questões, inclua uma passagem das Escrituras que lhe fale ao coração sobre esses propósitos. Existem muitas neste livro. Pode levar semanas ou meses para que sua declaração de propósitos chegue à forma definitiva. Ore a respeito dela, converse com amigos íntimos e medite nela e na Bíblia. Talvez sejam necessárias várias redações até chegar ao texto final. Mesmo assim, você provavelmente fará pequenas alterações com o passar do tempo à medida que Deus lhe proporcionar maior discernimento sobre sua vocação.

Além de uma declaração de propósitos detalhada, também será de grande auxílio uma breve afirmação ou *slogan* que resuma os cinco propósitos para sua vida — algo fácil de memorizar e que inspire você. Dessa forma, você poderá recordá-los diariamente. Salomão aconselha: "Será bom manter todas essas coisas em mente, e então você estará sempre pronto para repeti-las".[18] Eis alguns exemplos:

- "Meu propósito de vida é adorar a Cristo de todo o meu coração, servir-lhe com minha FORMA, ter comunhão com sua família, desenvolver um caráter como o dele e cumprir minha missão no mundo para que ele seja glorificado."
- "Meu propósito de vida é ser membro da família de Cristo, um exemplo de seu caráter, um ministro de sua graça, um mensageiro de sua Palavra e um exaltador de sua glória."

**Antes de grande parte dos não cristãos aceitar a credibilidade da Bíblia, eles querem saber se *nós* temos credibilidade.**

- "Meu propósito de vida é amar a Cristo, crescer em Cristo, compartilhar Cristo e servir a Cristo por meio da igreja e levar minha família e os outros a fazer o mesmo."
- "Meu propósito de vida é firmar um compromisso com o grande mandamento e com a Grande Comissão."
- "Meu objetivo é tornar-me semelhante a Cristo; minha família é a igreja; meu ministério é ________________; minha missão é ________________; meu motivo é a glória de Deus."

Você talvez se pergunte: "E quanto à vontade de Deus para meu emprego, meu casamento? Onde vou viver? Devo fazer faculdade?". Falando com franqueza, essas questões são secundárias, e é muito provável que *todas* estejam de acordo com a vontade de Deus para sua vida. O que mais importa é cumprir os propósitos eternos do Senhor, a despeito de onde você viva ou trabalhe ou de com quem venha a se casar. Essas decisões devem apoiar seus propósitos. A Bíblia diz: "Muitos são os planos no coração do homem, mas o que prevalece é o propósito do Senhor".[19] Concentre-se nos propósitos de Deus para sua vida — não em seus planos —, uma vez que são aqueles que durarão para sempre.

Certa vez, alguém sugeriu que a declaração de propósitos se fundamentasse no que você gostaria que as outras pessoas dissessem sobre você em seu funeral. Imagine o elogio perfeito, e então construa a declaração com base nele. Francamente, é uma péssima ideia. No final da vida, não terá nenhuma importância o que disserem a seu respeito. Só importará *o que Deus disser*. A Bíblia diz: "Nosso propósito é agradar a Deus, não às pessoas".[20]

Um dia, Deus irá analisar nossas respostas a estas questões da vida: Você pôs Jesus no centro de sua vida? Você desenvolveu seu caráter? Você dedicou sua vida a servir aos outros? Você comunicou a mensagem do Senhor e cumpriu a missão que ele lhe deu? Você amou e fez parte da família de Deus? Essas serão as únicas questões relevantes, como disse Paulo: "Nosso objetivo é estar à altura do plano de Deus para nós".[21]

**Deus quer usar você**

Há cerca de trinta anos, uma pequena frase em Atos 13.36 alterou para sempre o rumo de minha vida. Eram poucas palavras, mas pareciam marcadas com um ferro em brasa, palavras que deixariam uma impressão indelével em minha vida: "Davi [...] serviu aos propósitos de Deus em sua geração".[22] Só então compreendi por que Deus chamou Davi "homem segundo o meu coração".[23] Davi dedicou a vida a cumprir os propósitos de Deus na Terra.

**Você pode começar a viver com propósitos ainda hoje.**

Não existe maior epitáfio que essa declaração! Imagine isso esculpido em *sua* lápide, que *você* serviu aos propósitos de Deus em sua geração. Oro para que as pessoas possam dizer isso sobre mim quando eu morrer. Também oro para que possam dizer o mesmo de você. Por isso escrevi este livro para você. Essa frase é a descrição definitiva de uma vida bem vivida. Você faz o que é eterno e atemporal (o propósito de Deus), à maneira contemporânea e atual (em sua geração). *Uma vida com propósitos* trata exatamente disso. Nem as gerações passadas nem as futuras podem servir ao Senhor nesta geração. Somente nós podemos. Assim como Ester, Deus criou você "para um momento como este".[24]

O Pai ainda procura pessoas que possam ser usadas: A Bíblia diz: "Os olhos do Senhor percorrem toda a terra a fim de fortalecer aqueles cujo coração esteja completamente comprometido com ele".[25] Seria você uma pessoa que o Senhor poderia usar para os propósitos dele? Você serviria aos propósitos de Deus em *sua* geração?

Paulo teve uma vida dirigida por propósitos. Ele disse: "Corro direto para o alvo, com um propósito a cada passo".[26] Seu único motivo para viver era cumprir os propósitos que Deus tinha para ele. Ele disse: "Porque para mim o viver é Cristo e o morrer é lucro".[27] Paulo não tinha medo de viver nem de morrer. De um modo ou de outro, ele cumpriria os propósitos de Deus. Ele não podia perder!

Um dia, a história será encerrada, mas a eternidade seguirá para sempre. William Carey disse: "O futuro é tão promissor quanto as promessas de Deus". Quando parecer difícil cumprir seus propósitos, não ceda ao desânimo. Lembre-se de sua recompensa, que durará para sempre. A Bíblia diz: "Pois os nossos sofrimentos leves e momentâneos estão produzindo para nós uma glória eterna que pesa mais do que todos eles".[28]

Imagine como será neste dia, quando todos apresentarmos nossa vida perante o trono de Deus, louvando a Cristo com profunda gratidão. Juntos, diremos: "Digno, ó Senhor! Sim, nosso Deus! Receba a glória! A honra! O poder! Tu criaste todas as coisas. Tudo foi criado por tua vontade".[29] Nós o louvaremos por seus planos e viveremos para os propósitos dele — eternamente!

## Dia 40 — Pensando sobre meu propósito de vida

**Tema para reflexão:**
Viver com propósitos é a única maneira de viver *de verdade.*

**Versículo para memorizar:**
"Davi [...] serviu aos propósitos de Deus em sua geração".
(Atos 13.36, *NASB*)

**Pergunta para meditar:**
Quando dedicarei um tempo para escrever minhas
respostas às cinco grandes questões da vida?
Quando colocarei meu propósito no papel?

Dia 41

# A ARMADILHA DA INVEJA

*O coração em paz dá vida ao corpo,*
*mas a inveja apodrece os ossos.*

PROVÉRBIOS 14.30, *NVI*

*Fiquei chocado! Descobri que tudo que se faz*
*é motivado por ambição e inveja. Que loucura!*
*É tudo inútil — é nadar contra a maré.*

ECLESIASTES 4.4, *AM*

**VOCÊ NÃO PODE CUMPRIR O PROPÓSITO DE DEUS PARA A VIDA SE INVEJA A VIDA DE OUTRA PESSOA.**

Embora Deus tenha criado cada um de nós com os mesmos cinco propósitos eternos, *o modo pelo qual cumprimos esses propósitos* — tempo, lugar, planejamento e estilo — *é totalmente distinto.* Deus nunca cria clones, nunca repete o que já fez e nunca duplica um plano de vida. Deus cria apenas obras-primas originais. Como vimos nos dias 30 e 31, Deus o *moldou* distintamente para uma vida diferente de todas as outras. Somente você pode ser você mesmo. Apenas você pode viver a vida que Deus designou para você. Também é verdade que você não pode viver uma vida que Deus designou para outra pessoa. Tentar ser o que não foi criado para ser sempre leva à frustração, ao cansaço e ao fracasso.

Como seres humanos, interessamo-nos naturalmente pela vida dos outros; isso faz parte de nossa constituição. Somos fascinados pela aparência deles, seu modo de agir, falar e viver. Observamos o que vestem, o que fazem e o que possuem. Não há nada de errado nisso, principalmente se você consegue apreciar a variedade ilimitada de pessoas que Deus decidiu criar em vez de fazê-las todas exatamente iguais. Isso só se torna um problema quando nos ressentimos de como Deus fez os outros, rejeitamos como ele nos fez e começamos a invejar o que os outros têm. A inveja é uma armadilha. No mundo de hoje, em que a tecnologia nos permite ver como todos os outros vivem, a inveja pode ser o fator mais comum para que as pessoas percam o plano especial de Deus para a vida. A inveja é um pecado global. Testemunhei-a em todas as faixas etárias, em todos os grupos econômicos, em todos os grupos étnicos e em todos os lugares do mundo por onde viajei.

"Por que *ela* pode viver *naquela* casa?"; "Por que *ele* conseguiu aquele emprego?"; "Por que eu não posso ser tão atraente, tão rico, tão inteligente, tão famoso?" A inveja tira seu foco daquilo que Deus quer fazer em sua vida e coloca-o em tudo o que você não tem. Todas as vezes que sente inveja, você desvia os olhos daquilo que foi criado por Deus para fazer. Você se desvia do plano sob medida de Deus para sua vida. A inveja faz sua vida andar em roda e sempre leva a um beco sem saída. A inveja cobra um alto preço emocional sem dar nada em troca. Você se desvia do propósito e perde a alegria ao mesmo tempo.

A pior parte da inveja é que ela é um insulto a Deus! Todas as vezes que você deseja ser outra pessoa, deseja ter o que outros têm ou fazer o que eles fazem, está dizendo: "Deus, você cometeu um grande erro comigo! Você poderia ter-me feito melhor. Você poderia ter-me criado como *aquela* pessoa, mas você não o fez!".

"Por que você fez isso comigo? Se eu fosse Deus, teria me criado mais parecido com aquela pessoa!"

Na verdade, a inveja é uma forma de rebelião espiritual baseada na ignorância e na arrogância. Ela presume que meu plano para minha vida é melhor do que o do Criador! Será? A Bíblia chama nossa atenção para quão insolente é essa atitude: "Mas quem é você, ó homem, para questionar a Deus? Acaso aquilo que é formado pode dizer ao que o formou: Por que me fizeste assim?".[1]

A inveja é uma atitude tão destrutiva que Deus a proscreveu nos Dez Mandamentos. O último mandamento diz: "*Não cobiçarás* [...]"![2]

## Os quatro efeitos prejudiciais da inveja

**A inveja rejeita sua singularidade.** Assim como nenhum floco de neve é igual a outro, também não há dois seres humanos iguais. Nem mesmo gêmeos idênticos são completamente iguais! Como já mencionei neste livro, você possui uma impressão digital única, e sua córnea, seu tom de voz, sua pegada e a batida do seu coração são únicos. Nunca houve nem haverá alguém igual a você. A Bíblia diz que *"Somos uma obra-prima de Deus"*.[3] Quando invejamos os outros, porém, não conseguimos ver o incrível valor de nossa própria singularidade. A inveja bloqueia a visão que temos de nós mesmos.

Um dia, quando você estiver diante de Deus, ele não irá dizer: "Por que você não foi mais parecido com seus pais, seu vizinho ou com alguma celebridade?". É mais provável que Deus diga: "Por que você não foi mais como eu pretendia que *você* fosse?".

**A inveja divide sua atenção.** Você não pode concentrar-se totalmente em ser o que Deus quer que seja e invejar outras pessoas ao mesmo tempo. Jesus disse: "Todo aquele que permite que sua atenção se desvie da obra que planejei para ele, não está apto para o Reino de Deus".[4] Se você está sempre preocupado em observar o que os outros estão fazendo, ou desejando ter o que eles possuem, deixa de ver o que Deus está fazendo em sua própria vida.

**A inveja faz que você perca tempo e energia.** Salomão observou que a inveja é o motivo pelo qual a maioria das pessoas trabalha em excesso! "Também descobri por que as pessoas trabalham tão duro para conseguir as coisas: é porque invejam as coisas de seu vizinho. Mas isso é inútil. É como correr atrás do vento".[5] O resultado é que "[...] estão sempre trabalhando, sem nunca se satisfazer com a riqueza que possuem. Para que trabalham tão duro, negando-se qualquer prazer? Isso também é inútil — é uma vida muito infeliz".[6]

A inveja é inimiga da satisfação. A inveja diz: "Sempre preciso ter *mais*: mais dinheiro, mais posses, mais poder, mais prestígio, prazer e popularidade". Muitas pessoas trabalham até a exaustão tentando igualar-se, ou superar, àqueles de quem sentem inveja. A Bíblia diz que essa atitude é tolice: "Não se esgote tentando ficar rico; seja sábio o suficiente para controlar-se!".[7]

**A inveja leva a outros pecados.** A inveja é um dos assim chamados "sete pecados capitais". Esses sete pecados são a raiz de onde crescem muitos outros pecados. A Bíblia diz: *"Pois onde há inveja e ambição egoísta, aí há confusão e toda espécie de males"*.[8]

Veja que a inveja causa "confusão". Sempre que a inveja aparece, ela gera desarmonia, competição, conflito e confusão. Todas as vezes que um relacionamento parece "fora de ordem", você deve verificar se a possível causa não é inveja ou ambição egoísta.

Tiago 3.16 também diz que a inveja é a fonte de "toda espécie de males". A inveja pode fazer uma pessoa mentir? Sim. Pode levar uma pessoa a roubar? Sim. Assassinar? É claro. Assassinatos motivados por inveja estão em todos os jornais, e a Bíblia está cheia de exemplos de crimes motivados pela inveja: Caim matou seu irmão Abel porque tinha inveja dele. Os irmãos de José o venderam como escravo por inveja. Saul tentou matar Davi diversas vezes por invejar sua popularidade. A Bíblia afirma claramente que os líderes religiosos condenaram Jesus à morte porque o invejavam profundamente![9]

**A inveja contamina seu interior e afeta tudo ao redor.**

A inveja contamina seu interior e afeta tudo ao redor. Então, como podemos erradicar a inveja de nossa vida? A Bíblia nos mostra o caminho.

## Passos para erradicar a inveja

**Pare de se comparar com os outros!** Este é o ponto de partida. Comparar-se é a raiz de toda inveja. Infelizmente, desde o momento em que cada um de nós começou a caminhar, também começamos a nos comparar. Lembra-se de todas as vezes que reclamou que seu irmão ou sua irmã ganhou mais sorvete do que você? Nós crescemos comparando tudo: aparência, notas na escola, habilidade esportiva e outros talentos. Quando adultos, comparamos roupas, carros (ou a falta de um), casas, salários e milhares de outras coisas. Mas Deus diz que muita comparação é tolice. A Bíblia diz: *"Quando eles se medem e se comparam consigo mesmos, mostram como são tolos"*.[10]

Por que é tolice nos compararmos com os outros? Porque você é *incomparável!* Assim como todas as outras pessoas, Deus fez cada um de nós "único". Além disso, a comparação leva a uma das duas reações negativas: orgulho ou inveja. Você sempre encontrará alguém a quem considera pior do que você e ficará orgulhoso. Por outro lado, você sempre encontrará pessoas que parecem estar melhor do que você e ficará com inveja e desanimado. O que importa não é quem está melhor, mas sim se você está fazendo o que Deus o criou para fazer. Você está aproveitando ao máximo o que recebeu?

Deus não o julga por talentos que não possui nem por oportunidades que não teve. Ele avalia sua fidelidade pela forma segundo a qual viveu e pelo que fez com o que recebeu.

Lembre-se: Deus não o chamou para ser o melhor *do mundo* em coisa alguma! Ele o chamou para ser *o melhor que pode ser*, de acordo com sua formação, suas experiências, suas oportunidades e suas habilidades. Portanto... decida-se agora mesmo que vai quebrar o hábito de se comparar com os outros. Vai demorar um pouco, mas você pode treinar a si mesmo para focar outra coisa sempre que for tentado a fazer comparações. Apenas diga a si mesmo: “Não vou seguir por este caminho” e comece a pensar em outra coisa.

**Celebre a bondade de Deus para com os outros.** Em vez de ressentir-se dos outros, regozije-se com eles! A Bíblia nos diz para nos alegrarmos quando Deus abençoa as pessoas que estão perto de nós. “Alegrem-se com os que se alegram; chorem com os que choram”.[11] A segunda parte deste versículo é fácil de ser obedecida. Não é difícil oferecer conforto quando alguém está ferido ou sofreu uma perda, mesmo se essa pessoa for seu rival. É muito mais difícil celebrar o sucesso dos outros, principalmente se você não está se saindo bem nessa área.

Como você lida com a promoção de colegas de trabalho? Se você é solteiro, como lida com casamentos e chás de bebês de amigos? Qual é a primeira reação de seu interior ao saber que algum conhecido deu um golpe de sorte? Quando foi a última vez que você agradeceu a Deus por alguma coisa que ele fez por *outra pessoa*?

Um dos motivos pelos quais às vezes achamos difícil “alegrar-nos com os que se alegram” é porque tememos que haja um suprimento limitado da bondade e da graça de Deus. Então, se os outros ganharem uma fatia muito grande, talvez eu possa não ganhar muito. Mas a graça de Deus não tem limites. Há mais do que suficiente para repartir com todos e ainda sobrar uma quantidade infinita! Em Efésios, lemos a respeito das "infinitas, ilimitadas, insondáveis, incalculáveis e inesgotáveis riquezas de Cristo".[12]

A verdade embaraçosa a respeito da inveja é que as pessoas que invejamos geralmente são as que estão mais perto de nós: membros da família invejam uns aos outros. Vizinhos invejam vizinhos. Colegas invejam colegas. Músicos invejam músicos. Fazendeiros invejam outros fazendeiros e pregadores invejam outros pregadores.

**Se você não sabe ser feliz com o que possui, nunca será feliz com mais.**

Se você gostaria de aumentar a felicidade da qual desfruta em sua vida, aqui está um dos segredos: aprenda a se alegrar com os sucessos e com as alegrias dos outros. Se você só fica feliz quando coisas boas acontecem com você, então ficará infeliz grande parte de sua vida, uma vez que ninguém vive apenas coisas boas. Mas, se você aprender a desfrutar também das vitórias das outras pessoas, sempre terá algo com que se alegrar.

**Seja agradecido por quem você é e por qualquer coisa que tenha feito.** Tudo que você tem é um dom de Deus. A Bíblia diz: "Vocês já têm tudo de que precisam. Têm mais acesso a Deus do que podem imaginar".[13] Quando perceber que está começando a sentir inveja de outrem, em vez de desejar o trabalho, o talento, o namorado ou a namorada, os filhos, ou seja o que for dessas pessoas, lembre-se: "Deus nos deu dons especiais que elas não têm e, além disso, não conheço o lado ruim de ser como elas".

A inveja baseia-se no mito popular de que ter mais me fará mais feliz. Mas tanto a Bíblia como o testemunho de muitas pessoas mostram que isso não é verdadeiro. Salomão, o homem mais rico de seu tempo, disse o seguinte sobre o desejo de adquirir mais e mais: "Quem ama o dinheiro jamais terá o suficiente. Como é enganoso pensar que a riqueza traz a verdadeira felicidade! Quanto mais você possui, mais pessoas aparecem para ajudá-lo a gastar. Então, para que serve a riqueza — exceto, talvez, para vê-la escorregar por entre os dedos!".[14]

Ser feliz é uma decisão. Você é tão feliz quanto decide ser. Se você não sabe ser feliz com o que possui, nunca será feliz com mais.

A inveja pergunta: "Por que eles? Por que eles têm o que não tenho?". A gratidão pergunta: "Por que eu? Por que consegui tudo o que tenho?". Davi demonstrou este tipo de gratidão quando orou: "Quem sou eu, ó Soberano Senhor, e o que é a minha família, para que me trouxesses a este ponto?".[15] Anos mais tarde, seu filho escreveria: "É melhor estar satisfeito com o que se tem do que estar sempre desejando algo mais".[16]

Deixe-me ser claro: ter sonhos ambiciosos, desejar ser melhor e ter alvos na fé são coisas boas, *se* vêm de Deus, beneficiam os outros e são conquistados pela fé para a glória de Deus. Você deve aproveitar o máximo de sua vida, criar beleza e ajudar os outros. Mas a inveja envenena tudo o que toca e impede que Deus abençoe seu esforço. O motivo pelo qual você faz o que faz importa muito para Deus.

**Quando a vida parecer injusta, confie em Deus.** Um dos sinais de que a inveja entrou em meu coração é quando começo a pensar: "Não é justo! Não é justo que eu não tenha o que eles têm!". Toda vez que acusarmos Deus de injustiça, estamos na verdade duvidando de sua bondade. A inveja é a febre, o sintoma, mas duvidar de Deus é a doença.

Sempre que você inveja os outros, está duvidando que Deus sabe o que é melhor para você. Você questiona o amor, a justiça e até mesmo a sabedoria de Deus. Sempre que acuso Deus de ser injusto, estou insensatamente querendo dizer: "Deus, eu seria um deus melhor, porque, se eu fosse Deus, seria mais justo do que és".

A próxima vez que você começar a reclamar que Deus é injusto com você, lembre-se do seguinte:

1. Tudo que tenho foi dado por Deus sem que eu merecesse. Eu nem mesmo existiria se não fosse pela graça de Deus. O ar que estou respirando é um dom de Deus.

2. Não sei o que Deus sabe e não consigo ver o que ele vê; portanto, devo confiar nele.
3. A vida na Terra *é* injusta por causa do pecado, não por causa de Deus. Nossa rebeldia contra Deus afetou todo o planeta. Aqui não é o céu onde tudo funciona perfeitamente. Nada funciona perfeitamente aqui.
4. Deus enviou Jesus para nos salvar do dia do julgamento, quando ele acertará as contas, corrigirá todas as coisas erradas e executará justiça.
5. Não foi justo Jesus ter de morrer em meu lugar por meus pecados. Mas ele morreu.

Em Mateus 20, Jesus contou a história de um proprietário que contratou vários trabalhadores em diversos horários do dia para trabalhar em seu campo. No final do dia, inesperadamente, o proprietário pagou o mesmo salário pelo trabalho de todos os homens. Com certeza, isso não incomodou aqueles que foram contratados no último minuto, mas os homens que trabalharam o dia inteiro reclamaram em alta voz que o proprietário estava sendo injusto. Eles disseram: "O último grupo trabalhou apenas uma hora, e você pagou a eles o mesmo que nós, que trabalhamos como escravos o dia inteiro debaixo de um sol escaldante".[17]

Gosto muito da resposta do proprietário: "Amigo, não lhe enganei. Eu lhe paguei exatamente o que combinamos. Agora pegue o dinheiro e vá! O que lhe importa se quero pagar a eles o mesmo que lhe paguei? Não tenho o direito de fazer o que quiser com meu próprio dinheiro? Só porque sou generoso, você precisa ficar com inveja?".[18] Amo a franqueza do proprietário: "Pegue o que é seu e vá embora".[19] Em outras palavras: "Pare de ficar ressentido porque sou gracioso com os outros; seja grato pelo que recebeu e siga em frente com sua vida!". Esse conselho evitará que você fique preso na armadilha da inveja e desvie-se do caminho que Deus lhe deu para seguir.

Dia 41

# Pensando sobre meu propósito de vida

**Tema para reflexão:**
Não posso cumprir o propósito de Deus para mim se sinto inveja dos outros.

**Versículo para memorizar:**
"O coração em paz dá vida ao corpo, mas a inveja apodrece os ossos". (Provérbios 14.30, *NVI*)

**Pergunta para meditar:**
Em quais áreas da minha vida eu mais me comparo e invejo os demais?

Dia 42

# A ARMADILHA DA APROVAÇÃO

*É perigoso preocupar-se com o que os*
*outros pensam a seu respeito, mas, se você*
*confia no Senhor, está seguro.*

PROVÉRBIOS 29.25, ***TEV***

*Não estou buscando agradar às pessoas!*
*Não, estou buscando agradar a Deus.*
*Se ainda estivesse buscando agradar às pessoas,*
*não seria servo de Cristo.*

GÁLATAS 1.10, ***NLT***

**VOCÊ VIVE EM BUSCA DA APROVAÇÃO DE QUEM?**

Como Deus nos criou com uma necessidade de relacionamentos, cada um de nós carrega o desejo de ser amado, valorizado e apreciado. Nós ansiamos pela aceitação e pela aprovação dos outros. Esse *desejo de pertencer*, o desejo de se "encaixar" e se sentir ligado aos outros é a força motriz por trás de muitas de nossas escolhas. Tanto nas pequenas decisões, como as roupas que vestimos ou o corte de nosso cabelo, tanto nas decisões maiores, como onde moramos e trabalhamos, somos mais influenciados pelo que as outras pessoas pensam sobre nós do que imaginamos.

Não há nada de errado com nosso desejo de ser aceito, apreciado e aprovado pelos outros. Na verdade, sem a afirmação das pessoas, não desabrochamos todo o nosso potencial. Nosso crescimento é interrompido. Só podemos nos tornar tudo o que Deus nos criou para ser *com a ajuda de outras pessoas.*

Como expliquei nos capítulos anteriores, Deus nos moldou para necessitarmos uns dos outros. Todos precisamos que alguém acredite em nós, que nos encoraje e que assegure nosso valor e progresso. Se você não faz parte de um grupo pequeno, ou de uma família da igreja que aja assim, precisa encontrar um. O encorajamento é essencial para sua saúde e para seu desenvolvimento espiritual.

Contudo, como todos os desejos bons e saudáveis que Deus põe em nosso coração, o desejo por aprovação pode ser mal-empregado, abusado ou confundido. Ele pode se tornar uma obsessão que domina nossa vida e um medo que destrói nossa alma. Assim como uma bactéria que se alimenta de carne, *a doença da aprovação* pode consumir todo o nosso tempo e toda a nossa energia e felicidade. Certa vez o ator norte-americano Bill Cosby disse: "Não sei qual é a chave do sucesso, mas sei que o caminho para o fracasso é tentar agradar a todos".

A busca por agradar a todos é o outro lado da inveja. A inveja diz: "Preciso *ser como você* para ser feliz!". Aquele que quer agradar a todos diz: "Preciso que *você goste de mim* para ser feliz!". As duas armadilhas nos impedirão de viver a vida com o propósito de glorificar a Deus.

O lado negro da busca por aprovação é o medo da desaprovação. Depois de conversar com pessoas de mais de cem países diferentes, creio que o medo de ser criticado ou rejeitado pelos outros é o motivo mais comum pelo qual as pessoas se desviam do caminho que Deus planejou para elas. Acredito que esta seja a ferramenta favorita de Satanás para distraí-las. Uma vez que você sabe para que foi criado, ele sussurra: "Mas o que as outras pessoas vão pensar?". E se eles não gostarem dessas mudanças? E se criticarem o que você disser ou fizer? E se zombarem daquilo em que você acredita?

Esse medo da rejeição em geral é uma força tão avassaladora que retrocedemos e não fazemos a coisa certa a fazer. É por isso que a pressão dos colegas é tão eficaz em controlar o que fazemos e dizemos. A pressão dos colegas — quer na escola, quer no trabalho, quer com os vizinhos — tem sua raiz no medo da desaprovação e da rejeição. Quando escolas, empresas ou governos usam o "politicamente correto" para reprimir nossa liberdade, dada por Deus, de falar e de viver de acordo com nossa consciência, estão querendo se aproveitar desse medo.

É claro que a Bíblia nos ordena repetidamente que devemos ter consideração pelos sentimentos dos outros. Em questões de comportamento que o Senhor permite grande liberdade: "Nós podemos saber que estas coisas não fazem diferença, mas não podemos simplesmente agir assim para agradar a nós mesmos. Devemos ter consideração pelas dúvidas e medos daqueles que pensam que estas coisas estão erradas".[1] É falta de amor ignorar como nossas decisões afetam os outros. Paulo nos recorda:

"Pois nenhum de nós vive apenas para si, e nenhum de nós morre apenas para si".[2]

Contudo, a Bíblia também nos adverte de não deixarmos que o medo da desaprovação nos impeça de fazer o que Deus quer que façamos. Provérbios 29.25 diz: "Preocupar-se com o que os outros pensam a seu respeito é perigoso".[3] Outra tradução deste versículo diz: "Ter medo das pessoas é uma armadilha perigosa".[4]

**A Bíblia nos adverte de não deixarmos que o medo da desaprovação nos impeça de fazer o que Deus quer que façamos.**

A isca dessa armadilha é uma mentira que diz: "Se eu conseguir que todos gostem de mim, então serei feliz!". Mas essa mentira servirá apenas para nos fazer infelizes. Não podemos viver sob o constante estresse da preocupação com o que os outros pensam de nós. A Bíblia diz: "Mel demais não é bom, bem como buscar muitos elogios".[5]

## Os perigos de buscar a aprovação de todos

Quero compartilhar cinco efeitos nocivos de permitir que a aprovação ou desaprovação dos outros determine o que você faz com sua vida.

**Buscar a aprovação das pessoas faz que me desvie da vontade de Deus para minha vida.** Lembre-se: Deus não o criou para satisfazer as expectativas dos outros! Você foi planejado para agradar a *Deus*. Deus ama ver você sendo você mesmo. A Palavra de Deus é indiscutivelmente clara: "Nosso objetivo é agradar a Deus, não as pessoas. Somente ele examina os motivos do nosso coração".[6] Veja que Deus inspeciona e testa os motivos do nosso coração. Deus sempre está mais interessado em *por que* você faz o que faz do que em onde ou como você faz. Você pode fazer todo tipo de boas obras, mas, se sua intenção for apenas impressionar os outros, ser reconhecido ou evitar a desaprovação, você erra o alvo. Paulo disse: "Você pode gabar-se, mas a única aprovação que realmente importa é a aprovação do Senhor".[7] Além disso, se você está sempre focado em como as outras pessoas querem que você seja, então, não pode se tornar quem Deus quer que seja. As expectativas dos outros irão restringi-lo, limitar seu potencial e impedi-lo de realizar o sonho que Deus pôs em seu coração.

**Buscar a aprovação das pessoas impede minha fé de crescer.** O medo da desaprovação me impede de correr riscos na fé. Sem correr riscos, minha fé não pode distender-se e se desenvolver. Muitas pessoas nem mesmo dão o primeiro passo de fé em Cristo porque têm medo de que seus amigos ou sua família as desaprovem ou desprezem. Este é um erro fatal. A Bíblia diz: "Vocês buscam elogios uns dos outros, mas não buscam a aprovação que vem de Deus?".[8] Nunca permita que alguém interfira em seu relacionamento com Cristo.

A busca da aprovação dos outros é uma deficiência emocional. Ela imobiliza seu potencial. Provérbios 29.25 diz o seguinte em A Mensagem: "O medo da opinião dos homens pode paralisar; a confiança no Eterno o protegerá disso".[9] É claro que *qualquer* tipo de medo irá atrapalhar seu crescimento espiritual, mas preocupar-se com o que os outros pensam é especialmente incapacitante. Quando as opiniões dos outros têm muito espaço em nossa vida, o papel de Deus fica reduzido. Mas, quando a aprovação de Deus é o mais importante para você, o modo de ver dos outros perde seu poder.

A opinião de quem é *mais* importante para você? Quem quer que seja essa pessoa, ela é o seu deus. Quando você valoriza a opinião de alguém mais do que a opinião de Deus, dá a essa pessoa o poder e a autoridade que pertencem somente a Deus, e essa atitude gera todo tipo de inseguranças. Por outro lado, quando a aprovação de Deus é o que mais importa, você fica livre da insegurança, pois Deus nunca o irá rejeitar.

**Buscar a aprovação das pessoas leva a outros pecados.** A Escritura está repleta de exemplos de pessoas que erraram porque cederam à pressão dos demais: Rúben concordou em vender José, seu irmão mais novo, como escravo porque os outros irmãos o pressionaram. Quando o povo o pressionou, Arão fez um ídolo de ouro para ser adorado. Sansão quebrou seu voto com Deus quando sua namorada o pressionou. Pedro negou conhecer Jesus, pois temeu o que os outros poderiam dizer. Pilatos, embora soubesse que Jesus não havia feito nada passível de punição, permitiu que ele fosse crucificado porque temia a desaprovação da multidão.

Se for honesto, você conseguirá se lembrar de situações em que cedeu à pressão dos outros da mesma forma que essas pessoas cederam. Este seria um bom momento para fazer uma pausa e confessar a Deus sua covardia. Faça das palavras do rei Saul sua oração: "Peço que você perdoe meu pecado! Segure a minha mão e me conduza até o altar para que eu possa adorar ao Eterno!".[10]

Permita-me ser franco: se seus amigos estão fazendo que você despreze seu compromisso com Jesus, negue suas crenças, abra mão de seus valores ou desista dos sonhos dados por ele, você precisa encontrar novos amigos! A Bíblia adverte: "Não acompanhe a maioria para fazer o mal".[11] Ela também diz: "Amigo, se as más companhias são uma tentação, caia fora enquanto é tempo".[12] Amigos que não incentivam sua caminhada com Deus não são amigos verdadeiros. "Não se deixem enganar: 'As más companhias corrompem os bons costumes'. Como justos, recuperem o bom senso e parem de pecar [...]".[13]

**Buscar a aprovação das pessoas leva à hipocrisia.** A palavra "hipócrita" provém de uma antiga palavra grega usada para descrever atores no palco que representavam diversos papéis em uma mesma peça usando máscaras diferentes para cenas diferentes. Quem busca a aprovação das pessoas usa máscaras e muda de papel dependendo da audiência. Essas pessoas usam uma máscara em casa, outra máscara na igreja e uma máscara completamente diferente no trabalho. Elas são hipócritas.

Se cair na armadilha de buscar a aprovação das pessoas, você esconderá seu verdadeiro eu por medo de ser rejeitado; abrirá mão de suas convicções para ser socialmente aceito e politicamente correto. Jesus referiu-se a esse tipo de hipocrisia quando disse aos fariseus: "Vocês estão sempre tentando parecer bons, mas Deus vê o que está no coração de vocês. Aquilo que a maioria pensa ser importante não tem valor diante de Deus".[14]

**Buscar a aprovação das pessoas silencia a mensagem de minha vida.** Até que você se liberte do medo da desaprovação,

Deus não pode usá-lo como gostaria. Você relutará em compartilhar a poderosa mensagem que Deus quer comunicar através de sua vida. Seu testemunho ficará reprimido, e você perderá o maior privilégio da vida: ser usado por Deus para modificar o destino eterno de outro ser humano.

Por séculos, Satanás tem usado o medo da rejeição para silenciar os cristãos. Mesmo durante o ministério de Jesus na Terra, diante de muitos milagres, o discípulo João nos diz: "Ninguém tinha coragem de falar favoravelmente sobre ele [Jesus] em público, pois tinham medo de ter problemas com os líderes judeus".[15] Mais tarde, João escreveu: "Mesmo assim muitas das autoridades creram nele. Mas não admitiam por medo dos fariseus, para que não fossem expulsos. Estavam mais preocupados em receber a aprovação dos homens do que a aprovação de Deus".[16] Se você sempre reluta em compartilhar sua fé com os outros, tem um problema com a busca por aprovação. Pelo bem das pessoas e pelo destino eterno delas, você precisa pedir a Deus que o ajude a ficar livre dessa armadilha.

## Como ser liberto da busca por aprovação

Qual é a cura para o vício da busca por aprovação? Como nos libertamos da prisão que é tentar agradar a todos? Bem, uma vez que essa é uma prisão mental, não física, a solução é mudar nosso modo de pensar. A palavra bíblica para essa mudança de mente é "arrependimento". Nós ficamos livres da pressão de nos moldarmos às situações quando temos nossos pensamentos transformados por Deus: "Não se amoldem ao padrão deste mundo, mas transformem-se pela renovação da sua mente".[17] Então, o que é que Deus usa para transformar nossa mente? A resposta é a *verdade!* Mentiras culturais nos moldam, mas verdades eternas nos transformam.

Jesus disse a famosa frase: "E conhecerão a verdade, e a verdade os libertará".[18] A seguir apresento seis verdades para você recordar na próxima vez em que for tentado a ceder à pressão das pessoas.

**O que Deus usa para transformar nossa mente? A resposta é: a *verdade!***

**Lembrar-se de que nem mesmo Deus agrada a todas as pessoas!** Em todos os eventos esportivos, fãs dos dois times oram para que seu time vença. Em todas as eleições, pessoas de diversos partidos oram para que seus candidatos vençam. Alguém sempre se decepciona! Há dias em que os fazendeiros oram por chuva, e as crianças oram para que haja sol. Outros dias, algumas pessoas oram pedindo neve, enquanto outros oram para que não neve. Poderíamos acrescentar muitos outros itens à lista. Nem mesmo Deus pode agradar a todos. Somente um tolo tentaria fazer o que nem mesmo Deus pode fazer. É impossível agradar a todos ao mesmo tempo.

Ainda que conseguisse fazer que todas as pessoas gostassem de você, isso não seria boa ideia. Significaria apenas que você não tem convicções nas quais acredita profundamente, tampouco tem princípios que está disposto a defender.

Jesus disse: "Ai de vocês, quando todos falarem bem de vocês!".[19]

**Lembrar-se de que não preciso da aprovação de ninguém para ser feliz.** A felicidade é uma decisão. Você é tão feliz quanto decide ser. O que as outras pessoas pensam de você não pode roubar sua felicidade, a não ser que você permita que roube.

É fato que em nosso planeta decaído, cheio de pessoas decaídas, sempre haverá aquelas que irão desprezar sua aparência, não irão gostar do que você faz, desaprovarão aquilo em que você acredita, questionarão o que você diz e o desrespeitarão. Contudo, elas não podem controlar suas emoções, a menos que você permita. A desaprovação delas não precisa deixar você devastado.

Sendo pastor, já conversei com centenas de pessoas que investiram grande parte de seu tempo e energia tentando agradar uma pessoa impossível de ser agradada, na maioria das vezes um dos pais ou outro membro da família. Quando pergunto se todo esse esforço teve algum resultado, a resposta sempre é "não". Então, compartilho uma verdade que a princípio é difícil de ser compreendida, mas que acaba sendo libertadora: "Se você ainda não conseguiu a aprovação dessa pessoa, não vai conseguir nunca. O problema não é você. Ela é que é uma pessoa impossível de ser agradada".

Aqui, porém, está a boa notícia, a verdade que o liberta: você não precisa da aprovação deles para ser feliz! Por isso, deixe para lá! Pare de gastar energia emocional em algo que nunca vai acontecer e que não é necessário para que você seja feliz. Eles são infelizes, mas você não precisa ser. Não há motivo sensato para vocês dois serem infelizes!

Em vez de se concentrar nessa pessoa a quem não consegue agradar, fixe seus olhos em Jesus que o aceita incondicionalmente. Quanto mais importante Jesus se torna em sua vida, mais livre você será da desaprovação dos outros. Foi Jesus quem prometeu: "Portanto, se o Filho os libertar, vocês de fato serão livres".[20]

Conhecer Jesus pessoalmente pode libertar você de muitas coisas: do peso da culpa, do veneno do ressentimento, do estresse de trabalhar demais, da pressão do materialismo, dos vícios e do medo da morte. No entanto, uma das maiores libertações que Jesus oferece é a do medo da desaprovação. Essa é a chave da paz interior.

Se você espera que *algum* ser humano o faça feliz ou o mantenha feliz, vai acabar decepcionado. Nenhum ser humano tem a capacidade de suprir todas as suas necessidades e o manter constantemente feliz. Somente Deus pode suprir todas as suas necessidades. Pessoa nenhuma tem a capacidade de dar toda segurança, aprovação, aceitação e amor de que você precisa, não importa o que possam lhe prometer. Se você espera que elas supram necessidades que somente Deus pode suprir, está sendo injusto, está condenando-as ao fracasso e está condenando você mesmo à amargura.

Por outro lado, Deus prometeu, repetidas vezes, nunca se esquecer de você, nunca o abandonar, nunca o rejeitar. A Bíblia diz: "Mesmo que meu pai e minha mãe me abandonem, o Senhor me acolherá".[21] Esta é uma verdade com a qual pode você contar e uma rocha sólida sobre a qual pode edificar sua identidade, sua segurança e sua felicidade.

**Lembrar-se de que o que agora parece tão importante é somente temporário.** À luz da eternidade, o que as outras pessoas pensam de você agora de fato não tem importância. Na verdade, em poucos anos provavelmente já não terá importância. Você consegue se lembrar das pessoas cujas opiniões eram as mais importantes para você quando estava na escola? Quão importantes são as opiniões dessas pessoas hoje? É provável que já não tenham importância alguma hoje. O que parecia *tão* importante naquela época agora é irrelevante. Buscar a aprovação dos outros é sempre uma atividade de curto prazo. Os benefícios nunca são duradouros.

Tudo a nosso redor hoje nos diz que riqueza, sucesso e fama conquistarão a aprovação dos outros, mas a verdade é que nenhum deles é permanente. Eles são todos temporários. Deus diz: "O mundo e tudo nele que as pessoas cobiçam passa, mas aqueles que fazem a vontade de Deus vivem eternamente".[22]

**Lembrar-se de que tenho de agradar a apenas uma pessoa!** Se o que estou fazendo agrada a Deus, então é a coisa certa a fazer e posso parar de me preocupar com as reações dos outros. Essa atitude simplifica dramaticamente a vida. Também me mantém afastado do pecado da idolatria.

Nos Dez Mandamentos, os dois primeiros são: "Você não deve ter nenhum outro deus além de mim" e "Você não fará ídolo algum".[23] Um ídolo é qualquer coisa que ponho em primeiro lugar em minha vida, antes de Deus. Se a aprovação de alguém é mais importante para mim do que a aprovação de Deus, então essa pessoa se tornou um ídolo em minha vida. Jesus disse que é impossível termos dois deuses em nossa vida: "Ninguém pode servir a dois senhores".[24] Você precisa escolher. Como disse Paulo: "Não estou tentando conquistar a aprovação das pessoas, mas a aprovação de Deus. Se meu objetivo fosse agradar às pessoas, não seria servo de Cristo".[25]

Essa verdade de que devo agradar somente a Deus é um fator importante para você não ser manipulado pela desaprovação dos outros. O motivo pelo qual Jesus não era abalado pelas críticas nem pelo temor da rejeição é que ele vivia para o agrado de um só. Ele disse: "Não busco agradar a mim mesmo, mas àquele que me enviou".[26] Para sermos como ele, precisamos agir da mesma forma.

**Lembrar-se de que um dia vou prestar contas de minha vida a Deus.** Haverá um dia para ajustar contas. A Bíblia diz: *"Sim, cada um de nós dará contas de si a Deus".*[27] Você precisará explicar tudo o que disser e fizer. Esta é uma lembrança que nos traz sobriedade! Se nos lembrarmos disso, mudaremos nossa forma de viver cada dia e para quem vivemos. Sua coragem será fortalecida quando disser não a coisas sobre as quais preferiria não ter que explicar a Deus um dia.

Naqueles momentos em que for tentado a diluir a verdade, transigir suas crenças ou negar sua fé, lembre-se de que Jesus não negou você. Ele morreu na cruz publicamente por você. "Então, agora, Jesus e aqueles a quem santifica têm o mesmo Pai. É por isso que Jesus não se envergonha de chamá-los irmãos e irmãs".[28] Jesus não se envergonha de você. Ele o declara parte de sua família se você se arrependeu de seus pecados e creu nele para salvação.

Contudo, a pergunta é: por causa de seu medo da desaprovação, você se envergonhou de Jesus? Lembre-se de que um dia prestará contas a ele, e Jesus disse: "Se alguém se envergonhar de mim e das minhas palavras, o Filho do homem se envergonhará dele, quando vier em sua glória e na glória do Pai e dos santos anjos".[29] Jesus irá envergonhar-se de você um dia porque você se envergonhou dele?

**Lembrar-se de que Jesus me moldou para eu ser eu mesmo, não outra pessoa.** Esta é a última verdade à qual nos agarramos. No início deste livro, mencionei que, quando você chegar ao céu, Deus não vai dizer: "Por que você não foi mais parecido com seu irmão, sua mãe ou seu pai?". Deus não vai perguntar: "Você era popular? Todas as pessoas gostavam de você, e você satisfez todas as expectativas delas?". Não. Deus vai dizer: "Você cumpriu o propósito para o qual o criei?".

Nestes dois últimos capítulos, expliquei os dois maiores empecilhos para viver a vida que Deus designou para você: o desejo de ser como os outros (inveja) e o desejo de ser aprovado pelos outros. Essas armadilhas são sutis, mas elas distraem e desviam milhares de pessoas do propósito para o qual foram criadas. Depois de conversar com muitas pessoas, sei que todos nós precisamos de apoio contínuo. É por isso que empenhei o restante de minha vida para ajudar você em sua jornada. Minha oração sincera é que você comece a desfrutar de tudo o que Deus tem preparado para você. "Homem algum já viu, ouviu ou imaginou as coisas maravilhosas que Deus preparou para aqueles que amam o Senhor!".[30]

## Pensando sobre meu propósito de vida

*Dia* 42

**Tema para reflexão:**
A felicidade é uma escolha minha. Não preciso da aprovação de ninguém para ser feliz.

**Versículo para memorizar:**
"Mesmo que meu pai e minha mãe me abandonem,
o Senhor me acolherá". (Salmos 27.10, *NLT*, tradução livre)

**Pergunta para refletir:**
Que opinião é mais importante para mim?

## GUIA DE ESTUDOS

# Você foi feito para uma missão

**PONTOS-CHAVE.** Desde o Antigo Testamento, o leitor da Bíblia tem muito claro que o propósito de Deus para ele está incluído em uma missão maior. Quer seja um indivíduo, quer uma família, quer uma cidade quer um povo, todo aquele que tem fé em Cristo está em missão.

**APLICAÇÃO.** Há um ditado que diz que Deus não escolhe as pessoas preparadas, mas prepara as pessoas que escolhe. Isso significa que nós não somos salvos por méritos próprios, tampouco somos escolhidos por virtudes que tenhamos desenvolvido. Nós recebemos a vocação e os dons específicos de Deus e, a partir disso, nos empenhamos em aperfeiçoar isso no serviço à igreja e à sociedade em que vivemos.

## PERGUNTAS

1. Baseado no texto deste propósito, descreva quando, como e onde você foi chamado por Deus para uma missão?

2. Seguindo o raciocínio da questão anterior, como você entende que o Senhor revelou a vontade dele para sua vida como servo de Deus? O que você ouviu ou leu que esclareceu sua missão pessoal na obra de Deus?

3. Todos nós temos um ou mais testemunhos de vida, de conversão, de superação, no qual Deus aparece como aquele que trabalha para nosso bem. Você tem partilhado sua experiência com Deus com as pessoas ao redor? Qual tem sido a reação delas e o resultado em termos de conversão ou de envolvimento com a missão dessas pessoas?

4. Segundo o que você leu neste propósito, o que pretende fazer para ter uma vida cristã de excelência? Elenque os pontos que precisa de maior atenção.

5. Equilibrar a vida diante de Deus é uma necessidade. Quais pontos você identificou em sua experiência que merecem atenção?

6. Vimos como são os propósitos de Deus para nós e como podemos nos envolver neles. O que planeja fazer daqui em diante a esse respeito?

APÊNDICE 1

# Questões para debate

**ALÉM DAS PERGUNTAS** no fim de cada capítulo, você pode utilizar estas questões para reflexão ou debate em pequenos grupos.

### Afinal de contas, por que estou aqui?

- Na sua opinião, quais as implicações da primeira frase deste livro: "Você não é o foco"?
- O que você acredita que dirige a maioria das pessoas? Qual tem sido a força que dirige sua vida?
- Até aqui, que imagem ou metáfora descreve melhor sua vida: uma corrida, um circo ou algo mais?
- Se todos compreendemos que a vida aqui é na verdade *uma preparação para a eternidade*, como poderíamos agir de maneira diferente?
- A que as pessoas se apegam no mundo terreno que as impede de viver para os propósitos de Deus?
- A que você tem se apegado que o poderia impedir de viver para os propósitos de Deus?

### Você foi planejado para agradar a Deus

- Como o ato de "viver toda a sua vida para o prazer de Deus" se diferencia do que a maioria das pessoas entende por "adoração"?
- Quais são as semelhanças e as diferenças entre a amizade que temos com Deus e a que temos uns com os outros?

- Compartilhe algo que aprendeu durante um período no qual Deus parecia distante.
- O que é mais natural para você: adorar sozinho ou em público? De que maneira você normalmente se sente mais próximo de Deus?
- Quando é apropriado expressar a Deus a raiva que sentimos?
- Que medo vem à tona quando você pensa em render sua vida inteiramente a Cristo?

### Você foi formado para fazer parte da família de Deus

- Que diferença existe entre "estarmos comprometidos uns com os outros tal como estamos com Jesus" e a maneira pela qual a maioria das pessoas entende "comunhão"?
- Que obstáculos nos impedem de amar outros irmãos e de nos preocupar com eles?
- O que poderia ajudar você a se abrir sobre suas necessidades, suas mágoas, seus temores e suas esperanças a outros?
- Quais são as desculpas mais comuns que as pessoas apresentam para não se unir a uma igreja? E como você responderia a elas?
- O que nosso grupo pode fazer para proteger e promover a unidade em nossa igreja?
- Existe alguém com quem você precise restaurar um relacionamento e que necessite de nossas orações para isso?

### Você foi criado para se tornar semelhante a Cristo

- Em que "tornar-se semelhante a Jesus" difere do que a maioria das pessoas entende por "discipulado"?
- Mencione algumas das mudanças que tem visto em sua vida desde que se tornou cristão. Que mudanças foram observadas por outras pessoas?
- Quão semelhante a Cristo você gostaria de ser daqui a um ano? O que você pode fazer hoje para atingir esse objetivo?
- Em que parte de seu crescimento espiritual você deve ser paciente, visto que aparentemente há pouco progresso?
- Como Deus tem usado a dor ou os problemas para ajudar você a crescer?
- Quando você é mais vulnerável à tentação? Qual das providências utilizadas para derrotar a tentação seria mais útil?

**Você foi moldado para servir a Deus** 

- Que diferença existe entre "usar a nossa FORMA para servir a outros" e o que a maioria das pessoas entende por "ministério"?
- O que você *gosta* imensamente de fazer que poderia ser utilizado para servir às pessoas na família de Deus?
- Pense em uma experiência dolorosa pela qual tenha passado e que Deus poderia usar para ajudar outras pessoas que enfrentam o mesmo problema.
- Como a atitude de nos comparar com os outros nos impede de desenvolver plenamente nossa FORMA exclusiva?
- De que maneira você viu o poder de Deus se manifestar por seu intermédio nos momentos em que se sentiu enfraquecido?
- Como podemos ajudar cada membro de nosso grupo ou classe de estudo bíblico a encontrar um lugar no ministério? O que nosso grupo pode fazer para servir à nossa família da igreja local?

**Você foi feito para uma missão**

- Quais os medos comuns e as atitudes estereotipadas que as pessoas demonstram ao escutar a palavra "evangelismo"? O que impede *você* de falar das boas-novas a outras pessoas?
- O que você sente que deveria fazer parte da mensagem de vida que Deus quer que você compartilhe com o mundo?
- Apresente o nome de um amigo não cristão para que todos de seu grupo possam orar por ele.
- O que nosso grupo pode fazer para ajudar a cumprir a Grande Comissão?
- Como a leitura conjunta deste livro redirecionou ou reorientou o propósito de sua vida? Que observações foram mais proveitosas?
- Quem Deus traz à sua mente para que compartilhe a mensagem de transformação de vida deste livro?
- O que vamos estudar em seguida? (No "Apêndice 2", temos algumas sugestões.)

**Queremos conhecer seu testemunho de vida após a leitura deste livro.**
Visite o site: <www.propositos.com.br>.

APÊNDICE 2

# Recursos para uma vida dirigida por propósitos

**Outros livros da série**

1. *Você não está aqui por acaso* — livreto.
2. *Uma igreja com propósitos.*
3. *Poder para mudar sua vida.*
4. *12 maneiras de estudar a Bíblia sozinho.*
5. *Liderança com propósitos.*

Visite o site <www.editoravida.com.br> para saber mais sobre essas obras.

## APÊNDICE 3

# Por que utilizar tantas traduções da Bíblia?

**ESTE LIVRO** contém aproximadamente mil citações das Escrituras. Intencionalmente diversifiquei as traduções utilizadas por dois motivos importantes. Em primeiro lugar, por melhor que seja uma tradução, ela tem limitações. A Bíblia foi originariamente escrita com a utilização de 11.280 palavras hebraicas, aramaicas e gregas, mas uma tradução em língua moderna usual utiliza cerca de seis mil palavras. Obviamente certas sutilezas e particularidades do significado podem escapar; por isso, é sempre útil comparar traduções.

Em segundo lugar, e na verdade o mais importante, frequentemente deixamos escapar o significado pleno de versículos bíblicos conhecidos — *não* por causa de uma tradução equivocada, mas tão somente porque se tornaram muito conhecidos! *Pensamos* compreender o que um versículo quer dizer porque o lemos e o ouvimos várias vezes. Então, quando o encontramos citado em um livro, apenas passamos os olhos, perdendo seu pleno significado. Por isso, deliberadamente utilizei traduções e paráfrases, a fim de ajudar você a perceber a verdade de Deus de uma maneira nova e *original*. Devemos agradecer a Deus o fato de termos tantas e diferentes versões para uso devocional.

Além disso, como a divisão em versículos numerados não existia na Bíblia até o ano 1560 d.C., nem sempre citei o versículo por *inteiro*, mas me concentrei na parte mais apropriada. Para isso, segui o exemplo de Jesus e a maneira pela qual ele e os apóstolos citavam o Antigo Testamento. Eles frequentemente citavam uma frase, na medida exata da explicação de seu ponto de vista.

Das quinze versões empregadas, seis delas encontram correspondência em língua portuguesa. Ao referenciá-las, empregamos siglas, conforme seguem:

*BJ* — *A Bíblia de Jerusalém, nova versão, revista e ampliada, São Paulo: Paulus, 2002.*

*NBV-P* — *Nova Bíblia Viva, São Paulo: Hagnos, 2007.*

*CH* — *Cartas para Hoje, paráfrase de J. B. Phillips, São Paulo: Vida Nova, 1994.*

*AM* — *A Mensagem: Bíblia em Linguagem Contemporânea, 1. ed., 3a. reimpr. São Paulo: Vida, 2011, 2012.*

*NTLH* — *Nova Tradução na Linguagem de Hoje, Barueri: Sociedade Bíblica do Brasil, 2000.*

*NVI* — *Nova Versão Internacional, São Paulo: Vida, 1993, 2001, 2011.*

As outras nove versões empregadas, sem correspondência formal em português, foram livremente traduzidas para cumprir os propósitos do autor e aparecem, como seguem:

*Amp.* — *The Amplified Bible, Grand Rapids: Zondervan, 1965.*

*CEV* — *Contemporary English Version, New York: American Bible Society, 1995.*

*GWT* — *God's Word Translation, Grand Rapids: World Publishing, 1995.*

*KJV* — *King James Version* [domínio público].

*NAB* — *New American Bible, Chicago: Catholic Press, 1970.*

*NASB* — *New American Standard Bible, Anaheim: Foundation Press, 1973.*

*NCV* — *New Century Version, Dallas: Word Bibles, 1991.*

*NLT* — *New Living Translation, Wheaton: Tyndale House Publishers, 1996.*

*NRSV* — *New Revised Standard Version, Grand Rapids: Zondervan, 1990.*

# Sobre o autor

**RICK WARREN** é conhecido como "o líder espiritual mais influente dos EUA". Formou-se bacharel pela Universidade Batista da Califórnia, mestre em Teologia pelo Seminário Teológico Southwestern, no Texas, e doutor em Ministério pelo Seminário Teológico Fuller. Foi agraciado com o prêmio Biblical Preaching. Em 1980, dr. Warren fundou a Igreja Saddleback, na Califórnia. Hoje é uma das maiores e mais conhecidas igrejas evangélicas do mundo. Tem falado em grandes conferências e fóruns mundiais, como no Fórum Econômico em Davos e na Casa Branca. Durante as eleições presidenciais dos EUA de 2008, dr. Warren foi apresentador do Civil Forum on The Presidency, com a presença tanto de John McCain como de Barack Obama, em rede nacional. Além disso, dr. Warren fez a oração dedicatória da posse de Obama em 20 de janeiro de 2009. É também fundador do Purpose Driven [no Brasil, Ministério Propósitos] e da Pastors.com, uma comunidade *on-line* para pastores. Rick e Kay Warren dedicam 90% dos lucros de seus livros a causas sociais, incluindo o plano global P.E.A.C.E. e o Acts of Mercy, que servem a pessoas necessitadas e a infectados pelo vírus da aids. É autor de vários livros, entre eles os *best-sellers Uma vida com propósitos, Uma igreja com propósitos* e *Liderança com propósitos,* além de *12 maneiras de estudar a Bíblia sozinho, Poder para mudar sua vida* e *Respostas para os grandes problemas da vida*. Todos publicados em português pela Editora Vida.

Como pastor, fundou a Igreja Saddleback, em Lake Forest, Califórnia, em 1980, com apenas uma família. Hoje a igreja é mundialmente conhecida e tem forte influência na América do Norte. Além disso, já treinou diretamente mais de 400 mil pastores e líderes nos EUA e no mundo.

Como estrategista, o livro *Uma igreja com propósitos* está na lista dos "100 livros cristãos que mudaram o século XX". Seu reconhecimento é atestado também pela revista *Forbes*: "O melhor livro sobre empreendimento, gerenciamento e liderança já escrito". Na linguagem do Reino não seria diferente: "O melhor livro sobre implantação, pastoreio e desenvolvimento de liderança já escrito". Dr. Warren é palestrante em vários congressos e ocasiões em todo o mundo. Eleito pela revista *Time* como um dos "15 líderes mundiais mais importantes em 2004" e, em 2005, como uma das "100 pessoas mais influentes do mundo". Em 2008, foi apresentado pela revista *Time,* em matéria de capa, como o líder mais influente do ano.

Como teólogo, dr. Warren já apresentou palestras em Oxford, Cambridge, Harvard, na Evangelical Theological Society e em vários outros seminários e universidades. Seus livros destacam-se por uma explicação teológica clara e acessível, e já foram traduzidos para diversas línguas. O *best-seller Uma vida com propósitos,* traduzido para mais de 50 idiomas, já vendeu mais de 50 milhões de exemplares em inglês e mais de 2 milhões de cópias em português.

# Notas de fim

### Uma jornada com propósitos

1 Esta edição contém 2 estudos adicionais, totalizando 42 dias. [N. do E.]

2 No Brasil, a média é de 71 anos, ou seja, aproximadamente 26 mil dias [N. do E.].

3 (Romanos 12.2, *NLT*)

4 (2 Timóteo 2.7, *NVI*)

### Uma nova edição para uma nova geração

1 (Salmos 78.7, *NLT*)

### Dia 1

1 (Jó 12.10, *NTLH*)

2 (Romanos 8.6, *AM*)

3 (Mateus 16.25, *AM*)

4 *The Meaning of Life According to Our Century's Greatest Writers and Thinkers* (Chicago: Chicago Review Press, 1988).

5 (Efésios 1.4-6, *AM*)

6 David Friend, *The Meaning of Life* (Boston: Little, Brown, 1991), p. 194.

### Dia 2

1 (Salmos 138.8a, *NVI*)

2 (Salmos 139.15, *AM*)

3 (Salmos 139.16, *NBV-P*)

4 (Atos 17.26, *NVI*)

5 (Efésios 1.4a, *AM*)

6 (Tiago 1.18, *NCV*)

7 *Nature's Destiny: How the Laws of Biology Reveal Purpose in the Universe* (New York: Free Press, 1998), p. 389.

8 (Isaías 45.18, *GWT*)

9 (v. 1 João 4.8)

10 (Isaías 46.3,4, *NCV*)

11 (*AM*)

12 Usado com autorização [tradução livre].

### Dia 3

1 (Gênesis 4.12b, *NVI*)

2 (Salmos 32.1, *NBV-P*)

3 (Jó 5.2, *NTLH*)

4 (1 João 4.18, *AM*)

5 (Mateus 6.24, *NVI*)

6 (Isaías 49.4a, *tua vontade*)

7 (Jó 7.6, *NBV-P*)

8 (Jó 7.16, *NTLH*)

9 (Jeremias 29.11, *NCV*)

10 (Efésios 3.20, *NBV-P*)

11 (Provérbios 13.7, *AM*)

12 (Isaías 26.3, *NTLH*)

13 (Efésios 5.17, *AM*)

14 (Filipenses 3.13, *NLT*)

15 (Filipenses 3.15, *AM*)

16 (Romanos 14.10b,12, *NLT*)

17 (João 14.6, *NVI*)

### Dia 4

1 *Works*, v. 3, p. 143.

2 (Eclesiastes 3.11, *NLT*)

3 (2 Coríntios 5.1, *NTLH*)

4 *O grande abismo* (São Paulo: Vida, 2006), p. 88.

5 (Filipenses 3.7, *NLT*)
6 (1 Coríntios 2.9, *NBV-P*)
7 (Mateus 25.34, *NVI*)
8 A última batalha, in: *As crônicas de Nárnia* (São Paulo: Martins Fontes, 2002), p. 736.
9 (Salmos 33.11, *NTLH*)
10 (v. Eclesiastes 7.2)
11 (Hebreus 13.14, *NBV-P*)
12 (2 Coríntios 5.6, *NBV-P*)

## Dia 5

1 (Romanos 12.2, *NTLH*)
2 (2 Crônicas 32.31b, *NLT*)
3 (1 Coríntios 10.13, *NTLH*)
4 (Tiago 1.12, *GWT*)
5 (Salmos 24.1, *NTLH*)
6 (Gênesis 1.28, *NTLH*)
7 (1 Coríntios 4.7b, *NLT*)
8 (1 Coríntios 4.2, *NCV*)
9 (v. Mateus 25.14-30)
10 (Mateus 25.21, *NVI*)
11 (Lucas 16.11, *NLT*)
12 (Lucas 12.48b, *NVI*)

## Dia 6

1 (Jó 8.9, *NLT*)
2 (Salmos 39.4, *NBV-P*)
3 (Salmos 119.19, *NTLH*)
4 (1 Pedro 1.17, *GWT*)
5 (Filipenses 3.19,20; *NLT*)
6 (Tiago 4.4, *AM*)
7 (2 Coríntios 5.20, *NLT*)
8 (1 Pedro 2.11, *AM*)
9 (1 Coríntios 7.31, *NLT*)
10 (2 Coríntios 4.18b, *AM*)
11 (v. João 15.18,19; 16.20,33)
12 *Cristianismo puro e simples*, tradução livre [N. do E.].
13 (2 Coríntios 4.18, *NVI*)
14 (v. 1Pedro 2.11)
15 (Hebreus 11.13,16, *NCV*)

## Dia 7

1 (Salmos 19.1, *NVI*)
2 (v. Gênesis 3.8; Êxodo 33.18-23; 40.33-38; 1Reis 7.51; 8.10-13; João 1.14; 2 Coríntios 4.6,7; Efésios 2.21,22)
3 (v. Êxodo 24.17; 40.34; Salmos 29.3; Isaías 6.3,4; 60.1; Lucas 2.9)
4 (Apocalipse 21.23, *NVI*)
5 (Hebreus 1.3a, *NVI*. V. tb. 2 Coríntios 4.6b)
6 (João 1.14, *GWT*)
7 (v. 1 Crônicas 16.24; Salmos 29.1; 66.2; 96.7; 2 Coríntios 3.18)
8 (Apocalipse 4.11a, *NLT*)
9 (Romanos 3.23a, *NVI*)
10 (Isaías 43.7, *NTLH*)
11 (João 17.4, *NLT*)
12 *Contra as heresias.*
13 *Reflections on the Psalms*, p. 97, tradução livre. [N. do E.]
14 (Romanos 6.13b, *NLT*)
15 (1 João 3.14, *CEV*)
16 (Romanos 15.7, *NLT*)
17 (João 13.34,35, *NVI*)
18 (2 Coríntios 3.18, *NLT*)
19 (Filipenses 1.11, *NLT*. V. tb. João 15.8)
20 (1 Pedro 4.10,11, *NLT*. V. tb. 2 Coríntios 8.19b)
21 (2 Coríntios 4.15, *NLT*)
22 (João 12.27,28, *NASB*)
23 (João 12.25, *AM*)
24 (2 Pedro 1.3, *AM*)
25 (João 1.12, *NVI*)
26 (João 3.36a, *AM*)

## Dia 8

1 (Efésios 1.5, *NTLH*)
2 (v. Gênesis 6.6; Êxodo 20.5; Deuteronômio 32.36; Juízes 2.20; 1 Reis 10.9; 1 Crônicas 16.27; Salmos 2.4; 5.5; 18.19; 35.27; 37.23; 103.13; 104.31; Ezequiel 5.13; 1 João 4.16)
3 (Salmos 147.11, *CEV*)
4 (v. João 4.23b, *NVI*)
5 (Isaías 29.13, *NVI*)
6 (Salmos 105.4, *NTLH*)
7 (Salmos 113.3, *NBV-P*)
8 (v. Salmos 5.3; 63.6; 119.62,147)

9 (Salmos 34.1, *GWT*)
10 (1 Coríntios 10.31, *NVI*)
11 (Colossenses 3.23, *NVI*)
12 (Romanos 12.1, *AM*)

## Dia 9

1 (Efésios 5.10, *AM*)
2 (Gênesis 6.8, *NBV-P*)
3 (Gênesis 6.9b, *NLT*)
4 (Oseias 6.6, *NBV-P*
5 (Mateus 22.37,38, *NVI*)
6 (Hebreus 11.7, *AM*)
7 (v. Gênesis 2.5,6)
8 (Salmos 147.10,11, *NTLH*)
9 (Hebreus 11.6, *NVI*)
10 (Gênesis 6.22, *NVI*. V. tb. Hebreus 11.7b)
11 (Salmos 100.2, *NBV-P*)
12 (Salmos 119.33, *NBV-P*)
13 (Tiago 2.24, *CEV*)
14 (João 14.15, *NTLH*)
15 (Gênesis 8.20, *NVI*)
16 (Hebreus 13.15, *NVI*)
17 (Salmos 116.17, *KJV*)
18 (Salmos 69.30,31a, *NVI*)
19 (Salmos 68.3, *NTLH*)
20 (Gênesis 9.1,3, *NVI*)
21 (Salmos 37.23, *NLT*)
22 (Salmos 33.15, *AM*)
23 (Isaías 45.9, *CEV*)
24 (1 Timóteo 6.17, *NTLH*)
25 (Salmos 103.14, *NVI*)
26 (2 Coríntios 5.9, *NTLH*)
27 (Salmos 14.2, *NBV-P*)

## Dia 10

1 (v. 1 João 4.9,10,19)
2 (Romanos 12.1, *NTLH*)
3 (v. Salmos 145.9)
4 (v. Salmos 139.3)
5 (v. Mateus 10.30)
6 (v. 1 Timóteo 6.17b)
7 (v. Jeremias 29.11)
8 (v. Salmos 86.5)
9 (v. Salmos 145.8)
10 (v. Romanos 5.8, *NRSV*)
11 (v. Gênesis 3.5)
12 *I Talk Back to the Devil* (Christian Publications, 1990) [N. do E.].
13 *Cristianismo puro e simples*, tradução livre [N. do E.].
14 (Lucas 5.5, *NVI*)
15 (Salmos 37.7a, *GWT*)
16 (Mateus 6.24b, *NVI*)
17 (Mateus 6.21, *NVI*)
18 (Marcos 14.36, *NLT*)
19 (Jó 22.21, *NLT*)
20 (Romanos 6.17,18, *AM*)
21 (v. Josué 5.13-15)
22 (Lucas 1.38, *NLT*)
23 (Tiago 4.7a, *NCV*)
24 (Romanos 12.1, *KJV*)
25 (Romanos 12.1, CEV)
26 (2 Coríntios 5.9, *NVI*)
27 (Filipenses 4.13, *Amp.*)
28 (1 Coríntios 15.31, *NVI*)
29 (Lucas 9.23, *NCV*)
30 Disponível em: http://www.jesusfilm.org/aboutus. Acesso em: 16 mar. 2013.

## Dia 11

1 (v. Salmos 89.26; 95.6; 136.3; Isaías 33.22; 47.4; João 13.13; 1 João 3.1; Judas 4)
2 (v. Gênesis 5.22; 6.8; Êxodo 33.11,17; 2Crônicas 20.7; Jó 29.4; Isaías 41.8; Atos 13.22; Tiago 2.23)
3 (Romanos 5.11, *NLT*)
4 (2 Coríntios 5.18a, *NTLH*)
5 (1 João 1.3)
6 (1 Coríntios 1.9)
7 (2 Coríntios 13.14)
8 (v. João 15.15, *NVI*)
9 (v. João 3.29)
10 (Êxodo 34.14, *NLT*)
11 (Atos 17.26,27, *AM*)
12 (Jeremias 9.24, *NTLH*)
13 (1 Tessalonicenses 5.17, *NVI*)
14 (Efésios 4.6b, *NCV*)
15 *A prática da presença de Deus* (São Paulo: Candeia, 1996), Oitava conversa/carta.
16 (1 Tessalonicenses 5.17, *AM*)
17 (v. Salmos 1.2; 23.4; 143.5; Josué 1.8)

18 (v. 1 Samuel 3.2-21)

19 (Jó 23.12b, *NVI*)

20 (Salmos 119.97, *NVI*)

21 (Salmos 77.12, *NLT*)

22 (v. Gênesis 18.17; Daniel 2.19; 1 Coríntios 2.7-10)

23 (Salmos 25.14, *NBV-P*)

## Dia 12

1 (v. Mateus 11.19)

2 (Jó 42.7,8, *AM*)

3 (v. Êxodo 33.1-17)

4 (Êxodo 33.12-17, *AM*)

5 (Jó 7.17-21)

6 (Salmos 73.13)

7 (Jeremias 20.7)

8 (Rute 1.20)

9 (Salmos 142.2,3a, *NLT*)

10 (João 15.14, *NVI*)

11 (João 15.9-11, *NVI*)

12 (1 Samuel 15.22, *NCV*)

13 (Mateus 3.17, *NLT*)

14 (*NVI*)

15 (2 Coríntios 11.2, *AM*)

16 (Salmos 69.9, *NVI*)

17 (Salmos 27.4, *NBV-P*)

18 (Salmos 63.3, *CEV*)

19 (Gênesis 32.26b, *NVI*)

20 (Filipenses 3.10, *Amp.*)

21 *O problema do sofrimento* (São Paulo: Vida, 2006), p. 106.

22 (Jeremias 29.13, *AM*)

23 (1 Timóteo 6.21a, *NBV-P*)

## Dia 13

1 (Hebreus 12.28, *NTLH*)

2 (João 4.23, *NVI*)

3 (1 Samuel 16.7b, *NVI*)

4 (v. Salmos 7.17; 149.3; 150.3; Esdras 3.11; Neemias 8.6; Hebreus 13.15)

5 Grand Rapids: Zondervan, 2000.

6 (João 4.23b. *AM*)

7 (Mateus 6.7, *KJV*)

8 V. a série de 10 estudos sobre os nomes hebraicos de Deus: *How God meets your deepest needs* [Como Deus supre suas necessidades mais importantes] (Saddleback Pastors, 1999). www.pastors.com.

9 (1 Coríntios 14.40, *NVI*)

10 (1 Coríntios 14.16,17, *NVI*)

11 Leia o capítulo "A adoração pode ser um testemunho", no livro *Uma igreja com propósitos* (São Paulo, Vida. 2008), para obter mais informações.

12 (Romanos 12.1, *NBV-P*)

13 (v. Salmos 50.14; 51.17; 54.6; 141.2; Marcos 12.33; Romanos 12.1; Filipenses 4.18; Hebreus 13.15,16

14 (2 Samuel 24.24, *NTLH*)

15 Kingsway's Thankyou Music, 1997 [tradução livre].

## Dia 14

1 *O Deus (in)visível* (São Paulo: Vida, 2001), p. 234.

2 (1 Samuel 13.14; Atos 13.22, *NVI*)

3 (Salmos 10.1, *AM*)

4 (Salmos 22.1, *NLT*)

5 (Salmos 43.2, *NTLH*. V. tb. Salmos 44.23; 74.11; 88.14; 89.49.)

6 (v. Deuteronômio 31.8; Salmos 37.28; João 14.16-18; Hebreus 13.5)

7 (v. Isaías 45.15)

8 *Finding Friendship with God* (Ann Arbor: Vine Books 1992), p. 186.

9 (v. Jó 23.8-10, *NLT*)

10 (v. Salmos 51; Jeremias 2.32; Efésios 4.29,30; 1 Coríntios 8.12; 1 Tessalonicenses 5.19; Tiago 4.4)

11 (Jó 1.20,21, *NVI*)

12 (Jó 7.11, *NTLH*)

13 (Jó 29.4, *NVI*)

14 (Salmos 116.10, *NCV*)

15 (Jó 10.12)

16 (Jó 37.5,23; 42.2)

17 (Jó 23.10; 31.4)

18 (Jó 23.10; 31.4)

19 (Jó 23.14)

20 (Jó 19.25)

21 (v. Jó 23.12, *NVI*)

22 (Jó 13.15 *CEV*)

23 (2 Coríntios 5.21, *NTLH*)

## Dia 15

1 (Efésios 1.5, *NLT*)

2 (Tiago 1.18, *NBV-P*)

3 (1 Pedro 1.3b, *NBV-P*. V. tb. Romanos 8.15,16, *NTLH*.)

4 (v. Marcos 8.34; Atos 2.21; Romanos 10.13; 2 Pedro 3.9)

5 (Gálatas 3.26, *NVI*)

6 (Efésios 3.14,15, *NBV-P*)

7 (v. Romanos 5.2; 8.17,29; 1 Coríntios 3.23; Gálatas 4.6,7; Efésios 3.12; 1 Pedro 1.3-5; 1 João 3.1)

8 (Gálatas 4.7b, *NLT*)

9 (Filipenses 4.19, *NVI*)

10 (v. Romanos 2.4; 9.23; 11.33; Efésios 1.7; 2.4; 3.16.)

11 (Efésios 1.18b, *NLT*)

12 (v. 1 Tessalonicenses 4.17; 5.10)

13 (v. 2 Coríntios 3.18; 1 João 3.2)

14 (v. Apocalipse 21.4)

15 (v. Mateus 25.21,23; Marcos 9.41; 10.30; 1 Coríntios 3.8; Hebreus 10.35)

16 (Romanos 8.17; Colossenses 3.4; 2 Tessalonicenses 2.14; 2 Timóteo 2.12; 1 Pedro 5.1)

17 (1 Pedro 1.4, *NLT*)

18 (Colossenses 3.23,24a, *NVI*)

19 (Mateus 28.19, *NVI*)

20 (1 Coríntios 12.13, *NLT*)

21 (v. Atos 2.41; 8.12,13,35-38)

22 (Hebreus 2.11, *CEV*)

23 (Mateus 12.49,50, *NVI*)

## Dia 16

1 (Gálatas 5.14, *NBV-P*)

2 (1 Pedro 2.17b, *CEV*)

3 (Gálatas 6.10, *NCV*)

4 (João 13.35, *NBV-P*)

5 (1 Coríntios 14.1a, *NBV-P*)

6 (1 Coríntios 13.3, *AM*)

7 (Mateus 22.37-40, *NLT*)

8 (1 Coríntios 13.13, *NCV*)

9 (v. Mateus 25.34-46)

10 (Mateus 25.40, *NRSV*)

11 (Gálatas 5.6)

12 (1 João 3.18, *NTLH*)

13 (Efésios 5.2, *NBV-P*

14 (v. João 3.16a, *NVI*)

15 (Gálatas 6.10, *NLT*)

16 (Efésios 5.16, *NCV*)

17 (Provérbios 3.27,28, *NTLH*)

## Dia 17

1 (Gênesis 2.18, *NVI*)

2 (v. 1 Coríntios 12.12; Efésios 2.21,22; 3.6; 4.16; Colossenses 2.19; 1 Tessalonicenses 4.17)

3 (Romanos 12.5, *NVI*)

4 (Romanos 12.5)

5 (Romanos 12.4,5; 1 Coríntios 6.15; 12.12-27)

6 (Romanos 12,4,5, *AM*)

7 (v. Efésios 4.16)

8 (v. Mateus 16.18, *NBV-P*)

9 (v. Efésios 5.25)

10 (v. 2 Coríntios 11.2; v. tb. 1 Coríntios 12.27; Efésios 5.27; Apocalipse 19.7)

11 (1 Pedro 2.17b, *AM*)

12 (v. 1 Coríntios 5.1-13; Gálatas 6.1-5)

13 (v. Efésios 2.19b, *NBV-P*)

14 (João 13.35, *NLT*)

15 (v. Gálatas 3.28. V. tb. João 17.21)

16 (v. 1 Coríntios 12.27)

17 (v. 1 Coríntios 12.26, *NCV*)

18 (v. Romanos 12.4,5; 1 Coríntios 12.25; Efésios 4.16; Colossenses 2.19)

19 (*NVI*)

20 (Efésios 4.16b, *NLT*)

21 (1 Coríntios 12.7, *NLT*)

22 (Efésios 2.10, *AM*)

23 (v. Jeremias 17.9; 1 Coríntios 10.12; 1 Timóteo 1.19)

24 (Hebreus 3.13, *NVI*)

25 (Tiago 5.19, 20, *AM*)

26 (v. Atos 20.28,29; Hebreus 13.7,17; 1 Pedro 5.1-4)

27 (Hebreus 13.17, *NLT*)

28 São Paulo: Vida, 2008.

29 (Atos 2.42, *NVI*)

## Dia 18

1 (Mateus 18.20, *NVI*)

2 (1 João 1.7,8, *NVI*)

3 (Tiago 5.16a, *AM*)
4 (1 Coríntios 12.25, *AM*)
5 (Romanos 1.11,12, *NCV*)
6 (v. Romanos 12.10)
7 (Romanos 14.19, *NVI*)
8 (Colossenses 3.12, *GWT*)
9 (v. Filipenses 3.10; Hebreus 10.33,34)
10 (Gálatas 6.2, *NLT*)
11 (Jó 6.14, *NVI*)
12 (2 Coríntios 2.7, *CEV*)
13 (Colossenses 3.13, *NBV-P*)
14 (Colossenses 3.13, *NLT*)

## Dia 19

1 (Efésios 4.3, *NCV*)
2 (1 Timóteo 3.14,15, *NCV*)
3 (Efésios 4.15, *NVI*)
4 (Provérbios 24.26, *NTLH*)
5 (Gálatas 6.1,2, *NCV*)
6 (Efésios 4.25, *AM*)
7 (Provérbios 28.23, *NLT*)
8 (Eclesiastes 8.6, *NTLH*)
9 (1 Timóteo 5.1,2; *GWT*)
10 (1 Coríntios 5.3-12, *AM*)
11 (1 Pedro 5.5b, *NVI*)
12 (1 Pedro 5.5c, *NVI*)
13 (Romanos 12.16, *NLT*)
14 (Filipenses 2.3,4, *NVI*)
15 (Romanos 15.1,2, *NBV-P*)
16 (Tito 3.2, *AM*)
17 (Romanos 12.10, *GWT*)
18 (Provérbios 16.28, *NTLH*)
19 (v. Tito 3.10)
20 (Hebreus 10.25, *NTLH*)
21 (Atos 2.46, *NBV-P*

## Dia 20

1 (2 Coríntios 5.18, *GWT*)
2 (Filipenses 2.1,2, *AM*)
3 (v. Romanos 15.5)
4 (v. João 13.35)
5 (1 Coríntios 6.5, *NTLH*)
6 (1 Coríntios 1.10, *AM*)
7 (Mateus 5.9, *NLT*)
8 (2 Coríntios 5.18, *AM*)
9 (Tiago 4.1,2, *NVI*)
10 (Mateus 5.23,24, *AM*)
11 (v. Provérbios 28.9; 1 Pedro 3.7.)
12 (Jó 5.2; 18.4, *NTLH*)
13 (Filipenses 2.4, *NTLH*)
14 (Salmos 73.21,22, *NTLH*)
15 (Provérbios 19.11, *NVI*)
16 (Romanos 15.1,2, *NBV-P*)
17 (Romanos 15.3, *BJ*)
18 (Mateus 7.5, *NLT*)
19 (1 João 1.8, *NVI*)
20 (Provérbios 15.1, *AM*)
21 (Provérbios 16.21, *NTLH*)
22 (Efésios 4.29, *NTLH*)
23 (Romanos 12.18, *NTLH*)
24 (v. Romanos 12.10; Filipenses 2.3)
25 (Mateus 5.9, *AM*)
26 (1 Pedro 3.11, *NLT*)
27 (Mateus 5.9, *NVI*)

## Dia 21

1 (v. João 17.20-23)
2 (Efésios 4.3, *NVI*)
3 (Romanos 14.19, *CH*)
4 (v. Romanos 10.12; 12.4,5; 1 Coríntios 1.10; 8.6; 12.13; Efésios 4.4,5; Filipenses 2.2)
5 (v. Romanos 14.1, *NVI*. V. tb. 2 Timóteo 2.23)
6 (1 Coríntios 1.10, *NVI*)
7 (Efésios 4.2, *NLT*)
8 *Life Together*. New York: Harper Collins, 1954 [*Vida em comunhão*, Editora Sinodal, 2003]; tradução livre.
9 (v. Mateus 5.9; Romanos 14.13; Efésios 4.29; Tiago 4.11; 5.9)
10 (Romanos 14.4, *CEV*)
11 (Romanos 14.10, *CH*)
12 (Apocalipse 12.10, *NVI*)
13 (Romanos 14.19, *AM*)
14 (v. Provérbios 16.28; 17.4; 20.19; 25.9; 26.20)
15 (Provérbios 17.4, *CEV*)
16 (Judas 19, *AM*)

17 (Gálatas 5.15, *NVI)*
18 (Provérbios 20.19, *NRSV*)
19 (Provérbios 26.20, *NBV-P*)
20 (Mateus 18.15-17a, *AM*)
21 (v. Mateus 18.17; 1 Coríntios 5.5)
22 (Hebreus 13.17, *AM*)
23 (Hebreus 13.17, *NVI*)
24 (v. 2 Timóteo 2.14,23-26; Filipenses 4.2; Tito 2.15—3.2,10,11)
25 (1 Tessalonicenses 5.12,13a, *AM*)
26 (1 Coríntios 10.24, *NLT*)

## Dia 22

1 (Gênesis 1.26, *NBV-P*)
2 (v. Gênesis 9.6; Salmos 139.13-16; Tiago 3.9)
3 (2 Coríntios 4.4, *NLT*; Colossenses 1.15, *NVI;* Hebreus 1.3, *NVI*)
4 (Efésios 4.24, *GWT*)
5 (v. Gênesis 3.5, *KJV*)
6 (Efésios 4.22-24, *AM*)
7 (v. Mateus 5.1-12)
8 (v. Gálatas 5.22,23)
9 (v. 1 Coríntios 13)
10 (v. 2 Pedro 1.5-8)
11 (João 10.10, *NTLH*)
12 (2 Coríntios 3.18b, *NLT*)
13 (Filipenses 2.13, *NLT)*
14 (1 Reis 19.12, *NVI*)
15 (Colossenses 1.27, *NLT*)
16 (v. Josué 3.13-17)
17 (v. Lucas 13.24; Romanos 14.19; Efésios 4.3; 2 Timóteo 2.15; Hebreus 4.11; 12.14; 2 Pedro 1.5; 3.14)
18 (Efésios 4.22, *AM*)
19 (Efésios 4.23, *CEV*)
20 (v. Romanos 12.2)
21 (Efésios 4.24, *NVI*)
22 (Efésios 4.13, *CEV*)
23 (1 João 3.2, *NLT*)
24 (v. 1 Coríntios 10.31; 16.14; Colossenses 3.17,23)

## Dia 23

1 (Mateus 9.9, *NLT*)
2 (2 Pedro 3.11, *NLT*)
3 (Filipenses 2.12b,13, *NVI*)
4 (Provérbios 4.23, *NTLH*)
5 (Romanos 12.2b, *NLT*)
6 (Efésios 4.23, *NLT*)
7 (Filipenses 2.5, *CEV*)
8 (1 Coríntios 14.20, *NVI*)
9 (Romanos 8.5, *NCV*)
10 (1 Coríntios 13.11, *NVI*)
11 (Romanos 15.2,3a, *CEV*)
12 (1 Coríntios 2.12a, *CEV*)

## Dia 24

1 (João 17.17, *NVI*)
2 (2 Timóteo 3.17, *AM*)
3 (v. Atos 7.38; Hebreus 4.12; 1 Pedro 1.23)
4 (João 6.63b, *NVI*)
5 (Tiago 1.18, *NCV*)
6 (Jó 23.12b, NVI)
7 (Salmos 119.103; Mateus 4.4; 1 Coríntios 3.2; 1 Pedro 2.2)
8 (1 Pedro 2.2, *NVI*)
9 (João 8.31, *NVI*)
10 (Provérbios 30.5a, *NVI*)
11 (2 Timóteo 3.16, *CEV*)
12 (Atos 24.14b, *NVI*)
13 (Lucas 8.18a, *NVI*)
14 (Tiago 1.21b, *Amp.*)
15 (Deuteronômio 17.19a, *NCV*)
16 Rick Warren, *12 maneiras de estudar a Bíblia sozinho* (São Paulo: Vida, 2005).
17 (Tiago 1.25, *NCV)*
18 (v. Salmos 119.11,49,50,105; Provérbios 22.18; Jeremias 15.16; 1 Pedro 3.15)
19 (Colossenses 3.16a, *NBV-P*
20 (2 Coríntios 3.18b, *NVI*)
21 (Atos 13.22, *NVI*)
22 (Salmos 119.97, *NCV*)
23 (Salmos 119.97, *NCV*)
24 (Tiago 1.22, *NVI*)
25 (Mateus 7.24, *NVI*)
26 (João 13.17, *NVI*)

## Dia 25

1 (v. João 16.33)
2 (1 Pedro 4.12, *NBV-P*)

3 (Salmos 34.18, *NLT*)

4 Escritora e fundadora da associação Joni and Friends, que auxilia deficientes físicos.

5 *31 Days Toward Intimacy with God* (Portland: Multnomah Books, 2005).

6 (v. Gênesis 39.20-22)

7 (v. Daniel 6.16-23)

8 (v. Jeremias 38.6)

9 (v. 2 Coríntios 11.25)

10 (v. Daniel 3.1-26)

11 (2 Coríntios 1.9, *NBV-P*)

12 (v. Salmos 139.16)

13 (Romanos 8.28,29, *NLT*)

14 (v. Mateus 6.10, *KJV*)

15 (v. Romanos 5.3,4, *NCV*)

16 (1 Pedro 1.7a, *NCV*)

17 (Tiago 1.2,3, *AM*)

18 (v. Hebreus 5.8,9)

19 (Romanos 8.17, *AM*)

20 (Jeremias 29.11, *NVI*)

21 (Gênesis 50.20, *NVI*)

22 (Isaías 38.17, *CEV*)

23 (Hebreus 12.10b, *AM*)

24 (Hebreus 12.2a, *NBV-P*

25 (Hebreus 11.26, *NVI*)

26 (2 Coríntios 4.17, *NLT*)

27 (Romanos 8.17,18, *NLT*)

28 (1 Tessalonicenses 5.18, *NVI*)

29 (Filipenses 4.4a, *NVI*)

30 (Lucas 6.23, *NCV*)

31 (Tiago 1.3,4, *CH*)

32 (Hebreus 10.36, *AM*)

## Dia 26

1 (Gálatas 5.22,23, *NLT*)

2 (2 Coríntios 2.11, *NLT*)

3 (Marcos 7.21-23, *NVI*)

4 (Tiago 4.1, *NBV-P*)

5 (Hebreus 3.12, *CEV*)

6 (v. João 8.44)

7 (Tiago 1.14-16, *NTLH*)

8 (1 Coríntios 10.13, *NLT*)

9 (v. Hebreus 4.15)

10 (1 Pedro 5.8, *AM*)

11 (v. Mateus 26.41; Efésios 6.10-18; 1 Tessalonicenses 5.6,8; 1 Pedro 1.13; 4.7; 5.8)

12 (Efésios 4.27, *NTLH*)

13 (Provérbios 4.26,27, *NTLH*)

14 (Provérbios 16.17, *CEV*)

15 (Salmos 50.15, *NVI*)

16 (Hebreus 4.15, *NLT*)

17 (Hebreus 4.16, *NTLH*)

18 (Tiago 1.12, *NCV*)

## Dia 27

1 (v. Tiago 4.7)

2 (Jó 31.1, *NLT*)

3 (Salmos 119.37a, *NTLH*)

4 (v. Romanos 12.21)

5 (Hebreus 3.1b, *NVI*)

6 (2 Timóteo 2.8a, *NVI*)

7 (Filipenses 4.8, *NTLH*)

8 (Provérbios 4.23, *NTLH*)

9 (2 Coríntios 10.5, *NCV*)

10 (Eclesiastes 4.9,10, *CEV*)

11 (Tiago 5.16a, *NVI*)

12 (v. 1 Coríntios 10.13)

13 (Romanos 3.23, *NVI*)

14 (Tiago 4.6,7a, *NLT*)

15 (*NVI*)

16 (Efésios 6.17, *NLT*)

17 (Jeremias 17.9, *NVI*)

18 (v. Provérbios 14.16)

19 (1 Coríntios 10.12, *AM*)

## Dia 28

1 (Filipenses 1.6, *NVI*)

2 (Efésios 4.13, *CH*)

3 (Colossenses 3.10a, *NCV*)

4 (2 Coríntios 3.18b, *AM*)

5 (Deuteronômio 7.22, *NVI*)

6 (Efésios 4.22-25, *NVI*. V. tb. Romanos 13.12; Colossenses 3.7-10,14)

7 (1 Timóteo 4.15, *GWT*)

8 (Eclesiastes 3.1, *CEV*)

9 (v. Salmos 102.18; 2 Timóteo 3.14)

10 (Hebreus 2.1, *AM*)

11 (Tiago 1.4, *AM*)

12 (Habacuque 2.3, *NBV-P*)

## Dia 29

1 (Efésios 2.10b, *NTLH*)
2 (v. Mateus 25.34-45; Efésios 6.7; Colossenses 3.23,24)
3 (Jeremias 1.5, *NCV*)
4 (2 Timóteo 1.9, *NBV-P*)
5 (1 Coríntios 6.20, *CEV*)
6 (Romanos 12.1, *NTLH*)
7 (1 João 3.14, *CEV*)
8 (Mateus 8.15, *NVI*)
9 (v. Efésios 4.4-14. V. tb. Romanos 1.6,7; 8.28-30; 1 Coríntios 1.2,9,26; 7.17; Filipenses 3.14; 1 Pedro 2.9; 2 Pedro 1.3)
10 (2 Timóteo 1.9, *NTLH*)
11 (1 Pedro 2.9, *GWT*)
12 (Romanos 7.4, *NTLH*)
13 (1 Coríntios 12.27, *NLT*)
14 (Mateus 20.28, *NBV-P*)
15 (Romanos 14.12, *NLT*)
16 (Romanos 2.8, *NLT*)
17 (Marcos 8.35, *NBV-P.* V. tb. Mateus 10.39; 16.25; Lucas 9.24; 17.33)
18 (Romanos 12.5, *AM*)
19 (1 Coríntios 12.14a,19, *AM*)

## Dia 30

1 (Efésios 2.10a, *NVI*)
2 (Salmos 139.13,14, *NLT*)
3 (Salmos 139.16, *NLT*)
4 (v. Romanos 12.4-8; 1 Coríntios 7.7; 12; Efésios 4.8-15)
5 (1 Coríntios 2.14, *NTLH*)
6 (Efésios 4.7, *CEV*)
7 (1 Coríntios 12.11, *NLT*)
8 (1 Coríntios 12.29,30)
9 (1 Coríntios 12.7, *NLT*)
10 (1 Coríntios 12.5, *NLT*)
11 (Provérbios 27.19, *NVI*)
12 (v. Salmos 34.7; Provérbios 4.23; Mateus 12.34)
13 (v. Deuteronômio 11.13; 1 Samuel 12.20; Romanos 1.9; Efésios 6.6)
14 (Provérbios 15.16, *AM*)

## Dia 31

1 (1 Coríntios 12.4-6, *NTLH*)
2 (Êxodo 31.3-5, *NVI*)
3 (Romanos 12.6a, *NLT*)
4 (1 Coríntios 10.31, *NVI*)
5 (1 Coríntios 12.6, *NTLH*)
6 (Deuteronômio 8.18, *NVI*)
7 (v. Deuteronômio 14.23; Malaquias 3.8-11)
8 (Hebreus 13.20, *NBV-P*)
9 (1 Pedro 4.10, *NBV-P*)
10 (1 Coríntios 12.6, *CH*)
11 (v. Romanos 8.28,29)
12 (2 Coríntios 1.4, *NLT*)
13 (2 Coríntios 1.8-10, *NBV-P*)
14 Se deseja obter mais informações sobre o assunto, leia *Formado com um propósito*, de Erick Rees (São Paulo: Vida, 2007).

## Dia 32

1 (Efésios 5.17, *NBV-P*)
2 (Romanos 12.3b, *CH*)
3 (Gálatas 6.4b, *AM*)
4 (Deuteronômio 11.2, NTLH)
5 (Gálatas 3.4, *NCV*)
6 (João 13.7, *NVI*)
7 Acesse www.purposedrivenlife.com.
8 (Romanos 9.20,21; *BJ*)
9 (Efésios 4.7, *NBV-P*)
10 (v. Gálatas 2.7,8)
11 (2 Coríntios 10:13, *NLT*)
12 (Hebreus 12.1, *NBV-P*)
13 (Gálatas 6.4, *NLT*)
14 (Gálatas 6.4, *CEV*)
15 (2 Coríntios 10.12, *NVI*)
16 (2 Coríntios 10.12b, *AM*)
17 (v. 1 Coríntios 10.12-18)
18 (Filipenses 1.9, *NLT*)
19 (2 Timóteo 1.6, *NASB*)
20 (Mateus 25.28, *NVI*)
21 (1 Timóteo 4.14,15, *NBV-P*)
22 (2 Timóteo 2.15, *AM*)
23 (1 Coríntios 9.25, *AM*)

## Dia 33

1 (Mateus 7.16, *CEV*)
2 (2 Timóteo 2.4, *NASB*)

3 (Gálatas 6.10, *GWT*)
4 (Provérbios 3.28, *NTLH*)
5 (v. Eclesiastes 11.4, *NLT*)
6 (v. Colossenses 3.23)
7 (v. Gálatas 6.3, *NLT*)
8 (v. João 13.15)
9 (v. Atos 28.3)
10 (v. Lucas 16.10-12)
11 (v. Salmos 12.1; Provérbios 20.6; Filipenses 2.19-22)
12 (Mateus 25.23, *NTLH*)
13 (1 Pedro 5.5, *NTLH*)
14 (Efésios 6.6, *KJV.* V. tb. Colossenses 3.22)
15 (Mateus 6.1, *CEV*)
16 (Gálatas 1.10b, *NVI*)
17 (Colossenses 3.4, *AM*)
18 (v. 1 Coríntios 12.22-24)
19 (1 Coríntios 15.58, *AM*)
20 (Mateus 10.42, *NBV-P*)

## Dia 34

1 (2 Crônicas 25.2, *NRSV*)
2 (Filipenses 2.4, *AM*)
3 (Filipenses 2.7, *GWT*)
4 (v. Filipenses 2.20,21)
5 (Mateus 5.41, *AM*)
6 (v. 1 Coríntios 4.1)
7 (v. 1 Coríntios 4.2, *NTLH*)
8 (Lucas 16.13, *NVI*)
9 (Lucas 16.11, *NVI*)
10 (Gálatas 5.26, *AM*)
11 (Romanos 14.4, *GWT*)
12 (Neemias 6.3, *CEV*)
13 (Mateus 26.10, *AM*)
14 (João 13.3,4, *NVI*)
15 In the name of Jesus, in: *Reflections on Christian Leadership* (Crossroad/Faith & Formation, 1993).
16 (2 Coríntios 10.18, *CEV*)
17 (Tiago 1.1, *NVI*)
18 (Salmos 100.2, *KJV*)
19 (João 12.26, *AM*)
20 (Hebreus 6.10, *NLT*)

## Dia 35

1 (Isaías 55.9, *CEV*)
2 (1 Coríntios 1.27, *NTLH*)
3 (Mateus 5.3, *NVI*)
4 (v. 2 Coríntios 12.7)
5 (2 Coríntios 4.7, *CEV*)
6 (Mateus 16.16, *NVI*)
7 (Atos 14.15b, *NBV-P*)
8 (2 Coríntios 12.9,10a, *NLT*)
9 (2 Coríntios 12.10, *NBV-P*)
10 (2 Coríntios 12.7, *AM*)
11 (v. Números 12.3)
12 (Juízes 6.12, *NVI*)
13 (Romanos 4.11, *NLT*)
14 (Mateus 16.18, *NTLH*)
15 (Atos 13.22, *NVI*)
16 (Hebreus 11.32-34, *NLT*)
17 (Romanos 7.19, *NLT*)
18 (2 Coríntios 6.11, *NBV-P*)
19 (2 Coríntios 1.8, *NLT*)
20 (1 Coríntios 2.3, *NCV*)
21 (Hebreus 4.15, *CEV*)
22 (Romanos 8.26a, *NVI*)

## Dia 36

1 (Colossenses 1.25, *NCV.* V. tb. 1 Coríntios 12.5)
2 (João 20.21b, *NVI*)
3 (Lucas 2.49, *KJV*)
4 (v. João 19.30)
5 (2 Coríntios 5.18, *NTLH*)
6 (2 Coríntios 5.20, *NCV*)
7 (v. Mateus 28.19,20; Marcos 16.15; Lucas 24.47; João 20.21; Atos 1.8)
8 (Mateus 28.19,20, *CEV*)
9 (Ezequiel 3.18, *NCV*)
10 (2 Coríntios 5.18, *NBV-P*)
11 (2 Coríntios 6.1, *NCV*)
12 (2 Coríntios 5.20, *AM*)
13 (Atos 4.12, *NCV*)
14 (João 9.4, *NLT*)
15 (Atos 20.24, *NLT*)
16 (Atos 1.7,8, *NVI*)

17 (Mateus 24.36, *NVI*)

18 (Mateus 24.14, *NCV*)

19 (Lucas 9.62, *AM*)

20 (Lucas 22.42, *NVI*)

21 (Romanos 6.13b, *NBV-P*)

22 (Mateus 6.33, *NLT*)

### Dia 37

1 (2 Coríntios 2.17b, *NCV*)

2 (1 João 5.10a, *GWT*)

3 (1 Pedro 2.9, *AM*)

4 (Atos 1.8, *NVI*)

5 (v. Atos 22—26)

6 (1 Pedro 3.15,16, *NTLH*)

7 (Salmos 119.33, *AM*)

8 (Salmos 106.43, *AM*)

9 (Provérbios 25.12, *NTLH*)

10 V. exemplos de cada item em Gênesis 50.20; Salmos 40; 51; 119.71; 2 Coríntios 1.4-10; Filipenses 4.11-13.

11 (Mateus 12.34, *NVI*)

12 (Salmos 69.9, *NBV-P*)

13 (Jeremias 20.9, *CEV*)

14 (Gálatas 4.18, *NVI*)

15 (Romanos 1.17, *NCV*)

16 (2 Coríntios 5.19, *NLT*)

17 (2 Coríntios 5.14a, *NVI*)

18 (1 João 4.18, *NTLH*)

19 (2 Pedro 3.9, *NCV*)

20 (Colossenses 4.5, *NBV-P*)

### Dia 38

1 Os livros de Paul Borthwick — *A mind for missions* (Colorado Springs: NavPress, 1987) e *How to be a world-class Christian* (Colorado Springs: Chariot Victor Books, 1993) — devem ser lidos por todos os cristãos.

2 (Apocalipse 7.9b *NVI*)

3 (Marcos 16.15, *NCV*)

4 (1 Coríntios 14.20, *CEV*)

5 (Filipenses 2.4, *NLT*)

6 (1 Coríntios 2.12, *CEV*)

7 (1 Coríntios 10.33, *GWT*)

8 (João 3.16, *NVI*)

9 (Atos 17.26,27, *CEV*)

10 (Colossenses 1.6, *NLT*)

11 (Salmos 2.8, *NCV*)

12 (v. Colossenses 4.3; Romanos 1.10)

13 (v. Efésios 6.19)

14 (v. João 17.20)

15 (2 Tessalonicenses 3.1)

16 (v. Mateus 9.38)

17 (v. Mateus 9.38)

18 (Atos 1.8, *NVI*)

19 (2 Coríntios 4.18, *NVI*)

20 (Lucas 9.62, *NBV-P*)

21 (1 Coríntios 7.31, *AM*)

22 (Hebreus 12.1, *NBV-P*)

23 (Mateus 6.20, *NVI*)

24 (Lucas 16.9, *NVI*)

25 (1 Timóteo 6.19, *NBV-P*)

26 (Jeremias 1.7,8, *NLT*)

27 Extraído do *Pacto de Lausanne* (1974).

28 (Marcos 8.35, *NBV-P*

### Dia 39

1 (Provérbios 27.17, *NCV*)

2 (Filipenses 4.9, *NTLH*)

3 (1Tessalonicenses 5.11, *NCV*)

4 São Paulo: Vida, 2005 [N. do E.].

5 (v. Lamentações 3.40; 1 Coríntios 11.28,31; 13.5; Gálatas 6.4)

6 (2 Coríntios 13.5, *AM*)

7 (Lamentações 3.40, *AM*)

8 (2 Coríntios 8.11, *NBV-P*)

9 (Hebreus 2.1, *AM*)

10 (Números 33.2, *NLT*)

11 (v. Salmos 56.8)

12 (Salmos 102.18, *NTLH*)

13 (Provérbios 11.25, *AM*)

14 (2 Timóteo 2.2b, *CEV*)

15 (Tiago 4.17, *NCV*)

16 (1 Timóteo 4.6, *CEV*)

17 (João 17.4, *NVI*)

18 (v. João 17.6-26)

## Dia 40

1 (João 13.17, *NVI*)
2 (Salmos 33.11, *NTLH*)
3 (Provérbios 4.26, *CEV*)
4 (Provérbios 17.24, *NTLH*)
5 (Filipenses 1.10, *NLT*)
6 (2 Crônicas 14.4, *AM*)
7 (Efésios 3.17, *NLT*)
8 (Filipenses 4.7, *AM*)
9 (v. Gálatas 5.22,23)
10 (v. Mateus 5.3-12)
11 (2 Pedro 1.5, *AM*)
12 (1 Timóteo 4.16b, *AM*)
13 (2 Coríntios 9.12, *NTLH*)
14 (João 15.16a, *BJ*)
15 (Josué 24.15b, *NVI*)
16 (Filipenses 1.27, *NCV*)
17 (Efésios 5.25, *NTLH*)
18 (Provérbios 22.18, *NCV*)
19 (Provérbios 19.21, *NVI*)
20 (1 Tessalonicenses 2.4b, *NLT*)
21 (2 Coríntios 10.13, *NBV-P*)
22 (Atos 13.36a, *NASB*)
23 (Atos 13.22, *NVI*)
24 (v. Ester 4.14)
25 (2 Crônicas 16.9, *NLT*)
26 (1 Coríntios 9.26, *NLT*)
27 (Filipenses 1.21, *NVI*)
28 (2 Coríntios 4.17, *NVI*)
29 (Apocalipse 4.11, *AM*)

## Dia 41

1 (Romanos 9.20, *NVI*)
2 (Êxodo 20.17, *NVI*)
3 (Efésios 2.10, *NLT*)
4 (Lucas 9.62, *LB*)
5 (Eclesiastes 4.4, *TEV*)
6 (Eclesiastes 4.8, *TEV*)
7 (Provérbios 23.4, *NCV*)
8 (Tiago 3.16, *NVI*)
9 Cf. Mateus 27.18; Marcos 15.10.
10 (2 Coríntios 10.12, *GWT*)
11 (Romanos 12.15, *NVI*)
12 (Efésios 3.8, *Amp.*)
13 (1 Coríntios 4.7b-8a, *AM*)
14 (Eclesiastes 5.10,11, *NLT*)
15 (2 Samuel 7.18, *NVI*)
16 (Eclesiastes 6.9, *TEV*)
17 (Mateus 20.12, *AM*)
18 (Mateus 20.13-15, *CEV*)
19 (Mateus 20.14, *NKJV*)

## Dia 42

1 (Romanos 15.1, *NLT*)
2 (Romanos 14.7, *NVI*)
3 (*TEV*)
4 (*NLT*)
5 (Provérbios 25.27, *TEV*)
6 (1 Tessalonicenses 2.4, *NLT*)
7 (2 Coríntios 10.18, *CEV*)
8 (João 5.44, *NCV*)
9 (Provérbios 29.25, *AM*)
10 (1 Samuel 15.24, *AM*)
11 (Êxodo 23.2, *NVI*)
12 (Provérbios 1.10, *AM*)
13 (1 Coríntios 15.33,34, *NVI*)
14 (Lucas 16.15, *CEV*)
15 (João 7.13, *NLT*)
16 (João 12.42,43, *PH*)
17 (Romanos 12.2, *NVI*)
18 (João 8.32, *NVI*)
19 (Lucas 6.26, *NVI*)
20 (João 8.36, *NVI*)
21 (Salmos 27.10, *NLT*)
22 (1 João 2.17, *TEV*)
23 (Êxodo 20.3,4, *NLT*)
24 (Mateus 6.24, *NVI*)
25 (Gálatas 1.10, *NLT*)
26 (João 5.30, *NCV*)
27 (Romanos 14.12, *NLT*)
28 (Hebreus 2.11, *NLT*)
29 (Lucas 9.26, *NVI*)
30 (1 Coríntios 2.9, *LB*)